Kai von Westerman

Letzte Bilder von der Mauer

Kai vonWesterman, geb. 1960 in Tübingen. Die Eltern – der Vater war Offizier, die Mutter Werbegrafikerin – mussten mit ihrem Sohn und seinen Geschwistern oft umziehen. Kai von Westerman besuchte das Vinzenz-Pallotti-Kolleg in Rheinbach bis zum Abitur. Seit 1988 arbeitet er als freiberuflicher Kameramann.

Mit Frau und Sohn lebt er in Bonn.

Kai von Westerman

Letzte Bilder von der Mauer

Reportage 1989
Berichte aus zwei verschwundenen Ländern

Zeitgut Verlag

Die im Buch veröffentlichten Abbildungen stammen aus dem Privatbesitz des Verfassers.
Umschlagbild Kai von Westerman, Foto Ulrike Pötter

Zu den Ereignissen um die Wende in der DDR hat Kai von Westerman eine abendfüllende filmische Dokumentation unter dem Titel „Wie Erich seine Arbeit verlor" zusammengestellt.

Kai von Westerman ist zu diesem Buch per E-Mail erreichbar unter
westerman@zeitgut.de

Bibliografische Information der Deutschen Bibliothek
Die Deutsche Bibliothek verzeichnet diese Publikation in der Deutschen Nationalbibliografie; detaillierte bibliografische Daten sind im Internet über http://dnb.ddb.de abrufbar.

Zeitgut Verlag GmbH
Klausenpaß 14, 12107 Berlin
Telefon 030 - 70 20 93 0, Telefax 030 - 70 20 93 22
E-Mail: info@zeitgut.com
www.zeitgut.com
Das Manuskript wurde durchgesehen und redigiert von
Maja von Westerman, Dr. Olav Zachau,
Agnieszka Karaś und Dr. Gerhard Seidel
Umschlaggestaltung: Martin Glück, München
Printed in Germany
Druck: GGP Media GmbH, Pößneck
ISBN 978-3-86614-170-4

Inhalt

Alle Begebenheiten habe ich am angegebenen Ort zur angegebenen Zeit selbst erlebt. Lediglich die Namen der beschriebenen Personen wurden geändert.

Die kleinen Leute
sind die wahren Schuldigen.
Boris Vian

23. Oktober 1989 – Leipzig

Es ist dunkel. Das Sucherbild ist nur schemenhaft. Ich öffne mein linkes Auge und peile am Kameraobjektiv vorbei auf den Mann vor mir. Zwischen uns ist ein knapper Meter Abstand. Ich korrigiere die Entfernungseinstellung. Links von mir steht Wilhelm. Er beobachtet die zappelnden Zeiger auf der gelblich glimmenden Tonpegelanzeige am Kameragehäuse. Rechts von mir steht Bertrand. Wir sind mittendrin in der Menschenmasse. Es ist eng. Ich muss aufpassen, dass ich das Hinterteil der schweren Kamera auf meiner Schulter niemandem vor den Kopf knalle.

Bertrand fragt den Mann aus der Menge: „Okay dann, können Sie uns erklären, warum Sie sind hier heut' abend?"

Spätestens Bertrands französischer Akzent verrät, dass wir aus dem Westen sind. Die Umstehenden drängen sich an uns heran. Alle wollen hören, was der Mann antwortet. Bertrand beugt sich nervös nach vorne. Sein Schatten fällt auf das Gesicht des Mannes und nimmt mir das letzte Licht! Nur weil eine Straßenlaterne in der Nähe leuchtet, drehen wir das Interview an dieser Stelle.

„Bertrand! Du stehst im Licht! Kopf weg!“

Die Leute um uns herum sind gut. Sie ziehen Feuerzeuge aus den Taschen und leuchten mir damit. Einige haben Kerzen. Immer, wenn eine Flamme erlischt, zündet ein anderer eine neue an. Die denken mit. Wir sind Komplizen. Wir verstoßen gegen die Gesetze der DDR.

„Wie lang, glauben Sie, es wird weitergehen?“ fragt Bertrand den Mann aus der Menge.

Es kann doch nicht sein, dass die uns nicht bemerkt haben. Oben auf einem der Hausdächer, an der Ecke, steht eine schwere Kamera mit riesigem Objektiv und späht auf den Platz herab. Die Kamera schwenkt und neigt sich ferngesteuert. Das habe ich gesehen. Ihre riesige Frontlinse lässt ein lichtstarkes Objektiv vermuten. Damit kann man in längster Teleeinstellung mühelos vom sechsten Stock aus ein Gesicht in Großaufnahme aus der Menge fischen.

Ich habe einmal eine Übung der Bereitschaftspolizei in Unna gedreht. Da stoßen drei Mann als Greiftrupp mitten in die dicht gedrängt stehenden Demonstranten hinein und holen eine bestimmte Person heraus. Das geht Ruckzuck. So schnell kann man gar nicht gucken. Innerhalb von Sekunden ist die Person gefesselt und abgeführt. Das können die hier bestimmt auch.

Ich höre Bertrands nächste Frage an den Mann vor uns: „Und vertrauen Sie diese neue Regierung?“

Wenn die uns verhaften, holt mich die Bundesregierung bestimmt hier raus... – oder die französische Regierung. Schließlich bin ich für das französische Fernsehen hier.

Bertrand fragt: „Aber seit einer Woche – sagen wir – es gibt schon Fortschritte, oder?"

Der Mann antwortet besonnen. Er spricht ruhig. Die Leute nahebei lauschen konzentriert. Tausende drängen sich auf dem Platz vor der Nicolaikirche und demonstrieren, obwohl das verboten ist. Warum sollten ausgerechnet wir verhaftet werden? Sie würden uns aus dem Land werfen. Das war's dann. Ende der Geschichte. Auftrag nicht erfüllt. Nein, die dürfen uns nicht erwischen.

„Okay, fragen wir noch jemand", sagt Bertrand.

Wir schieben uns zwischen den Demonstranten hindurch in den Lichtkegel der nächsten Straßenlaterne.

„Eh, seid ihr aus'm Westen?", ruft einer sächselnd.

„Französisches Fernsehen", brummt Wilhelms Bass.

„Barläh wuh frongsäh?", johlt ein Leipziger.

Die haben keine Angst. Die haben einfach keine Angst.

Wahrscheinlich hat das Hotel unseren Ost-Berliner Mietwagen mit Typ, Farbe und Kennzeichen sofort der Staatssicherheit gemeldet. Vielleicht wartet neben unserem Parkplatz schon die Volkspolizei?

Das Ganze hat völlig harmlos angefangen, aber jetzt ziehen sich die Geschehnisse zusammen.

***

Wir fahren durch die Nacht zurück nach Ost-Berlin. Bertrand hat gesagt, wir sollen Bescheid geben, wenn wir fünfzig Kilometer hinter Leipzig sind. Seitdem sagt er nichts mehr. Wilhelm sitzt am Steuer unseres gemieteten VW-Golf. Noch hundertsechzig Kilometer. Ist er nicht müde?

Wir kennen uns kaum. Wir arbeiten zum ersten Mal zusammen.

„Unglaublich“, sage ich.

„Was?“, fragt Wilhelm. Er ist hellwach, zum Glück.

„Diese ganze Geschichte.“

1971 – Tante Gerda aus der DDR

Tante Gerda ist eine dicke freundliche alte Dame. Alles an ihr ist grau: ihr blasses, rundes Gesicht und ihre Haare, die sie am Hinterkopf zu einem Knoten gesteckt hat. Ihre Jacke und ihr Rock sind hellgrau. Ihre kunstseidene Bluse hat ein Muster in den Farben eines Trockenblumenstraußes, der jahrelang in Sonne und Staub verblichen ist. Tante Gerdas geschwollene Beine stecken in dunkelgrauen Stützstrümpfen, ihre Füße in cremegrauen Kunstlederschuhen. Im Sommer trägt sie einen weißgrauen Popelinemantel und einen Hut aus dem gleichen Stoff.

Tante Gerda bringt ungewöhnliche Geschenke mit. Eigentlich mag ich sie. Aber ihre graue Farbe lässt mich Abstand halten, wie von einer unbekannten Speise.

Tante Gerda ist die Halbschwester meines Großvaters. Der Großvater wohnt in der Nachbarschaft. Tante Gerda ist Rentnerin. Sie kann uns einmal im Jahr für wenige Wochen besuchen.

„Das ist nicht so einfach", höre ich, „sie muss einen Reiseantrag stellen."

Tante Gerda kommt aus Cottbus. Für mich als Elfjährigen klingt dieses Wort nach einem verbeulten, alten grauen Autobus. Da ich aber weiß, dass Cottbus eine Stadt ist, sehe ich den alten Bus durch eine alte, graue Stadt fahren. Wir dürfen Tante Gerda in Cottbus nicht besuchen. Das liegt am Beruf meines Vaters.

Manchmal sprechen meine Eltern und die Großeltern mit Tante Gerda über Politik. Dann wird das Gespräch betont vorsichtig. Es geht um die Politik in unserem Deutschland und dem Deutschland, aus dem Tante Gerda kommt.

Die Erwachsenen nennen Tante Gerdas Deutschland *DDR*. Von ihren Gesprächen verstehe ich nichts. Nur einen Satz vergesse ich nicht. Tante Gerda sagt: „Wir nennen das ‚Einsicht in die Notwendigkeit'." Sie betont „Notwendigkeit" auf der zweiten Silbe. Ich kenne das Wort nur mit Betonung auf der ersten Silbe: *Not*-wendigkeit. In der DDR haben die Menschen „Einsicht in die Not*wendig*keit". Das klingt, als hätte dieses Wort noch eine Bedeutung, die ich nicht kenne.

Diesmal hat Tante Gerda uns Kindern kleine Schokoladentäfelchen mitgebracht. Die Schokoladen sind in rot oder orange glänzendes Stanniolpapier gewickelt. Drumherum ist eine weiße Papierbanderole, so breit, wie die Tafel Schokolade selbst. Diese Banderole ist mit Sammelmotiven bedruckt. Mein Bruder bekommt zwei Täfelchen Schokolade, auf deren Papierbanderole alte Autos abgebildet sind.

Auf meinem Schokoladenpapier sieht man Flugzeuge. Die Abbildungen sind in der Art technischer Risszeichnungen mit Seitenansicht und Draufsicht gehalten. Darunter steht die jeweilige Typbezeichnung gedruckt: MiG 21 auf der einen Tafel Schokolade, MiG 23 auf der anderen. Düsenjäger. Kampfflugzeuge. Ihre westlichen Gegenstücke heißen Phantom und Starfighter. Die donnern täglich am Himmel über unser Haus.

Die Eltern erinnern uns daran, sich bei Tante Gerda besonders artig für ihre Geschenke zu bedanken: „Für sie ist es nicht so einfach, schöne Geschenke zu besorgen."

Wenn Tante Gerda bei uns ist, sitzt sie im Wohnzimmer auf der Couch. Ich gehe zu ihr, um mich zu bedanken. Sie weiß vermutlich, dass ich keinen Mangel an Schokolade kenne. Wie soll ich ihr zeigen, dass gerade die Schokolade von ihr doch etwas Besonderes für mich ist?

So füge ich hinzu: „...und gut, dass auf den Schokoladentafeln die Kampfflugzeuge abgebildet sind. Wir müssen genau wissen, wie eure Luftwaffe ausgerüstet ist, wenn wir die DDR zurückerobern wollen!"

Tante Gerda und meine Mutter lachen schnell über meinen Satz.

Hinterher, im erstbesten Augenblick, nimmt meine Mutter mich beiseite. Mit gedämpfter Stimme tadelt sie mich: „...es ist doch ihr Zuhause ...am Ende glaubt Tante Gerda wirklich, dass wir Krieg wollen."

1972 – Die Deutschlandkarte

Herr Schwall ist ein schwerer Mann. Er ist Erdkundelehrer und trägt gerne bräunlich karierte Sakkos zu beigen Cordhosen. Mühelos erreicht er mit dem Zeigefinger auf der hoch hängenden, großen Deutschlandkarte Sylt, Flensburg oder Fehmarn. Auf dieser Karte ist das Meer hellblau, das Flachland ist grün, Berge sind braun, Flüsse blau wie Tinte, und die großen Städte sind leuchtend rot, als würden sie vor Schmutz, Verkehr und Lärm glühen. Deutschland ist dreigeteilt: Im Westen liegt das schmale, birnenförmig gebogene Gebiet der *Bundesrepublik Deutschland.* Ihre Ostgrenze ist nur gestrichelt und wird als *Demarkationslinie* bezeichnet. Das Land rechts davon ist wie ein Sack geformt. Darüber gedruckt steht der dreizeilige Schriftzug *Deutsche Demokratische Republik.* „DDR“, kürzt Herr Schwall ab. Östlich von diesem Land ragt ein Gebiet mit zwei Zipfeln tief nach Polen hinein. Die Grenze dieses Gebietes ist mit kleinen roten Punkten angedeutet. Dünne Buchstaben informieren unauffällig: *zur Zt. unter poln. Verwaltg*. Herr Schwall erklärt knapp, „dass die Grenzziehung in Pommern und Schlesien nach dem Krieg nicht endgültig geklärt wurde.“

Am Beispiel der DDR erläutert Herr Schwall den Sozialismus. Wir hören von Planwirtschaft, dass man nicht, wie bei uns, jederzeit alles kaufen kann; dass es in den Schulen vormilitärische Erziehung gibt, und dass es nicht erlaubt ist zu reisen, wohin man will.

Mitten in der Deutschen Demokratischen Republik liegt Berlin. Auf der Karte im Schulatlas sieht es aus wie eine rote Insel in einem grünen See. Eine schwarze, gezackte Linie zieht sich quer durch die Stadt. Verwirrt schreibe ich in einer Hausaufgabe: *„Berlin ist geteilt. West-Berlin ist eingeschlossen, Ost-Berlin ist der freie Teil der Stadt.“* Ohne dass es etwas nützt, korrigiert mich Herr Schwall: „West-Berlin ist zwar eingeschlossen, im Gegensatz zu Ost-Berlin aber frei!“

Zu jedem Geburtstag bekomme ich von einer Tante Ingrid eine Postkarte mit Grüßen aus Berlin. Ich weiß nicht einmal, wie Tante Ingrid aussieht. Ich denke mir, dass sie sehr unternehmungslustig ist und in ihrer großen Stadt jede Menge Orte kennt, mit denen man einen zwölfjährigen Jungen beeindrucken kann. Auf einer ihrer Postkarten sind sechs kleine Bilder von verschiedenen West-Berliner Gebäuden abgedruckt. Unter jedem Bild steht zu lesen, wie das betreffende Gebäude offiziell heißt und wie die Berliner es nennen: Langer Lulatsch, Hohler Zahn, Schwangere Auster und Hungerkralle.

Ich zeige die Postkarte meinem Großvater und sage: „Die Berliner haben so witzige Namen für ihre Sachen – statt ‚Luftbrückendenkmal' sagen die ‚Hungerkralle'.“

„Das war furchtbar!“ entfährt es meinem Großvater heftig, „die Sowjets haben West-Berlin eingeschlossen. Alle Lebensmittel mussten mit Flugzeugen in die Stadt gebracht werden! Sonst wären die Berliner verhungert!“

Überall in Deutschland gibt es ausländische Soldaten. In Tübingen, wo meine Großeltern leben, gibt es Franzosen. Ihre Uniformen und die Autos mit den gelben Scheinwerfern gehören zum Stadtbild. Im Park am Neckarufer spielt oft eine französische Militärkapelle. In der Lüneburger Heide, wo meine Lieblingstante wohnt, fahren englische Soldaten in riesigen Panzern durch die Gegend. In der DDR „sitzen“ die Russen, „die Sowjets”, sagen unsere Eltern.

1973 – In West-Berlin

Berlin stelle ich mir schwarzweiß vor. Wie die Fotos, auf denen ein blonder Berliner Junge zu sehen ist, der mir sehr ähnlich sieht. Er scheint mir seltsam vertraut. Dabei ist er fast vierzig Jahre älter als ich: Mein Vater. Er spendiert der Familie einen Ausflug nach West-Berlin. Zum ersten Male fliegen meine Mutter, meine Geschwister und ich in einem Verkehrsflugzeug. Wir fliegen mit einer britischen Fluggesellschaft. Westdeutsche Flugzeuge dürfen die DDR nicht überfliegen.

Ein unangenehmer Druck hält mir die Ohren zu. Das Flugzeug legt sich in eine enge Kurve. Durch das kleine runde Fenster sehe ich nur noch leuchtend blauen Himmel. Als wir wieder in die Waagerechte kommen, taucht von unten her ein bräunlich diesiger Horizont auf. Ich sehe hinab auf Dächer und Straßen. Berlin bedeckt den Boden unter uns vollständig. Hier und da blitzt ein Auto in der Sonne oder das Dachfenster eines Hauses. Braungrau ist die Farbe der Stadt. Dazwischen sehe ich einzelne dunkelgrüne Flecken.

Unter meinen Füßen, im Bauch des Flugzeugs, rumpelt es spürbar. Das Fahrwerk wird ausgefahren. Wir überfliegen lang gestreckte Häuserblocks mit dunkelbraunen Dächern. Zwischen den Blocks gibt es Gebüsch und Wiesen. Dort hängt Wäsche zum Trocknen. Ich sehe die Schornsteine auf den Dächern. Ich sehe hellgraue Regenrinnen, braunen Fassadenputz, ich sehe Fenster, ich sehe Gardinen wehen, Blumen auf den Fensterbrettern, Kinder spielend auf der Wiese, zwei Radfahrer auf einem Weg, einen Zaun, Asphalt. Ein harter Stoß! – Aufgesetzt. Die Landebahn.

Das betonierte Vorfeld des Flughafens leuchtet hell in der Sonne. Das graue Hauptgebäude bildet ein weites Halbrund, als hätte meine fremde Berliner Tante ihre Arme zur Begrüßung ausgebreitet. Unser Flugzeug rollt unter ein weit ausladendes Dach am Empfangsgebäude: Flughafen Berlin-Tempelhof.

Es ist heiß. Wir gehen zu den Taxis. Auf dem Vorplatz, mitten in einem großen, runden Blumenbeet steht die Hungerkralle. Sie sieht aus wie ein haushoher Viertelbogen aus Stein, der aufrecht in die Luft ragt. Am oberen, breiteren Ende des Bogens stehen drei kleine, eckige Zähne über. Das sieht tatsächlich aus wie eine erhobene Tatze mit drei Krallen.

Die Straße ist vierspurig und schnurgrade. Sie ist breiter als eine Autobahn, aber so still wie eine Wohnstraße in der rheinischen Kleinstadt, aus der wir kommen. Links und rechts stehen hohe Bäume. Am Straßenrand parken Autos, ebenso auf dem Mittelstreifen, der alleine schon breiter ist, als die Straße vor unserem Zuhause. Der Bus, in dem wir die Stadtrundfahrt machen, fährt langsam, bis die vierspurige Straße vor einer Mauer aus hellgrauen Betonplatten endet. Bis jetzt habe ich mir immer vorgestellt, die Berliner Mauer sei aus roten Ziegelsteinen.

Jenseits der Mauer steht ein Gebäude mit Säulen aus grauem Stein. Es erinnert mich an die antiken Tempel, die in meinem Lateinbuch abgebildet sind. Das Gebäude ist auch auf allen Postkarten von Tante Ingrid abgebildet. Aber es hat keinen Scherznamen. Es heißt einfach nur: Brandenburger Tor. Es kommt mir nutzlos vor. Es sieht nicht aus wie richtige Stadttore, etwa in Bad Münstereifel: Dort haben sie schwere eisenbeschlagene Pforten,

Fallgatter und Pechnasen. Hier kann man nicht einmal hindurch fahren, weil die Mauer quer davor steht. Auf dem flachen Dach des Tores thront eine grünliche Skulptur. Sie stellt einen antiken Streitwagen dar. Er wird von vier Pferden gezogen. Neben der Skulptur weht die Deutschlandfahne. In ihrer Mitte trägt sie ein kreisrundes Emblem.

„Was ist denn da drauf?"

„Ährenkranz, Hammer und Zirkel", antwortet mein Vater, „die halten sich für den Staat der Arbeiter und Bauern."

Der Bus wendet und fährt sehr langsam die vierspurige Straße zurück. Wieder bleibt er stehen. Auf der rechten Seite sieht man eine erhöhte, weite und offene Fläche aus hellem Stein. An ihren Ecken sind zwei geputzte russische Panzer postiert. Mitten auf dem Platz stehen, reglos und winzig, zwei sowjetische Wachtposten in dunkelbraunen Paradeuniformen, mit großen Tellermützen auf dem Kopf und geschultertem Gewehr.

„...eines von drei Ehrenmalen für die im Kampf um Berlin gefallenen Soldaten der sowjetischen Armee", sagt die Stadtführerin. Die Anlage ist still und leer und weit. Mir ist, als würde ich aus dem Bus in ein fernes, fremdes Land schauen.

Wir fahren an einer ausgedehnten und ebenen Wiese vorbei. Die Sonne scheint, es gibt keinen Schatten. Verteilt über die ganze Wiese sitzen, liegen oder laufen Leute. Einige machen Picknick, manche spielen Fußball. Im Hintergrund der Wiese steht ein Gebäude, das aussieht, als sei es aus schweren, schmutzigen Steinklötzen zusammengesetzt und hätte letzte Woche gebrannt...

„...die Kuppel auf dem Dach des Reichstags ist nach dem Krieg nicht wieder aufgebaut worden”, erklärt die Stadtführerin.

Im Schatten neben dem düsteren Reichstagsbau parkt unser Bus. Wir steigen aus. Es gibt einen Stand, an dem Eis verkauft wird. Ich spaziere herum, in kurzen Hosen, aus denen meine langen Streichholzbeine staken. Klebriges Erdbeereis rinnt mir über die Finger.

Ganz dicht hinter dem Reichstag zieht sich die Mauer entlang. Durch struppiges, trockenes Gras verläuft sie eine Böschung hinab, bis ans Wasser. Wir stehen an einem Drahtzaun und blicken auf das träge Flüsschen, das sich hinter dem Reichstag biegt. An verschiedenen Stellen ragen rostige Eisengitter und Drahtknäuel aus dem Wasser. Ich ahne, dass dort kein Schrott ins Wasser gefallen ist. Das sind Sperrhindernisse.

Am gegenüberliegenden Ufer ist kein Mensch zu sehen. Die grauen Häuser von Ost-Berlin stehen abgewandt.

Ich war noch nie in einer so großen Stadt. Es ist heiß, die Straßen sind so breit wie Autobahnen, es ist laut. Aber hier schweigt die Stadt.

Ein brusthoher Zaun hält uns vom Flussufer fern. An dem Zaun sind ein halbes Dutzend flache, weiße Kreuze angebracht. Sie sind fast so hoch wie der Zaun selbst. Auf die Kreuze sind mit schwarzer Farbe die Namen von Menschen geschrieben, die versucht haben, von „drüben“ über die Mauer nach West-Berlin zu fliehen. Sie wurden von den Bewachern der Mauer erschossen.

„Mauertote“, sagt jemand. Ich habe noch nie einen Toten gesehen.

***

Die Familie sitzt zu Hause am gedeckten Tisch beim Abendbrot. Meine große Schwester rührt in ihrem Tee mit Milch und erzählt aus der Schule: „Schwester Aloysia hat gesagt, dass wir noch immer im Krieg sind." Meine große Schwester besucht ein katholisches Mädchengymnasium und wird von Nonnen unterrichtet. Auch in Geschichte. „Es gibt keinen Friedensvertrag, wir haben nur Waffenstillstand, hat Schwester Aloysia gesagt."

Neben mir sitzt mein Vater. Er ist eben erst vom Dienst nach Hause gekommen und hat noch seine Uniform an: Schwarze Schuhe, schwarze Hose, ein hellblaues Hemd mit grauen Schulterklappen, die jeweils einen goldenen Stern mit Eichenlaub tragen. Nach dem Abendessen geht er gewöhnlich in die Küche, bindet sich seine grüne Gartenschürze um und spült das Geschirr. Ich werde ihm heute beim Abtrocknen helfen.

1977 – Die innerdeutsche Grenze

Mein Vater ist nicht sehr groß. Er wirkt fast zierlich. Sein kleiner runder Kopf ist kahl. Er trägt eine randlose Brille. Mein Vater entspricht dem Klischee des Gelehrten. Er hat Physik studiert.

Im Sommer, wenn er kurzärmelige Hemden trägt, sieht man an seinem linken Unterarm zwei weißliche, kreisrunde Narben, die etwa so groß sind wie ein Zehnpfennigstück. Man kann sie nicht gleichzeitig sehen, denn die Narben liegen sich gegenüber. Sie stammen von einer russischen Gewehrkugel, die seinen linken Unterarm durchschlagen hat. Es sind nicht seine einzigen Narben.

Sommerferien. Die Hände meines Vaters halten das Lenkrad. Wir fahren im Auto durch einen Wald, der mich an Großvaters dunkelgrünen Mantel erinnert. Als ich klein war, benutzte ich diesen Mantel, um mir ein Zelt zu bauen.

Wir fahren lange, ohne eine Lichtung zu sehen oder durch einen Ort zu kommen. Selten begegnen uns andere Autos. Die Straße führt in Kurven an einem steilen Hang entlang. Rechts sieht man in die dunkelgrünen Wipfel der hohen Tannen, links sieht man außer Unterholz nur dicht beieinander stehende rot-braune Baumstämme. Sie sind hoch und gerade wie Schiffsmasten. Sie tragen dichte schwarzgrüne Baumkronen. Nur über der Straße ist der weißgraue Himmel zu sehen. Immerhin ist es so warm, dass wir mit offenen Fenstern fahren können. Es duftet nach feuchtem Waldboden.

Im Kaufunger Wald fällt man aus der Enge der dicht besiedelten Bundesrepublik und ist einsam. Zonenrandgebiet. Die Gegend nahe der Grenze zur DDR.

Links der Straße steigt der Wald mit den hohen Tannen steil an, rechts fällt er ebenso steil ab. Wir fahren über ein paar eiserne Kanaldeckel.

„Sprengschächte", sagt mein Vater.

Wir halten an, gehen zurück und gucken. Die vier Kanaldeckel sind über einem Betonrohr angebracht, das quer unter der Straße liegt. Am Abhang neben der Straße ragt ein Ende des Rohres aus dem Boden hervor. „Da werden die Zündleitungen der Sprengladungen herausgeführt", erklärt mein Vater. „Im Ernstfall wird die Straße gesprengt. Dann können von Osten angreifende Truppen in dieser unwegsamen Gegend höchstens zu Fuß weiter marschieren."

Der Wald wird lichter. Wir fahren durch wenige Dörfer. Sie sind still. Wir sehen keine Industrie, selten Lastwagen, viele Traktoren, kein einziges Flugzeug in der Luft und nur wenige Menschen.

Die Zeit breitet sich aus.

Die Straße führt aus dem Wald hinaus in ein enges Tal, das aussieht wie die Landschaft in einer Modelleisenbahnanlage: Es gibt eine Flussschleife, zwei Dörfer, ein hohes Eisenbahnviadukt und in Sichtweite sitzt eine Burgruine auf einem Berg.

Hinter dem ersten Dorf fahren wir über eine schmale, gewundene Straße zum Fluss und auf das zweite Dorf zu. Die Straße endet am Fluss vor einer alten Brücke mit gemauerten Bögen. Die Brücke bricht mitten im Fluss ab.

Das zweite Dorf liegt jenseits des kleinen Flusses. Hinter zwei dichten Gitterzäunen stehen eng und geduckt kleine Fachwerkhäuser mit hellrot gedeckten Dächern. Zwischen den Giebeln hält sich ein niedriger Kirchturm aufrecht. Nur für Augenblicke kann man da oder dort, zwischen zwei

Hausecken hindurch, einen Menschen sehen. Das Dorf scheint dem Grenzzaun den Rücken zu kehren.

Am Ortsrand, neben der Brücke, steht ein moderner Wachturm aus Beton. Er sieht aus wie ein schmaler grauer Giftpilz. In seinen Fenstern bewegen sich die Schatten der Soldaten, die uns und die wenigen anderen Leute auf dem Parkplatz mit Ferngläsern beobachten.

Alle sprechen leise.

Für uns ist die Welt hier zu Ende. Die Erde ist eine Scheibe. Hinter dem Zaun ist ihr Rand. Was wir jenseits des Zaunes sehen, ist eine Spiegelung.

Das Dorf auf der anderen Seite des kleinen Flusses liegt lediglich einen Steinwurf weit entfernt.

Im Ufergras vor uns steckt eine weiße Stange. An deren oberen Ende ist ein kleines, weißes Schild angebracht mit der Aufschrift:

HALT!
Hier Grenze
Bundesgrenzschutz

Am gegenüberliegenden Ufer zieht sich der Grenzzaun ein Stück weit am Fluss entlang, bis er linkerhand von einigen Bäumen verdeckt wird. Weit entfernt, über den Wipfeln dieser Bäume, erhebt sich ein Berg, auf dem dichter, dunkler Wald steht. Mittendurch bricht sich die Grenze eine breite, helle Schneise: Das ist der Todesstreifen.

Links davon und rechts davon: der gleiche Wald.

Wie gezeichnet ziehen sich der Grenzzaun und ein serpentinenartig angelegter Fahrweg den steilen Hang hinauf. Oben auf der Kuppe steht, wie ein Soldat, der nächste Wachturm.

Das Dorf jenseits der Grenze gleicht den Dörfern diesseits. Es erscheint vertraut wie ein verstorbener Freund. Bleigrau und langsam strömt der Fluss, als einzige Bewegung zwischen uns und dem Dorf.

Meine Großväter, ihre Brüder, Vettern und Freunde sind alle irgendwann Soldaten gewesen. Die Geschichte hatte Gründe für sie, es gelegentlich durchaus freiwillig zu sein. Keiner behauptete, dass es schön gewesen sei.

Mein Vater ist der erste Berufsoffizier in der Familie. Er hat es weit gebracht. Was er von meinem Bruder und mir erwartet, bleibt unausgesprochen.

Für meine Eltern, Großeltern und alle Verwandten war und ist die Sowjetunion der gefährlichste Feind. Nicht die Russen. Die Sowjetunion und ihre Verbündeten. Die seltsamen Umstände, die Tante Gerda auf sich nehmen muss, um uns zu besuchen; dieser feindselig bewachte Zaun, der Deutschland durchschneidet – das erzeugt in mir die ungenaue Empfindung einer Gefahr, die angeblich unsere Freiheit bedroht. Diese Freiheit ahne ich ebenso undeutlich. Ich kenne ja nichts anderes.

Zu Hause, auf dem Fensterbrett in der Küche, neben den fliegenden Zetteln, auf denen meine Mutter notiert, was demnächst einzukaufen ist, liegt seit Ewigkeiten eine Karikatur, sauber ausgeschnitten aus der *Bonner Rundschau*. Das Papier ist schon ziemlich vergilbt und etwas brüchig. An den Rändern rollt es sich leicht. Die Karikatur ist geteilt in eine obere und eine untere Hälfte:

Die obere Zeichnung zeigt eine Parade von Kampf-panzern, am Himmel fliegen Kampfflugzeuge in enger Formation, Fähnchen schwenkende Menschen säumen den Weg der Panzer. Als Bildüberschrift liest man:

„Der erste Mai in der friedliebenden DDR...“

Auf der unteren Hälfte der Karikatur sieht man Familienautos im Stau auf einer Autobahn. Am heiteren Himmel kreist ein kleiner Hubschrauber. Die Bildunterschrift lautet:

„...und im revanchistischen Westen."

***

Zu meinem achtzehnten Geburtstag liegt ein grünlicher Umschlag auf dem Gabentisch. Darin wird mir mitgeteilt, dass ich nun wehrpflichtig bin.

Nach der Musterung werde ich als tauglich eingestuft. Jeder, der in meinem Alter ist, wird gemustert. Die wenigsten verweigern den Wehrdienst – nicht aus Überzeugung, sondern weil es bequemer ist, als das Verfahren der Kriegsdienstverweigerung. Ich verpflichte mich für zwei Jahre Wehrdienst. Das ist die geringste mögliche freiwillige Zeit oberhalb der Wehrpflicht von fünfzehn Monaten.

„Bei dir ist das klar – du musst das machen, dein Vater ist General. Der erwartet das von dir", sagen Schulfreunde zu mir. Ich entgegne, ich hätte jederzeit verweigern können, und mein Vater hätte nichts dagegen gehabt. Insgeheim bin ich mir nicht so sicher, denn genau darüber haben wir nie miteinander gesprochen.

1979 – Die Großmutter aus St. Petersburg

Samstagnachmittag gibt es Kaffee und selbstgebacke-nen Kuchen bei meiner Großmutter. „Jour fixe“ nennt sie das. Wer kommt, der ist da und wer nicht, der nicht. Meine Großmutter ist fast 82 Jahre alt. In der vergangenen Woche ist sie von einer Reise zurückgekehrt. Zum ersten Mal in ihrem Leben ist sie mit einem Flugzeug geflogen. Sie war mit meiner Mutter zusammen in Leningrad. Sie sagt „Sankt Petersburg“. So hieß die Stadt, als meine Großmutter 1898 dort geboren wurde. Die Stadt lag in Russland, heute ist sie in der Sowjetunion. Meine Großmutter spricht Deutsch und Russisch mit Petersburger Akzent. In Leningrad hat sie ihre alte Schule aufgesucht. Dort ist noch heute eine Schule. Leicht gebeugt und mit kleinen Schritten ging meine Großmutter ihren alten Schulweg, den sie „als Backfisch“ in den Jahren bis zu ihrem Abitur und der russischen Revolution gegangen war.

Sie hat auch ihr Elternhaus an der Fontanka gefunden. „An den Wänden im Treppenhaus war noch derselbe Anstrich wie damals“, erzählt meine Großmutter und zerteilt mit der Gabel ein Stück Pflaumenkuchen. Aus der ehemals großbürgerlichen Wohnung hatte man mehrere gemacht. „Aber der Telefonanschluss und das Telefon sind noch an derselben Stelle und die Tapete ist auch dieselbe wie 1917.“

Die jetzige Bewohnerin war selbst schon eine ältere Frau. Sie wollte erst nicht glauben, dass ihre Besucherin, die so einwandfrei russisch spricht, aus Deutschland kommt. Schließlich fragte sie: „Haben Sie Enkel in Deutschland?“

„Ja, zwei Enkeltöchter und drei Enkelsöhne."

„Dann bitt' ich Sie, Großmütterchen, sorgen Sie dafür, dass sie zum Frieden erzogen werden und nie wieder unser Land überfallen."

Am Ende der Grundausbildung geloben alle laut und deutlich „das Recht und die Freiheit der Bundesrepublik Deutschland tapfer zu verteidigen". Jedem ist klar, gegen wen und wo: gegen einen Angriff aus dem Osten, durch Truppen des Warschauer Paktes, hier in unserem Land.

In der Kampfkompanie bin ich unter 90 Soldaten einer von vier Abiturienten. Zwei andere Abiturienten sind, wie ich, als Mannschaften in die Kompanie gekommen. Der vierte Mann mit Abitur ist der Kompaniechef, Hauptmann Storch.

Ich besuche monatelange Lehrgänge, um Unteroffizier und später Reserveoffizier-Anwärter zu werden.

Ich versuche, ein verlässlicher Kamerad und meinen Untergebenen ein erträglicher Vorgesetzter zu sein. Ich lerne beim Militär viel über Menschen. Gutes und Schlechtes. Ich lerne, an seelischen und körperlichen Anstrengungen zu wachsen. Aber ich bin kein guter Krieger.

Die Ausbilder in der Kompanie und auf Lehrgängen versuchen, uns beizubringen, ein Stückchen Feld, Wald oder Wiese gegen einen bewaffnet angreifenden Gegner zu verteidigen. Ich lerne, wie man eine Panzergrenadiergruppe im Gefecht führt, mit Panzer, ohne Panzer, im Wald, auf der Heide und in Ortschaften. Ich lerne zu schießen und zu treffen, mit dem Panzer, mit dem Gewehr, mit der Maschinenpistole. Den Gegner müssen wir uns allerdings immer vorstellen. Wir haben nie genug Leute für eine Feinddarstellung. Stattdessen hocken wir in irgendwelchen Löchern am Waldrand und der Ausbilder ruft: „Feindliche Schützengruppe von rechts!" oder „Panzer von vorn!" Dann haben wir mit Platzpatronen und tauben Übungshandgranaten entsprechend zu reagieren.

Wenn auf dem Übungsplatz wirklich einmal ein Fahrzeug aus „Feindrichtung“ angerumpelt kommt, ist es meistens nur der Unimog vom Spieß, der sich verfahren hat. Er bringt das Mittagessen.

Mein Vater hat als junger Mann im Zweiten Weltkrieg in Russland gekämpft. *Er* wollte, dass Stalin gestürzt wird. Anschließend, glaubte er, würden alle zufrieden wieder nach Hause fahren. Er erzählt davon wenig und meistens nur, wenn man ihn danach fragt. Dann ist er entwaffnend ehrlich. Er scheint versucht zu haben, anständig zu bleiben – im Rahmen der Verhältnisse des Krieges.

In der Zeit des Vormarsches war er ganz vorne eingesetzt, während des Rückzuges war er bei der Nachhut. „Jenseits von mir waren nur noch Russen“, sagt er immer. Offenbar hatte er an der Front keine Zeit zum Nachdenken über das, was hinter seinem Rücken in seiner Heimat und den besetzten Ländern passierte.

Heute ist ihm sehr daran gelegen, in einer deutschen Armee zu dienen, deren ausschließliche Aufgabe es ist, den eigenen Staat auf dessen eigenem Gebiet zu verteidigen.

Überall zieht kalte Luft in meinen olivgrünen Overall – am Kragen in den Nacken, an den Handgelenken in die Ärmel. Mir ist kalt, mir tun die Knochen weh. Ich will schlafen, aber die kalten Kunstledersitze bieten keinen Halt. Ich bekomme Grippe.

Der Volkswagen Iltis ist eine Art offener Geländewagen. Bei schlechtem Wetter kann man ein olivgrünes Verdeck aus steifer Kunststoffplane über die vier Sitze und die kleine Ladefläche stülpen. Im Winter kann man sogar vier Türen einhängen. Sie sind aus der gleichen Kunststoffplane gemacht. Daher schließen sie nicht dicht. Durch die fingerbreiten Ritzen zwischen Tür und Verdeck kann man besser hinausschauen, als durch die milchigen Plastikfenster.

Es ist Winter. Wir fahren im Iltis über die Autobahn von Kassel nach Göttingen. Die Landschaft ist schneelos und grau. In der Nacht hat es gefroren. Der Stabsunteroffizier Eddie Wendt ist unser Fahrer. Wir nennen ihn Osram, weil sein Kopf knallrot leuchtet – wie eine Glühbirne. Osram hat die Heizung voll aufgedreht, aber davon bekommt nur die Windschutzscheibe etwas ab. Auf der Beifahrerseite sitzt Oberfeldwebel Geisse, in dessen Panzergrenadierzug ich Gruppenführer bin. Ich sitze hinter ihm.

Die Türen des Iltis flattern. Der Fahrtwind schlägt uns auf die Ohren. Eine Unterhaltung ist unmöglich. Mit drei Wagen sind unser Kompaniechef, die drei Zugführer und einige Gruppenführer unterwegs zu unseren so genannten GDP. Das ist die Abkürzung für General Defense Plan – Allgemeiner Verteidigungsplan. So bezeichnen wir den Ort, der uns zugewiesen ist, um im Ernstfall uns und unsere Schützenpanzer verteidigungsbereit in Stellung zu bringen. Diese Stellungen sind streng geheim.

Wir verlassen die Autobahn und durchqueren auf einer kurvenreichen Landstraße einen tiefen, stillen Wald. Der Fahrtwind zieht durch alle Ritzen des Verdecks in alle Ritzen meiner Kleidung.

Es ist Mittwoch, und es gibt kaum Autoverkehr in dieser Gegend. Die Straße führt aus dem Wald hinaus. Kurz vor einem verschlafenen Dorf biegen wir von der Hauptstraße ab und rumpeln einen steilen Feldweg hoch. Osram stellt unseren Iltis am Wegrand ab. Wir steigen aus und warten.

Der Kompaniechef ist noch ein Stück weitergefahren, um die Gegend zu erkunden. Wir sehen seinen olivgrünen Iltis im Tal, nahe am Fluss, auf der Landstraße entlangfahren. „Da fährt der Chef mit aufgepflanztem Stander und unverdeckten taktischen Zeichen direkt an der Grenze entlang..." raunt Oberfeld' Geisse kopfschüttelnd. Es ist verboten, sich in Uniform und mit Militärfahrzeugen unmittelbar an der Grenze zu zeigen.

Wir befinden uns an einem Hang, zwischen den kahlen Bäumen einer Obstplantage. Der Weg, auf dem wir stehen, führt hinter uns bergauf und weiter in einen Wald hinein.

Wir blicken zu Tal. Von hier aus ist die Grenze kaum zu sehen. Rechts ist das Dorf. Vor uns liegen Wiesen und Felder, dahinter die enge Schleife eines kleinen Flusses. Jenseits des Flusses erhebt sich ein Berg, an dessen steilem Hang dichter Wald steht. Auf einem anderen Berg sieht man eine Burgruine. Über den Fluss führt ein hohes Eisenbahnviadukt.

So sieht er aus: der vordere Rand der Verteidigung.

Hauptmann Storch, unser Kompaniechef, ist dünn wie

eine Bohnenstange. Ein eleganter Schnauzbart ziert sein schmales Gesicht. Seine kleinen Augen funkeln vergnügt. Er sieht mich kurz an, tadelnd. Ordnungsgemäß nehme ich die Hände aus den tiefen Taschen meines Overalls.

Der Chef beginnt mit der Einweisung ins Gelände. Mit weit ausholenden Bewegungen weist er auf die angesprochenen Geländeteile: „Wir befinden uns nordwestlich der Ortschaft Oberrieden im Werratal. Entlang der Mitte des Flusses Werra, vorbei an der jenseits liegenden Ortschaft Lindewerra, verläuft die Grenze zur Deutschen Demokratischen Republik, etwa bis zum Scheitelpunkt der Flussschleife. Von da ab folgt der Grenzverlauf dem Hang der Junkerkuppe in nördlicher Richtung... Unsere Kompanie hat den Auftrag, das vor uns liegende Gelände von linker Grenze: Wald unterhalb der Burg Ludwigstein, bis zur rechten Grenze: nordwestlicher Ortsrand von Oberrieden, zu verteidigen."

Der kleine Feldwebel Rübenbarg kneift seine Augen zusammen und blickt zur Junkerkuppe hinüber. Er schmunzelt: „Wenn die da 'rüberwollen, dann könn' die nur zu Fuß... oder die brauchen Gebirgsjäger... mit Eseln."

„Und wenn sie unten ankommen, müssen sie auch noch die Werra überwinden", urteilt der jungenhafte Unteroffizier Hessler, „danach steh'n sie für uns wie auf dem Präsentierteller. Und wir haben freies Schussfeld."

„Wenn wir *hier* stehen, dann kommen die *da nicht* 'lang", denke ich frierend.

Hauptmann Storch lächelt säuerlich: „Nee, leider nicht. Die halten uns vor jeder Angriffswelle mit Artilleriefeuer nieder. Danach steht hier kein Obstbaum mehr."

„Das heißt: schanzen!" tönt Oberfeld' Geisse. Sein Unterton lässt erkennen, dass er an Spitzhacke, Spaten, schwielige Hände und das Gemaule der grabenden Soldaten denkt..

„Da werden uns die Pioniere mit Erdarbeitsgerät unterstützen. Das muss schnell gehen", entgegnet der Hauptmann.

„Ich sehe da noch ein ganz anderes Problem!" legt der Oberfeldwebel nach. Er erträgt nicht, dass er einst dem kleinen Rekruten Storch das Gehen im Gleichschritt beigebracht hat und derselbe ihn jetzt als Vorgesetzter belehrt. An Geisses dichtem, schwarzem Schnauzbart glitzern Eiskristalle. Mit der Stiefelspitze schiebt er etwas Sand beiseite. Der Weg ist mit groben Feldsteinen befestigt. Oberfeld' Geisse wendet sich nach rückwärts und hebt sein Kinn in Richtung des Waldes hinter uns: „Im Ernstfall fahren wir ohne Kettenpolster", sagt er. Im Frieden haben unsere tonnenschweren Panzer schwarze Hartgummipolster unter den Kettenlaufflächen, um die Straßen nicht zu ruinieren. „Wenn wir im Winter hierher müssen, und der Boden vereist ist, dann werden wir niemals aus dem Wald da oben 'raus und den steilen Weg hier 'runter fahren können! Die Panzer sind nicht mehr zu lenken! Wenn wir zu schnell fahren, rutschen wir unseren eigenen Schützenstellungen in den Nacken! Und wenn wir stehen bleiben, sind wir die schönsten Zielscheiben."

Das Tal liegt still in der kalten Wintersonne. Mein Platz in der ersten Reihe. Wenn wir hier antreten müssen, dann wird dieser Ort ein Schlachtfeld des Dritten Weltkriegs sein.

1982 – Die Gegner im Osten

Während des Lehrgangs für angehende Reserveoffiziere gibt es ein Unterrichtsfach, in dem man uns beibringt, wie unser militärischer Gegner ausgerüstet und organisiert ist. Der Fachlehrer, Oberstleutnant Haubrich, ist Artillerist und sieht auch aus wie eine Kanone: klein und bullig.

Im Hörsaal spaziert Oberstleutnant Haubrich vor der Tafel auf und ab, als bekäme er Kilometergeld dafür. Seine Erklärungen dringen wie durch einen Nebel in mein Bewusstsein. Mir macht der wechselnde Dienst zwischen der frischen Luft im Gelände und dem Mief im Hörsaal zu schaffen. Es hilft nichts, dass Oberstleutnant Haubrich jeden Satz geradezu ausruft:

„Jenseits der Grenze zur DDR stehen uns Truppen gegenüber, die nicht nur zahlenmäßig überlegen sind! Machen Sie sich nichts vor, meine Herren: Die Soldaten des Warschauer Paktes sind wesentlich härter und einsatznäher ausgebildet als Sie! Die haben nicht jedes Wochenende frei! So ein russischer Gefreiter kann viel besser mit Kälte umgehen, als jeder hier im Hörsaal."

Der Oberstleutnant verschwimmt vor dem Tafelbild. Verstohlen reibe ich mir die Augen.

„Bisher hat die Sowjetunion jeden Freiheitswillen bei verbündeten Völkern mit militärischer Gewalt niedergehalten! Die meinen es ernst! Und so, wie sie ihren Einflussbereich im Inneren festigen, werden sie auch nicht davor zurückschrecken, diesen Bereich auszudehnen! Sofern das Risiko kalkulierbar ist."

Die Raucherpausen werden vor dem Gebäude verbracht. Der Oberstleutnant fixiert kurz das gestickte

Namensschildchen an meiner Uniformjacke: „Sagen Sie 'mal, Westerman, sind sie eigentlich verwandt mit dem General gleichen Namens?“

„Ja, das ist mein Vater.“

„Daher die Ähnlichkeit...“, schmunzelt Oberstleutnant Haubrich.

Ich bin zwar groß und dünn, aber wie mein Vater habe ich einen kleinen Kopf, blaue Augen und trage eine Brille. Mein Vater hat eine Glatze. Ich habe dünnes, weißblondes Haar.

„...vor allem die Haare!“ grinst der Oberstleutnant.

Während einer anderen Unterrichtsstunde erklärt Oberstleutnant Haubrich den Aufbau des Todesstreifens an der Grenze zur DDR. In der DDR würden die Sperranlagen offiziell als Antifaschistischer Schutzwall bezeichnet. Damit soll angeblich ein drohender Angriff der NATO-Streitkräfte aufgehalten werden. „Aber dann finden Sie mal eine Erklärung dafür, dass es in den Grenzanlagen Sperrgräben gibt, in die man von der DDR aus mühelos hineinfahren kann, aber nicht westwärts heraus! Das müsste ja umgekehrt sein! Und warum ist der Grenzstreifen mit Minen und Selbstschussanlagen versehen, die keinem Panzer etwas schaden, aber einem ungeschützten Menschen?“

Einmal wird uns ein Dokumentarfilm über russische Panzerfahrer gezeigt. Bei ihrer Essenpause im Gelände benutzen „die Kameraden von der anderen Feldpostnummer“ nahezu das gleiche Kochgeschirr wie wir. Alle haben den gleichen Gedanken: Mit denen müsste man sich mal treffen, jeder bringt einen Kasten Bier mit...

1983 – Mit der Bahn nach Berlin

Im Bahnhof Helmstedt kontrollieren westdeutsche Grenzschutzbeamte, ob jeder Fahrgast einen gültigen Reisepass dabei hat. Den benötigt man für eine Reise durch die DDR.

Die Zugfahrt von Bonn bis Helmstedt hat vier oder fünf Stunden gedauert. Ich sitze gegen die Fahrtrichtung am Fenster. Mir gegenüber sitzt eine ältere Frau mit grauen Haaren, Hut und rosa Bluse. Sie will gesprächig sein. Aber über „wo fahren Sie hin" kommen wir nicht hinaus.

An der Tür zum Gang sitzt eine zweite ältere Frau. Sie trägt elegante, dunkle Kleidung. Die ganze Fahrt über hat sie Kreuzworträtsel gelöst. Gelegentlich blickte sie auf und fragte die übrigen Mitreisenden höflich, beispielsweise, nach einem friesischen Männernamen mit drei Buchstaben. Manchmal ließ sich daran ein kurzes Gespräch anknüpfen. Die ältere Dame kommt aus Berlin. Sie fährt mehrmals im Jahr mit der Bahn zwischen Westdeutschland und West-Berlin.

„Fahren Sie das erste Mal durch die Zone?" fragt sie mich. Für sie ist die DDR einfach nur sowjetische Besatzungszone. Es scheint sie tatsächlich zu interessieren, dass ich nach Berlin fahre, um eine Aufnahmeprüfung an der Fachschule für Optik und Fototechnik zu machen.

Im Übrigen schweigen wir.

Die Grenzbeamten steigen aus, der Zug fährt langsam weiter. Das Schweigen der Reisenden verändert sich. Es wirkt jetzt angespannt.

Ich stiere zum Fenster hinaus, weil ich den Augenblick erleben will, in dem wir durch den Todesstreifen fahren. Ich sehe einen Zaun... Der Zug fährt in einen Wald. Hier muss es doch sein... Ich bilde mir ein, am Waldrand vorbereitete

Schützenstellungen zu sehen und tiefer im Wald Stolperdrähte und eine Hundelaufanlage.

Dann öffnet sich der Wald. Der Zug hält. Nebenan steht ein Güterzug. Auf dem breiten Streifen zwischen den Gleisen sehe ich einen Soldaten mit Maschinenpistole. Riesige Flutlichtmasten deuten darauf hin, dass hier bei Tag und Nacht nichts übersehen werden soll.

Unser Zug steht eine ganze Weile lang. Keiner sagt etwas.

Einmal gehen zwei Soldaten der DDR-Grenztruppen dicht unter dem Abteilfenster vorbei. Die ältere Dame löst ihre Kreuzworträtsel.

Ein Ruck! Unser Zug setzt sich wieder in Bewegung. Energisch klappt die ältere Dame das Rätselheft zu und verstaut es in ihrer geräumigen Handtasche. „Jetzt ist Schluss mit Kreuzworträtsel!“ ruft sie lächelnd.

Der Zug beschleunigt, er ruckelt und schaukelt, als führen wir über lose verlegte Bretter. Es ist ausgeschlossen, mit dem Stift gezielt einen Buchstaben in ein Kästchen zu setzen.

Ich blicke zum Fenster hinaus. Ich versuche, alles in mich aufzunehmen, was ich von dem anderen Deutschland sehe. Mir fallen die riesigen Felder auf. Ganze Landschaften sind gepflügt.

Es ist Anfang April. Es regnet. Zwischen zwei flachen Hügeln schlängelt sich eine schmale gepflasterte Landstraße. Am Straßenrand wächst ein kahler Apfelbaum. Ein altmodisches kleines Auto fährt die Straße herab. Es ist das erste zivile Lebenszeichen, das ich in der DDR sehe.

Der Himmel ist grau, die Hügel mit den gepflügten Feldern sind dunkelbraun, das nasse Straßenpflaster glänzt hellbraun, das kleine Auto war beige. Dem westlichen Auge bleiben die Farben der DDR verborgen.

Ein Grenzsoldat in hellgrünem Hemd und mit einer olivfarbenen Schirmmütze auf dem Kopf reißt die Abteiltür auf. Ohne Betonung ruft er: „Grenzkontrolle! Reisepässe bitte!“

Er lässt sich die Pässe reichen. Der Grenzer trägt vor sich einen aufgeklappten kleinen Bauchladen mit Stempelkissen, Stempel, Stiften und anderen Utensilien. Er blättert jeden Reisepass sorgfältig durch, Seite für Seite. Er blickt dem jeweiligen Ausweisinhaber streng ins Gesicht und vergleicht es mit dessen Passfoto. Schließlich drückt er den Stempel mit dem Transitvisum in das Dokument. Wortlos reicht er den Reisepass seinem Inhaber zurück.

Einmal muss der Zug einen Teil der Strecke in Schrittgeschwindigkeit fahren. Der Bahndamm liegt hoch. Ich sehe durch das Fenster auf die Landschaft hinab. So fahren wir auch über ein Dorf hinweg. Eine Straße des Dorfes liegt quer zu unserer Bahnstrecke. Links und rechts der Straße stehen hübsche kleine Einfamilienhäuser mit Giebeldach und kleinen Gärten. Der Putz der Häuser ist schmutzig dunkelgrau und fleckig. Die Straße ist nicht asphaltiert. Ihr dunkler Schlamm ist durchzogen von Reifenfurchen, in denen Regenwasser steht. Ich sehe auch Leute am Straßenrand gehen. Von hier aus sehen sie nicht unzufrieden aus. Sie sehen aus wie Menschen, die zuhause sind. Für mich ist es eine fremde Welt.

Langsam rollt unser Zug durch Magdeburg.

Nur selten kann man aus dem Fenster eines Eisenbahnabteils das Gesicht einer Stadt erkennen. Eher schaut man in billige Hinterhöfe und auf abseitige Grundstücke. Wir rollen am technischen Bereich einer Kaserne vorbei. Da stehen, kompanieweise aufgereiht, sowjetische Schützenpanzer BMP. Sie sehen aus wie olivgrüne, flache, auf Raupenketten gesetzte Boote, deren Oberseite mit einer Platte abgedeckt ist. Knapp vor der Mitte der Oberseite sitzt ein flacher, drehbarer Turm, in dem das kurze Rohr einer kleinen Kanone steckt. Das sind die Panzer der „Kameraden von der anderen Feldpostnummer".

Östlich der Elbe. Für mich gehört diese Landschaft zum selben Einzugsbereich wie die Länder, deren Städte, deren Bewohner, deren Eigenarten meine Vorfahren geprägt haben. Alle meine Vorfahren waren Baltendeutsche. Meine Mutter konnte ein lettisches Gutenachtlied singen, dessen Melodie ich heute manchmal meinem kleinen Sohn summe, wenn er einschlafen soll.

Die Lebensart der Baltendeutschen war von Letten, Esten, Litauern, Polen und Russen beeinflusst. Sie waren einander vertraut, doch keineswegs immer freundlich gesonnen. Aber gemeinsam und erfolgreich wehrten sich alle Balten – auch meine Großväter – gegen die kommunistischen Bolschewiki, die nach der russischen Revolution das Baltikum erobern wollten. Als Hitler und Stalin sich einigten, das Baltikum der Sowjetunion zu überlassen, mussten meine Großeltern ihre baltische Heimat doch verlassen. Ihre Vergangenheit als Kämpfer gegen die sowjetische Herrschaft hätte sie mindestens in ein sibirisches Arbeitslager gebracht.

***

Auf der Rückfahrt von Berlin fährt der Zug wieder durch Magdeburg. Dort sehe ich eine Gruppe junger sowjetischer Soldaten. Zu acht marschieren sie in Reihe, ohne Tritt, geführt von einem Unteroffizier, zwischen der Außenmauer ihrer Kaserne und einer Straße entlang. Sie sind ohne Waffen und Ausrüstung, tragen Felduniform und haben ihre Schiffchen auf dem Kopf.

„Die werden von irgendeiner Arbeit in die Unterkunft geführt“, denke ich mir. Zum ersten Mal sehe ich die Farbe ihrer Felduniform. Unsere Uniformen waren ver-waschen und graugrün, wie Eichenrinde. Ihre sind eher bräunlich, fast wie Lehm.

Die jungen Männer sind allesamt sehr schlank und haben – so scheint es – fast kahl rasierte Köpfe. Sie marschieren korrekt, aber nicht stramm, sondern ein wenig vornüber gebeugt, mit unmerklich hängenden Schultern und leicht schleppendem Gang. Das kenne ich – gewissermaßen von innen: So geht einer, der keine Lust hat, den befohlenen Weg zu gehen, der aber weiß, dass er auf die Folgen einer Verweigerung noch weniger Lust hat. „Na, dann geh’n wir eben...“, sagt sein Gang. Man braucht auf nichts zu achten, man muss nur Schritt halten, der Unteroffizier sagt einem sowieso, wo es langgeht. Man denkt nichts, außer: „Hoffentlich ist es bald vorüber.“

Juli 1983 – Beim Fernsehen in Bonn

„Wir machen hier keine Tierfilme!" dröhnt die Stimme von Herrn Bauhardt. Er ist Chef einer kleinen Filmproduktion. „Sie werden sowieso noch ins Rotieren kommen!" Das sagt er in seinem winzigen Büro im ZDF-Hauptstadtstudio in Bonn.

Ich sitze auf einem Klappstuhl aus rotem Stahlrohr und Plastik.

Herr Bauhardt ist groß. Er hat einen dunklen, mächtig geschwungenen Schnauzbart im braungebrannten Gesicht. Seine dichten, schwarzen Haare, die in störrischen Wellen seine Ohren bedecken, liegen im Nacken auf dem Hemdkragen. Herr Bauhardt duftet nach herbem Rasierwasser. Er trägt Cowboystiefel, eine schwere, hellbraune Lederhose und ein weites, dunkelbunt gemustertes Baumwollhemd.

Er könnte also durchaus Starfriseur sein.

Dafür ist er aber zu stämmig. Seine Stimme tönt wie ein Kontrabass und seine Sprache klingt westfälisch: „Getz' kommt der heiße Herbst! Da werden Sie sich ganz schön umgucken!"

Herr Bauhardt ist Kameramann. Sein Kompagnon ist ein ganz anderer Typ. Der trägt eine runde Hornbrille in seinem geröteten Gesicht und wirkt etwas struppig. Herr Bauhardt nennt ihn Tobi. Zusammen betreiben sie eine kleine Firma, über die sie eine Filmausrüstung, ein Videoequipment sowie sich selbst als Kamerateam an die Nachrichtenredaktionen der Fernsehanstalten vermieten. Sie haben einen Angestellten. Der ist Kameraassistent und studiert nebenher Kunstgeschichte. Zurzeit macht er sein Magisterexamen und fehlt deshalb in der Firma. Die entstandene Lücke ist meine Chance für den Einstieg in die Filmbranche.

Natürlich wollte ich zum Spielfilm. Deshalb hatte ich mich als erstes bei der Bavaria in München beworben.

Nun sitze ich hier. Herr Bauhardt steht vor mir und dröhnt: „Wir machen hier nur Aktuelles, nur harte News! Also, überlegen Sie's sich noch mal. Am ersten Oktober können Sie anfangen."

Ende November 1983 – Der heiße Herbst

Die westdeutsche Friedensbewegung hat der Bundesregierung einen heißen Herbst angekündigt. Es geht um die Stationierung amerikanischer Militärraketen in Deutschland. Diese Raketen sollen gegen Ziele im Ostblock gerichtet werden, also gegen alles Mögliche, was östlich der Grenze zur DDR gelegen ist. Die Raketen können auch Atomsprengköpfe tragen.

Viele Menschen haben Angst, dass Deutschland zum Ziel sowjetischer Atomraketen werden könnte, oder dass ihnen die in Deutschland gelagerten Atomsprengköpfe um die Ohren fliegen. Hunderttausende kommen nach Bonn, um gegen die Stationierung zu demonstrieren. Immer wieder. Einen ganzen Herbst lang.

Unsere Dreharbeiten für den Bericht über eine dieser Demonstrationen beginnen, lange bevor der Morgen graut.

Meine Chefs haben mich als Assistenten an Herrn Gralow, einem freien Kameramann, ausgeliehen. Unter dem kalten Licht einer Straßenlaterne stehen wir mit dem Tontechniker und unserem Redakteur in einem gediegenen Wohnviertel am Venusberg. Wir warten vor dem Haus des Bonner Oberbürgermeisters, der auch Bundestagsabgeordneter ist.

Unser Redakteur zeigt uns eine Fotokopie des Bonner Stadtplanes. Darauf sind die Adressen verschiedener Bundestagsabgeordneter eingezeichnet. Über dem Stadtplan steht der Aufruf: „Macht, was ihr wollt!“

Diese fotokopierten Pläne haben Organisatoren der Friedensbewegung bereits Tage vor der Demonstration verbreitet. Auch das Haus des Oberbürgermeisters ist auf dem Plan markiert. Aber außer uns ist niemand da.

Auf dem Straßenasphalt vor dem Haus hat jemand mit weißer Farbe gekleckert. Der Klecks ist so groß wie eine offene Hand. Wenn man, wie wir jetzt, nichts anderes zu tun hat, als sich den Klecks genauer anzugucken, erkennt man darin das Symbol der Friedenstaube. So haben Mitglieder der Friedensbewegung das Heim des Oberbürgermeisters markiert.

Der Himmel beginnt, sich grau zu färben. Ein silberner Mercedes fährt vor. Damit soll der Oberbürgermeister zur Sitzung im Bundestag gefahren werden.

Der Fahrer des Oberbürgermeisters erlaubt sich, die innerorts zulässige Geschwindigkeit deutlich zu überschreiten. Ich fahre unseren Teamwagen, einen weißen Mercedes, und soll „dranbleiben“. Unser Schiebedach ist offen, Herr Gralow steht auf dem Beifahrersitz und filmt den Wagen mit dem Oberbürgermeister. Eiskalt pfeift die Luft herein.

Hinterher flucht Herr Gralow: „Mann, ich hab’ gedacht, mir fällt gleich das Gesicht ’runter!“ – Eigentlich sagt er: „...G’sicht ’runn’or!“ In seiner Sprache klingt ein fremder Dialekt an.

Es wird ein kühler, grauer Tag.

Die Frau, die vor uns steht, ist vielleicht Mitte fünfzig. Sie trägt einen braunen Wollmantel. Seelenruhig legt sie ein Kopftuch über ihre ergrauten Haare und verknotet es unter dem Kinn. Dabei wendet sie sich von uns ab, blickt zur Seite, in irgendeine Ferne. Sie steht mitten auf der sechsspurigen Bundesstraße 9, direkt vor unserer Motorhaube.

In der Nähe stehen auch andere Autos, jeweils aufgehalten von einer Person vor dem Kühler.

Die Bundesstraße 9 führt parallel zwischen Rhein und Bahnlinie einmal längs durch Bonn. Sie ist die Schlagader der Bundeshauptstadt. Und nun wird sie auf Höhe des Regierungsviertels blockiert.

Ich will unseren Teamwagen zurücksetzen, um der Frau auszuweichen. Da stellt sich ein anderer Mensch *hinter* unser Auto.

Unser Redakteur steigt aus. Er versucht, der Frau zu erklären, dass wir über ihre Demonstration, ihr Anliegen berichten wollen, „also lassen Sie uns arbeiten."

Sie reagiert nicht.

Ergeben bleiben wir im Auto sitzen.

Immer mehr Demonstranten sammeln sich auf der Straße um uns herum.

Als hätte sie der Wind hergeweht.

Viele tragen gelbe Regenjacken.

Mit der Zeit drängen sich die Demonstranten immer dichter.

Herr Gralow und ich stehen im offenen Schiebedach. Er filmt. Ich lese den Belichtungsmesser ab und sage Herrn Gralow den Blendenwert an.

Hundert Meter vor uns wird das Gedränge der Demonstranten zu einem Geschiebe. Dahinter sind mehrere Wasserwerfer zu erkennen. Die Polizei drängt die Demonstranten zurück. Sie leisten Widerstand. Langsam schiebt sich die Front auf uns zu. Ein alter, dunkelroter VW-Bus rollt im Schritttempo rückwärts an uns vorbei. Auf seinem Dach sind Lautsprecher angebracht, durch die eine Stimme den Demonstranten Kommandos zuruft: „Linke Seite verstärken! Mehr Leute nach links! Kette halten! Nicht nachgeben! Zweite und dritte Reihe dahinter auch Kette bilden!"

Der Strahl des Wasserwerfers streicht immer wieder über die Menge hinweg. Herr Gralow und ich tauchen ab. Hastig kurbele ich das Schiebedach zu. Schon trommelt der scharfe Wasserstrahl auf die Windschutzscheibe. Unser Mercedes bebt.

„Dreh das! Dreh!" brüllen wir Herrn Gralow an, der erst einmal die Blende der Optik verstellen will. Dann schwenkt der Wasserwerfer woanders hin.

Die Menge der zurückweichenden Demonstranten teilt sich vor unserem Wagen. Sie drücken sich eng an uns vorbei. Regenjacken quietschen auf dem weißen Lack, unser Mercedes wackelt. Misstrauische Gesichter werfen einen kurzen Blick zu uns hinein. Sie halten uns für Verbündete der Staatsmacht.

Die Polizeikette nähert sich. Die Bereitschaftspolizisten tragen dunkelgrüne Kampfanzüge und weiße Helme mit Plexiglasvisier. Sie haben Schlagstöcke. Mit den Armen ineinander gehakt schieben sie die Demonstranten vor sich her. Ohne ihren Kettenverband zu lösen, steigen die Polizisten auf unsere Motorhaube, auf unser Dach. Als wären wir eine Unebenheit im Boden. Wir ziehen die Köpfe ein. Über uns hören wir die Schritte der schweren Springerstiefel.

Dann stehen wir frei.

Wenige Meter neben uns kriecht der Wasserwerfer vorwärts. Wir steigen aus, um zu drehen.

Da wird ein Mann in Jeans und dünner Lederjacke vom scharfen Strahl des Wasserwerfers erfasst. Er ist sofort durchnässt. Er springt zur Seite und will auf den Wasserwerfer zurennen. Der Wasserstrahl trifft ihn erneut. Der Mann rennt davon. Seine langen braunen Haare kleben klatschnass an Kopf und Kragen. Der Mann rennt. Der

Wasserwerfer schwenkt ihm nach und treibt ihn vor sich her. Der Mann sucht Schutz am Straßenrand. Doch der Wasserstrahl schießt unerbittlich. Er drückt den Mann an eine Hauswand, er nagelt ihn an der Hauswand fest. Der Mann windet sich, er kann noch nicht einmal umfallen. Der Wasserwerfer spritzt weiter.

„Lungenentzündung“ schießt es mir durch den Kopf.

Andere sind besser vorbereitet.

Die Straße ist voller versprengter Demonstranten, die durch die Polizeikette schlüpfen konnten. Die nimmt sich der Wasserwerfer einzeln vor. Wenn ein Demonstrant aus seiner Reichweite geflohen ist, hört er auf zu spritzen und sucht sich neue Ziele.

Da steht ein Mann, komplett in schwerer, knallgelber wasserdichter Hose und Jacke. Vor Bauch und Rücken trägt er rechteckige Sperrholzschilder, auf die er Parolen gegen die Raketen geschrieben hat.

Der Wasserwerfer richtet das Rohr auf ihn. Der Mann in der gelben Regenkleidung geht nicht weg. Er dreht sich ganz ruhig um, zieht seine Kapuze über, hockt sich hin und wendet dem Wasserwerfer seinen rund gemachten Rücken zu, der nur von dem dünnen Sperrholzschild verstärkt wird. Der Mann hockt alleine. Mitten auf dem Asphalt der breiten Straße. Den Kopf hat er zwischen die Schultern gezogen, das Kinn an der Brust. Seine Arme und Fäuste schützen den Kopf. Da prallt der harte Strahl auf. Das Wasser spritzt vom Rücken des Mannes in alle Richtungen. Es trommelt wie Sturzregen auf ein Plastikdach.

Der Mann trotzt eisern dieser Wucht.

Tobis Porsche taugt nicht als Teamwagen. Der Kofferraum ist bereits fast voll, obwohl nur das Dreibein des Stativs darin liegt. Tobi und ich können noch den Stativkopf unterbringen und unsere beiden Reisetaschen in die verbliebenen Lücken quetschen. Da lässt sich der Kofferraumdeckel nur noch gerade so schließen.

Die ganze Fahrt über muss ich die Kamera zwischen den Knien halten. Die Heizung auf der Beifahrerseite funktioniert nicht, es ist Januar und es friert. Auf der Fahrbahn liegt Schnee. Tobi kann seinen Porsche auch nicht so schnell fahren. Der Wagen ist nämlich alt und hat außerdem keine Winterreifen. Dennoch steuert Tobi schneidig in den weiten Bogen der Autobahnauffahrt.

„Die Kurv' kannste voll hole'", bemerkt er in seinem Koblenzer Dialekt. Die lang gezogene Kurve führt direkt ins Gegenlicht der tief stehenden Wintersonne. Tobi ist starker Raucher und entsprechend leuchtet die Frontscheibe seines Porsches jetzt wie ein verschmiertes Milchglasfenster.

„Owei! Ich seh' nix mehr!" sagt Tobi trocken. Er fährt weiter, ohne langsamer zu werden.

Schließlich erreichen wir Nürnberg.

Im Hotel, am Frühstückstisch, sitzt uns Doug gegenüber. Er ist Amerikaner und Deutschland-Korrespondent von CBS-NEWS. Ich sehe ihn zum ersten Mal. Doug ist groß und schlank, er hat eine sehr helle Haut, feine Hände, fast schwarze, perfekt frisierte Haare. Alles an ihm wirkt maßgeschneidert. Neben ihm sitzt Bert, sein Redaktionsassistent. Die Amerikaner bezeichnen ihn als Producer. Bert ist gebürtiger Bayer, ein schwerer Mann mit riesigem Doppelkinn. Er trägt immer den gleichen braunen Cordanzug. Bert lebt und arbeitet in Bonn, betont aber gerne, dass er die amerikanische Staatsbürgerschaft hat. Er nennt sich daher: „Bört".

„Bört" blättert in der örtlichen Tageszeitung. Bevor er die Zeitung beiseite legt, hält er kurz inne, um Doug zu fragen: „You want to read?"

Doug setzt die Kaffeetasse ab und lächelt: „Thanks, but I can't read German."

„You can't read German?" „Bört" hält ihm die Titelseite hin, zeigt auf die Kopfzeile und sagt: „But you can read this."

„N-u-r-n-bör-ger-Nack-rick-ten... – I can spell it, but I don't know the meaning of it", antwortet Doug trocken.

Die Amerikaner berichten gerne über solche Themen wie den Parteitag der Deutschen Kommunistischen Partei in Nürnberg. Deutschland ist für die Amis ein „Frontier State".

Der Saal im Nürnberger Messegelände ist groß. Rot ist die herrschende Farbe der Dekoration. Hunderte Delegierte sitzen in den Stuhlreihen. Auf einer Bühne am Kopf des Saales sitzt der Parteivorstand hinter einer Balustrade, welche die gesamte Breite der Bühne einnimmt. Am vorderen Bühnenrand stehen nebeneinander Blumentöpfe mit leuchtend roten Geranien, ein Topf dicht neben dem anderen, ebenfalls über die ganze Breite der Bühne.

„De Amis brauche' bessere Bilder", erklärt mir Tobi, „nit so husch-husch wie für't ZDF: Schuss, Schnittbild, Gegenschuss, Drehschluss..."

Deshalb will Tobi mit der Kamera einen Gang unterhalb der Bühne entlang machen, auf die Reihe der Ehrengäste zu. Die Ehrengäste sitzen im Saal in der ersten Stuhlreihe vor den Delegierten.

Tobi schultert die Kamera. Über seine linke Schulter hängt er sich den schweren Akkugurt. Ich muss hinter ihm gehen und trage den sperrigen *U-MATIC*-Videorecorder, der durch ein kurzes Kabel mit der Kamera auf Tobis rechter Schulter verbunden ist. Mit einer Hand steuere ich den Ton aus, in der anderen halte ich das Mikrofon. Außerdem soll ich darauf achten, dass sich das Kabel zwischen dem Recorder und der Kamera nicht spannt. Tobi drückt den Auslöser. Mit einem Auge am Kamerasucher geht er los, hart entlang am Bühnenrand, der für uns etwa hüfthoch ist. Ich hinterher. Der schwere Akkugurt, der von Tobis Schulter herabhängt, streift einige Geranienblüten. Tobi beschleunigt seinen Gang. Der Akkugurt berührt einen der Geranientöpfe, dann einen weiteren, der verrutscht, der nächste in der Reihe taumelt, und dann macht es nur noch *Klöcklöcklöck* – Tobi räumt mit dem Akkugurt einen Topf nach dem anderen von der Bühne und merkt nichts.

„Äh, Tobi...?“ versuche ich leise einzugreifen.

Tobi setzt seinen Gang fort, bis er vor den Ehrengästen ankommt. Die Ehrengäste tun, als hätten sie nichts bemerkt. Sie werden ja fürs Fernsehen aufgenommen.

Ein Saalordner stellt die Töpfe bereits wieder auf und fegt die Erde vom roten Teppich. Tobi tadelt mich leise: „Du musst besser achtpasse’, sonst schmeiße’ die uns ’raus.“

Einer der beiden wichtigsten Ehrengäste ist ein kleiner Russe mit weißer Stoppelhaarfrisur. Er sieht aus wie ein Bär und ist ein Sekretär der Kommunistischen Partei der Sowjetunion. Geduldig und mit erhabenem Ausdruck lässt der Mann aus Moskau alle Reden über sich ergehen. Wenn applaudiert wird, klatscht er auch. Aber ganz langsam und bedächtig. Es gefällt ihm sichtlich, wenn Tobi die Kamera auf ihn richtet. Das tut Tobi oft, denn „dat is de' Nachfolger von de' Andropow, un' der is' de' Boss von de' Russe – du weißt', wie ich's mein'."

Neben dem Russen sitzt der zweitwichtigste Ehrengast. Er kann alle Reden verstehen, denn er kommt aus Deutschland. Er ist größer und schlanker als der Russe. Sein üppiges, dunkelgraues Haar hat er über seiner hohen Stirn zurückgekämmt. Er sieht freundlich aus, trotz der riesigen Schneidezähne, die er beim Lachen zeigt. Etwas seltsam wirken die dunklen Schatten unter seinen tiefen Augen. Die Zähne und die Augen geben seinem Gesicht das Aussehen eines Wolfes. „Bört" informiert uns: „Den braucht's nicht zu drehen."

Doug freut sich, als Grigori Romanow – so heißt der Russe – vom Vorstand der DKP ein großes, golden gerahmtes Ölbild mit dem Porträt von Karl Marx überreicht wird. Endlich mal Bewegung im Bild.

Alle im Saal stehen auf und applaudieren.

Aber Tobi dreht auch, wie der Mann mit dem Wolfsgesicht sich freut und mit seinen weißen Zähnen strahlt. Tobi raunt mir zu: „Der interessiert de Amis nit. Der is' für't Archiv. Dat is' de' Egon Krenz aus de' DDR. Wer weiß, vielleicht brauche' mer den noch."

„Fahre ich da mit?“ frage ich. Es gelingt mir nicht, meine Erwartung zu verbergen.

„Nee, das macht der Herr Rehle.“

„Ach so.“

Herr Rehle ist derjenige, der gerade sein Studium der Kunstgeschichte beendet und an dessen Stelle ich für Herrn Bauhardt arbeite. Herr Bauhardt und Herr Rehle sind befreundet.

„Für so’ne Reise durch die USA muss man mehr Erfahrung haben”, sagt Herr Bauhardt, „Sie könn’ in der Zeit ’mal’n bisschen frei machen.“

So reist Herr Bauhardt im Juli mit seinem alten Assistenten und dem neuen Bundespräsidenten vierzehn Tage lang kreuz und quer durch die USA, und ich habe, höchst unfreiwillig, Ferien.

Da ruft Herr Rickendorff an. Er sucht einen Kameraassistenten für Dreharbeiten in Berlin. Im Juli.

Herr Rickendorff ist sehr dick. Auf seinem großen, runden Kopf wachsen weiße, eng anliegende Haare. Er trägt eine massive, schwarze Hornbrille mit riesigen, viereckigen Gläsern. Er ist immer etwas aufgeregt. Mit seiner hohen Stimme erklärt er ständig, was er will und was nicht. Dabei berlinert er. Genau so habe ich mir einen Filmproduzenten immer vorgestellt.

Ich fahre mit Herrn Rickendorffs Mitarbeiterin nach Berlin. Susi Kluge ist eine nette, nervöse Blondine und mindestens fünfzehn Jahre älter als ich. Sie arbeitet als Cutterin, Tonfrau und Mädchen für alles bei der Rickendorff-Filmproduktion. Von ihrem Chef wird sie in höchsten

Tönen gelobt und im nächsten Moment wegen einer anderen Sache aufs schärfste heruntergeputzt.

Susi Kluge und ich bringen die umfangreiche Filmausrüstung im Mercedes-Kombi von Bonn nach Berlin. Währenddessen wird Herr Rickendorff von seiner Frau nach Hannover gefahren. Von dort nimmt er das Flugzeug. „Journalisten sollten nicht auf dem Transitwege durch die DDR nach Berlin fahren", zitiert Herr Rickendorff eine offizielle Empfehlung. Aber seine Frau, seine Mitarbeiterin Susi und mich lässt er die Transitautobahn Helmstedt-Berlin nehmen. *Er* ist ja der Journalist.

Kurz hinter Helmstedt müssen wir sehr langsam fahren. Die Autobahn mündet auf einen betonierten Platz, der sich ausdehnt wie das Vorfeld eines Verkehrsflughafens. Der Strom der ankommenden Fahrzeuge wird in mehrere Spuren aufgefächert. Blaue Schilder mit weißen, abblätternden Buchstaben weisen den Weg: „Einreise in die DDR" – „Berlin/Hauptstadt der DDR" – „Transit West-Berlin". Die Kolonnen stauen sich. Wir und alle Fahrzeuge um uns herum bleiben stehen.

Wir müssen warten. Vom Auto aus ist es nicht möglich, die gesamte Anlage der Grenzübergangsstelle zu überschauen. Hohe Gittermasten tragen dutzende Scheinwerfer. Jeder einzelne ist auf einen speziellen Punkt ausgerichtet. Nachts soll rundherum keine Ecke in Dunkelheit verborgen bleiben. Mehrstöckige Verwaltungsgebäude deuten darauf hin, dass hier ungeheuer viel Personal eingesetzt wird. Knapp hundert Meter vor uns ist der Platz mit einer riesigen Konstruktion aus Stahlgitter und Wellblech überdacht. Unter diesem Dach findet der streng kontrollierte Grenzübergang statt.

Vor uns wartet ein alter Mazda. Die jungen Leute in diesem Auto scheinen nicht das erste Mal hier zu sein. Sie steigen unbekümmert aus, lehnen sich an die silberne Karosserie und sonnen sich. Wenn es ein oder zwei Wagenlängen weitergeht, schieben sie ihr Fahrzeug mit vereinten Kräften die wenigen Meter vorwärts.

Unter der Dachkonstruktion wird die Kolonne der Autos über enge Fahrspuren, Wagen für Wagen, an flachen Baracken entlang geleitet. Hier muss man im Auto sitzen bleiben. Wir müssen unsere Personaldaten und das Fahrzeugkennzeichen in Zählkarten eintragen. Diese Zählkarten und unsere Reisepässe nimmt ein Offizier entgegen. Er sitzt hinter einem kleinen Fenster in der Baracke neben der Fahrspur. Er behält unsere Dokumente. Wir werden angewiesen, einige Meter weiterzufahren. Einzelne Soldaten der Grenztruppen umrunden mit kritischem Blick unser Fahrzeug und stellen knappe Fragen. Ihre Sprache klingt nach einem fremden Dialekt.

Wie das Werkstück durch eine Maschine, so werden wir von der Kontrolle durch die Grenzübergangsstelle gesteuert. Umkehren kann man nicht, aussteigen darf man nicht. Wir befinden uns längst auf dem Hoheitsgebiet der DDR. Wir sind nur noch nicht „im Land“. Wir sickern durch eine Schleuse, sind dem Schutz durch unser eigenes Land entzogen. Erst am Ende des überdachten Bereiches erhalten wir unsere Pässe zurück. Sie haben die Anlage auf einem Fließband durchlaufen.

Die schmale Autobahn nach Berlin ist voll. Zum ersten Mal sehe ich die „anderen“ deutschen Autos von nahem. Ihre Marken heißen „Trabant“ und „Wartburg“. Einträchtig rollen diese kleinen, einfachen Ost-Autos und unsere großen, glänzenden West-Limousinen nebeneinander her. Es gibt keine Drängler. Niemand fährt schneller als hundert Stundenkilometer über die holprige Autobahn. Die Fugen zwischen den einzelnen Betonplatten der Fahrbahn sind breit und die Platten selbst liegen nicht in einer Ebene. Die Volkspolizei macht Geschwindigkeitskontrollen. Ihre Radarfallen sind gut versteckt, einige sogar unter Tarnnetzen. Man sieht sie erst, wenn man daran vorbei fährt. Ich kann das gut beobachten, denn Susi Kluge misstraut mir. Sie lässt mich nicht ans Steuer. Aber wir unterhalten uns angeregt und sind seit Dortmund per du.

Nach über einer Stunde Fahrt nähern wir uns einer Raststätte mit Intershop. Nur hier dürfen Bundesbürger rasten.

Die Raststätte Ziesar liegt auf einer Anhöhe mit Blick auf die brandenburgische Ebene vor Berlin. Susi geht in den Intershop, um günstig Wodka zu kaufen. Ich warte auf dem Parkplatz, in der Nähe unseres Autos.

Es ist ein warmer Sommernachmittag.

Am Rande des Parkplatzes sind einige schwere Motorräder abgestellt. Sie haben West-Berliner Kennzeichen. Ich interessiere mich nicht für Motorräder. Deshalb habe ich mir so dicke Maschinen noch nie aus der Nähe angesehen. Eines der Motorräder ist dunkelblau lackiert. Mir gefällt die Farbe. Das schaue ich mir näher an. Zwischen den Lenkergriffen hat das blaue Motorrad zahlreiche Anzeigeinstrumente und sogar ein Radio, das in die Windschutzverkleidung eingelassen ist. Wie kann man mit Helm auf dem Kopf, bei lautem Motor und Windgeräuschen noch Radio hören?

Der Besitzer des Motorrades nähert sich. Er ist in eine blau-schwarze Lederkombi gekleidet – passend zu seiner Maschine..

„Ist das ein Radio?“ frage ich verlegen.

„Ja.“

„Boah, da musst du ja ganz schön aufdrehen, wenn du ’was hören willst.“ Ich spüre, dass der Motorradfahrer mich für einen jungen Mann aus der DDR hält.

„Tja“, antwortet er und geht weg.

Ich sehe mich um. Nahebei sitzen auf einem Holzstangenzaun einige, vielleicht achtzehnjährige Jungs. Sie scheinen aus der Umgebung zu sein. Ihre schulterlangen Haare sind im Westen längst aus der Mode.

„Seid ihr von hier?“ versuche ich ein Gespräch.

„Mhm, ja. Und von wo kommst du?“

„Aus Bonn.“

„Ach nö, aus Bonn. Und wohin fährste? Nach Berlin?“

„Ja...“

„Und was machste da?“

Ich erzähle von meiner Arbeit als Kameraassistent. Dann frage ich die Jungs, was sie machen. Ihre Antworten sind rätselhaft. Ich verstehe nicht, ob sie Oberschüler oder Lehrlinge sind. Es scheint schwierig zu sein, eine Gemeinsamkeit zu finden.

Daher frage ich: „Müsst ihr noch zum Militär?“

Stummes, schweres Kopfnicken.

„Ich war schon da”, sage ich.

„Und, wie war’s?“

„Na ja...“ Und nun haben wir doch ein Thema: „Da haben sie uns einen Film über sowjetische Panzerfahrer gezeigt!“

„Und? Wie fandeste die?“

Ich trete näher an die Jugendlichen heran und senke die Stimme: „Wir fressen aus dem gleichen Napf wie ihr.“

Da beugt sich der Junge, der ganz links vor mir sitzt, zu

seinem rechten Nachbarn und flüstert ihm etwas ins Ohr. Dieser tut das gleiche bei seinem rechten Nachbarn, die ganze Reihe durch, wie bei der Stillen Post.

Einer der Jungen raunt: „Da steht schon einer." Er blickt mit leichtem Kopfnicken hinter mich.

Ich drehe mich um.

Direkt hinter mir steht, mit dem Rücken zu mir, ein großer Mann in hellbraunem Jackett und grauer Hose. Er hat schwarze, mit Pomade nach hinten gekämmte Haare. Seine weit abstehenden Ohren leuchten rot. Er hält seine Hände hinterm Rücken. Die Füße in den Schuhen mit dicken Kreppsohlen wippen an der Bordsteinkante auf und ab. Er tut, als betrachte er den vorbeirauschenden Autoverkehr.

„Und? Kannst du dich in deinem Beruf weiterbilden?" fragt mich einer der Jungen laut vernehmlich.

„Da bist du ja. Ich such' dich schon. Wir müssen weiter", ruft Susi.

Ich setze mich ins Auto. Mir ist komisch zumute. Habe ich den Jungs geschadet? Was macht dieser Mann mit den roten Ohren? Susi fährt los. Ich drehe mich um und schaue durch das Rückfenster hinaus. Der Mann mit den roten Ohren steigt ohne Eile in einen dunklen Lada, in welchem ein Fahrer wartet. Sie fahren nach uns auf die Autobahn. Zwischen ihnen und uns gibt es zwei oder drei andere Autos. Die Männer in dem Lada brauchen sich nicht zu beeilen. Wegen der strikt überwachten Geschwindigkeitsbegrenzung fahren wir wie in einem verkoppelten Zug hintereinander her. Wir können ihnen nicht entwischen.

Ich bin nicht mehr sehr gesprächig.

An jeder Ausfahrt erwarte ich eine Polizeistreife, die uns herauswinkt. Dann fällt mir ein, dass die das gar nicht nötig haben. Wir werden so oder so in eine Kontrolle kommen

– am Grenzübergang bei der Ausreise nach West-Berlin. Sie werden uns filzen. Unser Auto auf links drehen, und die Filmausrüstung. Nur, weil ich versucht habe, Kontakt aufzunehmen.

Ist das etwa verboten?

Deswegen war der Motorradfahrer mir gegenüber so wortkarg.

Wie dämlich. Warum sollen Menschen, wenn sie die gleiche Sprache sprechen, nicht miteinander schwatzen dürfen?

Sie werden uns filzen.

Mir fällt ein, dass seit meiner letzten Wehrübung ein vorläufiger Truppenausweis in meiner Brieftasche steckt: *Kai von Westerman, Leutnant der Reserve, Personenkennziffer, zweite Kompanie, Panzergrenadierbatallion 53...* – Ein Spion! – Kommen Sie 'mal bitte mit, die Kollegin bitte dort hinüber...

Ich blicke wieder durch das Rückfenster unseres Mercedes. Erst hinter dem Abzweig Magdeburg ist der Lada hinter uns nicht mehr zu sehen.

Im nächsten Autobahndreieck, mitten im Knäuel der einzelnen Straßen, steht ein großer Kontrollturm. Von dort aus kann man wohl beobachten, ob sich einer in diesem Gewirr verfährt und nach Leipzig abbiegt, statt weiter in Richtung Berlin zu fahren. Da hält jetzt wahrscheinlich ein Soldat der Grenztruppen sein Fernglas vor die Augen und meldet die Vorbeifahrt unseres hellgrauen Mercedes-Kombi mit Bonner Kennzeichen.

Meinen vorläufigen Truppenausweis hat der Spieß auf ein DIN-A5-Blatt getippt, unterschrieben und gestempelt. Das Blatt trägt kein Passfoto. Selbstverständlich ist es verboten, solche Dokumente bei „Fahrten durch Länder des kommunistischen Machtbereiches“ mit sich zu führen. Ich ziehe das zweimal gefaltete und mittlerweile etwas morsch gewordene Blatt heraus, falte es noch zweimal und reiße es mit schwitzenden Fingern in möglichst kleine Stücke.

Soll ich die Papierschnipsel essen?

Es ist warm, wir fahren mit offenem Seitenfenster. Ich lege die Hand mit den Papierschnipseln auf den Fensterrahmen. Im Abzweig Drewitz fahren wir durch eine enge Linkskurve. Hier kann jemand, der hinter uns fährt, nicht sehen, was auf unserer Beifahrerseite passiert. Ich lasse meinen vorläufigen Truppenausweis langsam, Schnipselchen für Schnipselchen, aus der Hand fallen und vom Fahrtwind über mehrere hundert Meter der märkischen Heide verstreuen.

Anfang August 1984 – Im Zonenrandgebiet

Herr Bauhardt und Tobi haben mich wieder als Assistent an CBS-NEWS ausgeliehen. Jetzt sitze ich auf dem Beifahrersitz neben einem Kameramann aus dem CBS-Studio in London. Er erinnert mich an Daktari, den weißen Dschungelarzt aus einer amerikanischen Fernsehserie. Wie Daktari trägt dieser Kameramann eine sandfarbene Tropenuniform mit vielen Taschen an Jacke und Hose.

Dabei ist dieser Sommer eher etwas für Lederjacken.

Der Kameramann heißt mit Nachnamen Flesch. Er spricht seinen Namen in breitem Amerikanisch aus. Es klingt wie ‚Flash'.

Von Wolfsburg aus fahren wir nach Uelzen, über lange, einsame Landstraßen, immer an der Zonengrenze entlang. Es gibt kleine Dörfer mit richtigen Tante-Emma-Läden. Von Supermärkten, Autohäusern oder Großtankstellen keine Spur. Wer will schon in einer Gegend investieren, die im Ernstfall als erstes von russischen Panzern überrollt wird?

Selten sehen wir ein Hotel oder einen verlockenden Landgasthof. Es gibt viele einfache Bauernhöfe.

Und Stille.

Wir fahren lange. Es ist später Vormittag. Herr Flesch bekommt Lust auf ein Bier. Weit und breit ist kein Lokal zu sehen – bis unser Weg an einer Querstraße endet. Gegenüber der Einmündung unserer Straße steht, überragt von einer ausladenden Linde, ein kleines graues Haus. Auf den Dachschindeln hat sich Moos ausgebreitet. Über der Tür steht in blauen Lettern WOLTERS PILSENER. Sonst nichts. Kein Auto parkt auf dem Parkplatz neben dem Haus. Die Fensterscheiben des Hauses sind staubig. Sie glänzen stumpf. Der Laden scheint geschlossen zu sein.

Aber die Tür zu der Wirtschaft lässt sich öffnen. Wir betreten den Gastraum. Gedämpftes Licht fällt auf den Boden aus schweren, gehobelten Dielen. Sie sind rau und im Laufe der Jahrzehnte dunkelgrau geworden. Tische und Stühle sind dunkel lackiert. Außer dem Wirt sitzen noch zwei Männer in der Kneipe. Sie verstummen, aber nicht aus Unfreundlichkeit. Mir scheint eher, dass unser Besuch sie sprachlos macht. Wir setzen uns.

Herr Flesch bekommt sein Bier. Wir sitzen, trinken und schweigen. Das Lokal ist nicht schmutzig, mit Ausnahme der Fensterscheiben. Aber es ist auch nicht so geputzt, dass ein Fremder auf den ersten Blick sehen kann: Hier ist alles in Ordnung. Es ist so, wie es in einem Raum ist, in dem immer dieselben Leute unter sich sind.

Man hört keine Musik, kein Radio, nur die leisen Gespräche des Wirtes und der beiden Männer. Es gibt keine Tischdecken, keine Blümchen auf dem Tisch und keine Jägermeister-Pappaufsteller. Hierher kommen die, die von hier kommen. Nichts deutet auf *heute* hin. Es könnte auch 1963 sein oder 1950.

Während unserer Weiterfahrt halten wir gelegentlich an. Aus gebührendem Abstand drehen wir Aufnahmen vom Grenzzaun zur DDR. Wenn eine Landschaft wie eine Melodie klingen würde, dann würde man an diesem Ort nur ihr Echo hören. Man steht vor dieser Grenze wie auf einem Friedhof. Herr Flesch und ich sprechen leise und lediglich das Nötigste. Dabei ist weit und breit niemand außer uns. Der Grenzzaun teilt die schöne, weite Landschaft mit stummer Hässlichkeit.

***

In der Nähe von Uelzen sind wir mit dem Bundesgrenzschutz verabredet. Der Presseoffizier weiß, wo man die Arbeiten an den Grenzanlagen beobachten kann. Er steigt in einen dunkelgrünen Geländewagen, in dem bereits ein Fahrer und zwei weitere Beamte warten. Sie fahren vor uns her.

Wir fahren weit. Es ist Anfang August, an einem frühen Nachmittag. Der Himmel zieht sich mit schweren, fast schwarzen Wolken zu. Die Grenzschützer halten an. Der Presseoffizier, ein sportlicher Mann mit silbergrauen Haaren unterm Barett, springt aus dem Geländewagen und kommt zu uns. Herr Flesch kurbelt das Seitenfenster herunter.

„Wir müssen uns beeilen", sagt der Presseoffizier, „wenn ein Gewitter kommt, müssen die ihre Arbeiten abbrechen, weil es sein kann, dass der Blitz in den Zaun einschlägt!"

Wir fahren weiter. Der Himmel ist dunkelgrau marmoriert, wie der Deckel eines Leitzordners.

„Jetzt könnte man schon Nachtaufnahmen bei Tage drehen, oder?" frage ich.

„Ja, man könnte *day-for-night* drehen, so dunkel ist es", bemerkt Herr Flesch.

Das Gewitter zieht vorüber. Es bleibt ein grau bewölkter Himmel – alles andere, als eine Auguststimmung.

Irgendwo an einem Waldrand stellen die Grenzschützer ihren Geländewagen und wir unseren Mietwagen ab. Hier sind unsere Fahrzeuge vor den Blicken der DDR-Grenzposten verborgen.

Herr Flesch schultert die Kamera. Ich belade mich mit Videorecorder und Stativ. Die Grenzschützer gehen voran. Der Presseoffizier und die drei Begleiter tragen Felduniformen: Springerstiefel, dunkelgrüne Hose, beigefarbenes Hemd, grünes Barett. Jeder hat eine Pistole am Gürtel, einer hält ein kleines Funkgerät in der Hand. Wir müssen ein Stück weit durch einen lichten Kiefernwald gehen, bis wir am Waldrand auf einen sandigen Feldweg stoßen, der quer über ein offenes Feld führt. Neben dem Weg verläuft ein schmaler Graben, der so flach ist, dass man ihn an einem anderen Ort einfach übersehen hätte. Jenseits des Grabens steht ein viereckiger, schwarz-rot-gelb gestreifter Betonpfosten, an dem eine kleine Plakette angebracht ist. Auf der Plakette ist das runde Emblem aus Ährenkranz, Hammer und Zirkel zu erkennen sowie die Aufschrift Deutsche Demokratische Republik. Diesseits des Grabens wächst stellenweise dünnes Gehölz, jenseits steht ungemähtes, gelbliches Gras. Der Grenzzaun ist vielleicht dreißig Meter entfernt.

Hinter dem Grenzzaun stehen einige olivgrüne LKW mit Pritsche und Plane. Am Zaun arbeiten mehrere Männer in braunen Overalls. Sie montieren Selbstschussautomaten ab. Das ist unser Thema.

Die Selbstschussautomaten sind an den Zaunpfählen angebracht. Von Ferne sehen sie aus wie graue Trichter, deren Öffnung zur Seite und parallel zum Zaun ausgerichtet ist. Entlang am Grenzzaun, der aus stabilen Streckmetallgitterelementen besteht, sind feine Drähte gespannt. Wer dem Zaun zu nahe kommt, muss unweigerlich diese Drähte berühren und löst die Selbstschussautomaten aus. Deren Funktion wird uns so erklärt: In dem Trichter ist eine kleine Sprengladung mit einer handvoll unzähliger, winziger und schwerer Metallwürfel mit spitzen Ecken und scharfen Kanten. Wird der Automat ausgelöst, explodiert die Ladung, fliegen die scharfen Würfel wie eine breite Fontäne am Zaun entlang und zerfetzen mit tödlicher Wucht alles, was aus Fleisch und Blut ist.

Offenbar sind die Automaten gut befestigt, denn die Männer schrauben lange. Nahe bei ihnen stehen Soldaten der Grenztruppen. Sie halten Maschinenpistolen in den Händen, lässig aber unmissverständlich.

„Es kann durchaus sein, dass die ihre Selbstschussanlagen weiter im Hinterland wieder aufbauen. Da sehen wir sie dann bloß nicht“, bemerkt der Presseoffizier leise.

Zwei Grenzaufklärer der DDR kommen über die Wiese vor dem Zaun herangestapft. Sie bleiben auf der anderen Seite des flachen Grabens stehen. Direkt vor uns. Wir könnten uns die Hände reichen. Die Männer vom Bundesgrenzschutz begrüßen sie grinsend.

Die beiden Grenzaufklärer verziehen keine Miene. Sie fotografieren uns. Einen nach dem anderen.

Der Grenzschützer, der neben mir steht, macht sich einen Spaß daraus, seinen Kopf so hin und her zu bewegen, dass der Grenzaufklärer mit dem Fotoapparat Mühe hat, ein brauchbares Portrait zu schießen.

Die beiden DDR-Grenzaufklärer tragen olivgrüne Uniformen mit einem braunen, fein gestrichelten Muster. Sie sind – wie jeder deutsche Fußsoldat – mit allerlei Taschen und Ausrüstung behängt. Beide sind mit einer Maschinenpistole bewaffnet.

„Kommt doch ’rüber!“ fordert einer unserer Grenzschützer die beiden Grenzaufklärer auf. Das ist das erste, laut gesprochene Wort an dieser Stelle. Keine Antwort.

***

Herr Flesch fährt wieder. Ich lotse ihn anhand unserer Straßenkarte nach Brome. Dieses winzige Nest liegt mitten in einem kleinen Zipfel westdeutschen Gebietes, das an drei Seiten von den Grenzanlagen der DDR umschlossen ist. Hinter Brome führt eine Bundesstraße nach Nordosten, durch Felder, Wiesen und einen Wald bis an die Grenze. Da ist kein Grenzübergang. Es geht einfach nicht weiter.

Im Übrigen liegt der Ort idyllisch. Die Sonne scheint, die Vögel zwitschern, es gibt keinen Durchgangsverkehr. Hier kann man nur ankommen, zurückfahren oder bleiben. Es ist ungewöhnlich still. Mensch und Natur scheinen im Einklang zu leben. Weiße Schäfchenwolken ziehen am blauen Himmel über das moderne Rathaus der Samtgemeinde.

Ferienstimmung.

Es empfängt uns der Samtgemeindedirektor, in leichten, grauen Hosen und dunkelblauem, kurzärmeligem Freizeithemd.

Bert („Bört"), der Producer, und Doug, unser Korrespondent, sitzen schon in seinem Büro. Mich wundert, dass wir auf einmal nur noch auf Englisch miteinander sprechen. Bert ist Deutscher, Herr Flesch ist Deutscher und ich bin es auch.

Herr Flesch und ich gehen zum Auto, um die Ausrüstung zu holen. Herr Flesch spricht nur Englisch mit mir. Selbst der Samtgemeindedirektor wird nur noch auf Englisch angesprochen.

Der Samtgemeindedirektor ist ein freundlicher kleiner Mann mit blitzenden, blauen Augen. Er spricht leise und bedacht, was ihn etwas schüchtern wirken lässt.

Doug will ein Interview mit dem Samtgemeindedirektor drehen. Wir setzen uns in einem kleinen Besprechungszimmer zusammen. Die Sekretärin bringt Kaffee und Kekse. Ich stecke dem Samtgemeindedirektor ein kleines Mikrofon ans Hemd.

Mit dem Kopfhörer auf den Ohren sitze ich über den Recorder gebeugt und beobachte die zappelnde Nadel der Tonpegelanzeige.

Für die Amerikaner kommen jenseits der Bundesrepublik Deutschland nur noch Kommunismus, Sibirien und weiter südlich der Nahe Osten. Doug will wissen, welche Bedeutung die Grenze für die Bewohner der Samtgemeinde Brome hat. Was bedeutet ihnen der Abbau der Selbstschussautomaten an der Grenze?

Der Samtgemeindedirektor wird gebeten, seine Antworten auf Englisch zu geben. Doug, der nicht einmal ‚Guten Tag' auf Deutsch sagen kann, versteht dann alles und kann gegebenenfalls nachhaken.

Aber der Samtgemeindedirektor tut sich schwer damit, Englisch zu sprechen. Er muss jedes einzelne Wort mühsam aus seinem Gedächtnis hervorkramen. Über den Kopfhörer bekomme ich jedes verstohlene Räuspern und jede leise Schwingung in der Stimme des Samtgemeindedirektors mit.

Aber der Mann hat Humor. Die anderen sehen ihn aufmerksam an und lassen ihn stammeln. Ihr Blick sagt: „Wir sind froh, dass wir dich verstehen können."

Da unterbricht sich der Gemeindedirektor mitten im Satz. Aus. Ihm fehlen die Vokabeln. Er lächelt. Leise, zu sich selbst, sagt er: „Mann, das ist so lang' her, dass ich Englisch gelernt hab..."

Ich schaue von meiner Tonpegelanzeige hoch. Da guckt mir der Samtgemeindedirektor geradeaus ins Gesicht und sagt: „Sie sind Deutscher, nicht wahr?"

„Ja, wieso?" antworte ich. „Das sieht man."

„Mer müsse' schaue', wie mer dat mache'. Die wolle' beim Landeanflug bestimmt all' in dat Cockpit. Zur Not müsse' mer puhle... – am beste' is', *mir* mache dat Puhlteam, dann ham'mer dat Bild im Kaste' un'de annere müsse' sich bei uns anstelle'."

„Tobi", frage ich, „was ist denn puhlen?"

„Puhl? – Pool! – Dat is' Englisch. Kannste kei' Englisch? – Müsse' mer dich wieder nach Haus' schicke', wenn de kei' Englisch kanns'! – Nä, ernsthaft: Dat heiß', wenn irgendwo nit genug Platz is' für alle Teams, dann geht einer hin, macht de Uffnahme, un' alle annere dürfe' se sofort danach kopiere' un' für ihre Beitrag benutze', ohne dat se wat bezahle' müsse' – verstehst', was ich mein'?"

In der zweistrahligen Boeing 737 der Lufthansa sitzen tatsächlich mehr Kamerateams, Fotografen und Reporter als Geschäftsreisende. Für die Zeit der Leipziger Messe ist eine tägliche, regelmäßige Flugverbindung zwischen Frankfurt und Leipzig eingerichtet worden. Zum ersten Mal seit dem Ende des Zweiten Weltkriegs darf ein Flugzeug der Lufthansa die DDR überfliegen und sogar dort landen.

Jeder Fluggast bekommt eine Piccoloflasche Mumm-Sekt geschenkt. Wir müssen uns beeilen, die Handvoll echter Messebesucher zu interviewen.

Eine Genehmigung, während der Landung Aufnahmen aus dem Cockpit zu machen, erhalten wir nicht.

Nach nicht einmal 45 Minuten Flugzeit landen wir.

Wir Kamerateams und die Fotografen drängeln uns vor zum Ausstieg, um eine Außenaufnahme vom Flugzeug und von den aussteigenden Geschäftsreisenden zu bekommen.

Der Flughafen Leipzig ist klein. Es gibt keine Fluggastbrücken. Das Flugzeug parkt auf dem Vorfeld. Eine Treppe mit dem roten Schriftzug „Interflug“ wird herangerollt.

Wir gehen über das sonnenbeschienene Vorfeld zum Empfangsgebäude, einem gestreckten Flachbau. Dahinter erhebt sich ein mehrstöckiger, wuchtiger Klotz. Beide Gebäude sind in Plattenbauweise errichtet. Auf dem obersten Stockwerk des Klotzes sieht man die Panoramafenster der Luftaufsicht.

Wir betreten zunächst einen großen Raum mit niedriger Decke. Die Wände sind mit dunkelbraunem Holzimitat getäfelt. Die Fensterfront allein kann den Raum nicht erhellen. Deshalb brennt von oben herab eine grünstichige Neonbeleuchtung, die alle Gesichter krank aussehen lässt.

Vor einer Seite des Raumes gibt es ein Pult, das die gesamte Breite der Wand einnimmt und ebenfalls braun getäfelt ist. Hinter diesem Pult sitzt etwa ein Dutzend Herren von den Grenztruppen der DDR, gekleidet in leichte Sommeruniformen, mit kurzärmeligen, lindgrünen Hemden. Der in der Mitte sitzende, grauhaarige Herr hat die Schulterklappen mit den meisten Sternen.

„Elferrat”, schießt es mir durch den Kopf. Wie bei einer Karnevalssitzung in Köln. In der Mitte der Bühne sitzt der Präsident der Karnevalsgesellschaft, links und rechts von ihm die zehn Mitglieder seines Rates.

Der Grauhaarige lächelt den ankommenden Passagieren des Lufthansa-Fluges freundlich entgegen. Ich will meinen Pass einem der rangniederen Herren reichen, was der aber stumm ablehnt. Freundlich weist er mit einer Hand auf seinen Vorgesetzten, den Grauhaarigen mit den schweren Schulterklappen. Also gebe ich meinen Pass dem Grauhaarigen, der ihn zur Prüfung wiederum an den Mann weiterreicht, bei dem ich zuerst gewesen war. Dieser kontrolliert meinen Pass ernst und sorgfältig, stempelt ihn dreimal, reicht ihn anschließend dem Grauhaarigen, der unter einen der Visastempel seine Unterschrift setzt und mir anschließend meinen Pass zurückreicht.

Tobi muss auf seinen Pass noch warten. Neugierig blättere ich in meinem Reisepass. Einer der drei Stempelabdrücke ist ein Visum der DDR zur einmaligen Ein- und Ausreise, gültig für elf Tage „zur Leipziger Messe“, ein kleinerer zweifarbiger Stempelabdruck in rot und blau bestätigt die Einreise am Flughafen Leipzig, der dritte Stempel ist eine Aufenthaltsberechtigung für den Bezirk Leipzig, gültig für diesen Tag. Wir dürfen uns also während der elf Tage währenden Leipziger Messe in der DDR aufhalten, aber nur einen Tag im Bezirk Leipzig. Mehrmals ein- und ausreisen dürfen wir auch nicht. Komisch.

In einem Nebenraum des Flughafenrestaurants gibt es einen kleinen Empfang für die Presse. Die Tische sind weiß gedeckt, Kaffee und Torten stehen bereit. Weil unsere Leihwagen noch nicht da sind, haben wir Zeit, an dem Kaffeekränzchen teilzunehmen.

Der kleine Raum ist erfüllt von einem feinen Geruch, der entfernt an Kerosin erinnert. Ich finde das keineswegs unangenehm und nichts Ungewöhnliches auf einem Flugplatz. Wir setzen uns. Damen in weißen Kitteln schenken Kaffee ein und teilen Torte aus. Schokoladenbuttercreme. Mit Sahne.

Die beiden smarten Piloten unseres Lufthansa-Fluges sitzen an einem anderen Tisch. Sie tragen Uniformen von

Interflug, der Fluggesellschaft der DDR. Also hat Interflug das Flugzeug der Lufthansa nach Leipzig geflogen.

Ich nehme Würfelzucker aus dem Schälchen vor mir und knibbele das Papier auf. Darin sind nicht, wie erwartet, zwei kleine Stückchen Würfelzucker, sondern ein großes, längliches. Daher will es sich auch nicht so ohne weiteres in meinem Kaffee auflösen. Ich rühre und rühre.

Ich lege den Löffel beiseite. Mit der Gabel teile ich ein Stückchen von der butterweichen Torte ab und probiere. Nicht schlecht. Aber dieser Geruch... – das ist kein Kerosin. Das ist die Torte.

***

Dieses Mal sind wir für die Nachrichtenredaktion des amerikanischen Senders ABC unterwegs. Zusammen mit einem Begleiter, der uns vom DDR-Fernsehen zur Seite gestellt wird, sind wir zu viert. Gretel, die Redaktionsassistentin, hat zwei Mietwagen mit Fahrer geordert. Wir erwarten zwei kleine Ladas. Es fahren vor: zwei schwarz glänzende Volvos, nagelneu, wie frisch vom Band. Der blitzende Lack lässt diese Limousinen gefährlich scharfkantig wirken.

Tobi und ich steigen in den zweiten Volvo. Unsere Ausrüstung verschwindet beinahe in dem riesigen Kofferraum. Ich schnalle die Kamera auf der Rückbank fest. Ledersitze. Klimaanlage. Der Fahrer prahlt: „Das ist das *letzte* Modell.“ Eine ungewohnte Formulierung.

Unser Fahrer ist ein hagerer großer Mann von etwa fünfzig Jahren. Er hat kantige Gesichtszüge und rabenschwarzes, scharf nach hinten gekämmtes Haar. Sein Sommeranzug ist von bräunlicher Farbe.

In den Hallen der Leipziger Messe drehen wir Aufnahmen von den Messeständen westlicher Firmen, möglichst mit einem Schwenk zum Hammer-und-Sichel-Emblem eines sowjetischen Messestandes in der Nähe.

Wir werden ins Stadtzentrum gefahren.

Tobi und seine Amerikaner machen mich immer etwas unruhig. Ich verstehe nie genau, worum es ihnen eigentlich geht. Stets herrscht gespannte Erwartung. Die Amis halten sich ständig bereit für irgendwelche sensationellen Ereignisse. Sie rechnen jederzeit mit einer Explosion. Wenn etwas passiert, soll man es natürlich auch sofort aufgezeichnet haben. Wenn sie über die Arbeit sprechen, geht es nur um Schnelligkeit. In mir löst das so eine unterdrückte Alarmstimmung aus. Ich bin sehr damit beschäftigt, stets einen geladenen Akku im Recorder zu haben und auch in der Kamera. Stets weiß ich, für wie viele Minuten das Band auf der Kassette noch reicht. Ich bete, dass unser Kassettenvorrat und die Akkus genügen. Tobi verdreht Material wie ein Weltmeister: „Dat is' wichtig, dat könne' die all' brauche' – un' wenn nit: lösche' könne' se's immer noch. Nur herzaubere is' schwer. Du weißt', was ich mein'."

Weil ich mich ständig auf Tobi konzentriere, bekomme ich wenig von der Umgebung mit. Immerhin bemerke ich, dass die Leipziger Innenstadt eine Ringstraße hat. Offenbar kennen die Fahrer sich nicht aus. Wiederholt fahren wir an den gleichen Gebäuden und Ecken vorbei – mal aus der einen, mal aus der anderen Richtung kommend. Mehrmals passieren wir ein bestimmtes, großes, graues Eckgebäude. Aber statt einer Ecke hat die Fassade dieses Gebäudes einen runden Bogen. Unten an dieser „runden Ecke" gibt es eine kleine Freitreppe und ein Eingangsportal. Vor der Tür halten zwei bewaffnete Volkspolizisten in graugrünen Uniformen Wache.

In einer breiten Seitenstraße, gegenüber diesem Gebäude, halten wir an. Wir steigen aus und warten. Wieder weiß ich nicht, worauf.

Drei Männer in Jeans und mit langen, gelockten Haaren nähern sich. Sie sind vielleicht Mitte zwanzig, in meinem Alter. Sie fragen: „Entschuldigung, was seid denn ihr für welche?“

„Amerikanisches Fernsehen.“

„Och, amerikanisches Fernsehen! Seit wann sprechen die Amerikaner denn deutsch?“

„Na ja, wir kommen aus Bonn und arbeiten *für* das amerikanische Fernsehen.“

„Ach so, wir ha'm euch schon die ganze Zeit 'rumkurven seh'n. Wir ha'm schon gedacht, ihr seid von der Stasi. Wollt ihr zur Messe, oder was? Da seid ihr hier aber ganz falsch.“

„Nee, da war'n wir schon. Ich weiß nicht, was wir jetzt machen.“

„Na dann viel Erfolg!“

Die zwei schwarz glänzenden Volvos fallen ziemlich auf. Sonst fahren auf den Straßen ja nur stumpf lackierte kleine... – ehe ich zu Ende denken kann, steigen wir schon wieder ein.

Im Messehochhaus werden wir mit dem Lift auf die Aussichtsplattform gefahren. Eine strenge Dame in taubenblauem Kostüm bedient den Aufzug. Die Beschleunigung lässt unsere Mägen schwer werden. Augenblicklich beginnt die Dame ein zackiges Kurzreferat über die technischen Daten des Aufzuges. Sie blickt ebenso streng durch uns hindurch, wie durch ihre braune Hornbrille.

Wir haben die Deutsche Demokratische Republik bis zum Abend zu verlassen. Jetzt ist es schon kurz nach Mittag. Die Dreharbeiten sind beendet. Gretel lädt unseren Begleiter vom DDR-Fernsehen, die beiden Fahrer, Tobi und mich zum Essen ein. Wir halten vor einem wuchtigen, grauen Hochhaus, mitten in Leipzig, dem Hotel Merkur.

In der ersten Etage gibt es ein enorm großes Restaurant. Dunkler Teppichboden unterstreicht dessen Eleganz und lässt den Saal fast intim wirken. Gestärkte, schwere weiße Decken liegen auf den Tischen. Überall ist eingedeckt. Polierte Weingläser, Messer, Gabeln und Löffel lassen den Raum glänzen.

Wir sind die einzigen Gäste.

Der Oberkellner ist ein großer leiser Mann. Seine sparsamen Bewegungen sind geschickt und elegant. Dennoch tut er nicht vornehmer als seine Gäste.

Der Begleiter vom DDR-Fernsehen empfiehlt uns als Getränk das angebotene Bier: Radeberger. Diesen Namen habe ich schon gehört, obwohl es im Westen nur selten Biersorten aus der DDR gibt.

Alle bestellen ein Radeberger.

Die Weingläser werden abgeräumt und gegen Pilsgläser getauscht. Schmunzelnd bringt der Oberkellner ein Tablett mit kleinen, dunkelgrünen Glasflaschen. Er schenkt jedem von uns ein. Feine Wassertröpfchen perlen auf den gekühlten Flaschen. Jede Flasche ist ein wenig anders dunkelgrün.

Das Bier ist herb und erfrischend. Mir kommt es vor, als hätte ich noch nie so ein gutes Pils getrunken.

Es wird Zeit aufzubrechen. Gretel bezahlt mit ihrer Kreditkarte unser Essen. Ich gehe noch schnell zur Toilette. Dieser Ort steht dem Restaurant an Eleganz in nichts nach.

Im Vorraum hängen riesige Spiegelflächen über den Waschbecken. Eine kleine, mütterlich wirkende Frau in einem braunen, ärmellosen Nylonkittel erhebt sich von ihrem Sitz in einer Ecke des Raumes. Sie reicht mir ein weißes Frotteehandtuch. Ich habe nicht das Gefühl, ein Mensch zu sein, dem diese Frau ein Handtuch zu reichen hat. Verlegen ziehe ich die Geldbörse aus der Gesäßtasche meiner Jeans. Ich finde ein Markstück und ein Zweimarkstück. „Was soll's", denke ich, sage „vielen Dank, auf Wiedersehen", und drücke der Frau meine drei Mark in die Hand. Sie blickt auf die silbernen Münzen in ihrer Hand: „Ooch! Sie sind ja ein Engel!"

Eigentlich wollte ich nur ein netter kleiner Kameraassistent sein. Jetzt fühle ich mich wie der große, reiche Onkel aus Amerika. Diese Rolle passt mir nicht.

Die anderen warten schon bei den Autos, in der warmen Sonne vor dem Hotel. Auf einem Autodach liegt ein Stapel mit den Kassetten, die wir verdreht haben. Unser Begleiter vom DDR-Fernsehen ist dabei, ein Formular mit mehreren Durchschlägen auszufüllen, um die Anzahl der bespielten und der unbenutzten Kassetten zu quittieren. Wir haben das Formular bei der Ausreise vorzuweisen. Gerade unterzeichnet unser Begleiter, da fällt mir ein, dass ja noch eine Kassette im Recorder ist. „Ach Kai, kannst du nicht aufpassen..." Die Kollegen sind etwas ungehalten, was selten vorkommt. Erst jetzt begreife ich, dass unser Begleiter vom DDR-Fernsehen uns nicht nur behilflich sein sollte, sondern vor allem dazu bestellt ist, Aufnahmen zu verhindern, die das Ansehen oder die Sicherheit der DDR beschädigen könnten.

Unser Aufpasser vom DDR-Fernsehen rollt die Augen

zum Himmel, ringt kurz mit sich, zerreißt das soeben unterzeichnete Formular und füllt ein neues aus.

Es ist schon später Nachmittag. Die Sonne scheint. Der Himmel ist klar und dunkelblau. Es ist warm. In den blitzenden, schwarzen Volvos werden wir über die Autobahn nach Berlin gefahren. Ich sitze neben unserer festgeschnallten Kamera auf der schwarzen Lederrückbank – und friere wie ein Schneiderlein. Wir sind mitten in der Nacht aufgestanden, ich bin müde und im Auto herrschen höchstens siebzehn Grad. Der Fahrer will wohl zeigen, was sein Auto kann. Aber da er nicht schneller als hundert Stundenkilometer fahren darf, hat er eben die Klimaanlage auf Kühlung gestellt. Ich ziehe mir meine Sommerjacke übers T-Shirt.

Die Leute in den anderen Autos, die wir überholen, schauen unsere Volvos teils erstaunt, teils missmutig an.

„Wir ha'm schon gedacht, ihr seid von der Stasi."

„Stasi" ist für mich ein leerer Begriff. Ich habe ihn schon mal gehört, aber ich weiß nicht, was er bedeutet.

Manchmal mache ich mir einen Spaß daraus, die vollständige Bedeutung von Abkürzungen zu kombinieren. Unsere Videorecorder tragen die Typbezeichnung BVU, englisch ausgesprochen Bi-Wi-Ju. Ich kombiniere daraus Broadcast Video Unit, was nicht unbedingt richtig sein muss. Aus dem Geschichtsunterricht kenne ich GeStaPo – Geheime Staatspolizei. Das musste ich übrigens auch kombinieren, denn in der Schule habe ich zum entsprechenden Zeitpunkt genauso geträumt wie jetzt gerade. Sta- steht also für Staats-, aber -si? Ich entscheide mich für -sicherheit. Schließlich handelt es sich ja wohl um eine Art Geheimpolizei, die gelegentlich in schwarzen Autos mit dunklen Fenstern herumkurvt, während alle anderen nur Plastikautos fahren dürfen. Dagegen wirken die kantigen Volvos wie Panzer.

Am frühen Abend erreichen wir Ost-Berlin. In der Grenzübergangsstelle werden wir gebeten auszusteigen. Die Volvos glänzen mit offenen Türen, offener Motor-haube und geöffneter Kofferraumklappe in der Abendsonne. Unsere Fahrer müssen die Grenzbeamten unter jede Fußmatte und hinter jede Sitzlehne schauen lassen. Die Grenzer untersuchen auch den Motorraum und rollen Spiegel unter die Limousinen.

Wir müssen lediglich unsere Pässe vorzeigen und die Zählkarten abgeben.

Nach der Grenzkontrolle werden wir in den Volvos mit Ost-Berliner Kennzeichen zu unserem Hotel in West-Berlin gefahren. An der Rezeption denken sie auch, wir wären von der Stasi.

August 1986 – In Ost-Berlin

Meine Freundin Biggi, mein Bruder Gero und ich sind zu Fuß in West-Berlin unterwegs. Wir biegen von der Kochstraße in die Friedrichstraße ein. Die Friedrichstraße ist an diesem Ende – für Berliner Verhältnisse – ziemlich schmal. Hohe, geschlossene Häuserzeilen säumen beide Straßenseiten. Die Straße ist belebt, aber sie endet nach einem kurzen Stück. Das heißt, es enden die Häuserzeilen – sauber und gerade, wie abgeschnitten. Die Straße endet nicht. Etwa auf Höhe der abgeschnittenen Häuserzeilen steht eine schmale, weiße Baracke mitten auf der Straße. Links und rechts kann man gerade so mit einem Auto daran vorbeifahren. Jenseits der Baracke führt die Fahrbahn noch einige Meter geradeaus zu einem Durchlass in der hohen Betonmauer, die quer über die Straße verläuft. Hinter dem Mauerdurchlass verschwindet die Straße in einem unübersichtlichen Gewirr aus rot-weißen Schlagbäumen und grauen Betonklötzen. Kein Blick kann der Straßenflucht folgen.

Struppiges Gras wuchert am Fuß der Mauer. Ihre Oberkante ist in Längsrichtung mit liegenden Rohrelementen gedeckt. An der runden Mauerkrone soll keine Hand jemals Halt finden können. Jenseits, auf der rechten Straßenseite, überragt ein breiter, viereckiger Wachturm die Mauer. Hinter seinen Fenstern sind Soldaten der DDR-Grenztruppen zu erkennen. Ein Stück weit hinter der Mauer und dem Wachturm sieht man die Brandmauern der Obergeschosse und die Dächer der Häuser auf Ost-Berliner Seite.

Diesseits, neben der weißen Baracke, steht ein amerikanischer Militärpolizist. Er kontrolliert diesen Grenzübergang, den Checkpoint Charlie.

Neben der Straße ist ein weißes Holzschild aufgestellt. Es ist fast so groß wie ein Garagentor. In schwarzen Lettern ist in den drei Sprachen der vier Besatzungsmächte und darunter auf Deutsch zu lesen:

SIE VERLASSEN
DEN AMERIKANISCHEN SEKTOR

Es sind viele Touristen hier. Manche fotografieren. Doch was diesen Ort ausmacht, ist auf keinem Foto zu sehen. Es ist die durchschnittene Flucht, die Unsichtbarkeit des Durchgangs. Dies ist ein Un-Ort: ohne Perspektive, aufgelöst in Einzelheiten. Wer vor der Mauer steht, verliert jegliche Aussicht. Es bleibt nichts übrig, als umzukehren. Am deutlichsten bildet sich dieser Ort in den Gesichtern derer ab, die ihn betrachten.

Im letzten Haus auf der rechten Straßenseite ist das Museum am Checkpoint Charlie untergebracht. Auf engstem Raum, über mehrere Stockwerke verteilt, ist ausgestellt, was Menschen jenseits der Mauer alles erdacht haben, um die Grenze nach Westen zu durchbrechen. Sie reisten in winzigen Koffern, unter Rücksitzbänken von Autos, haben Mini-U-Boote und Ultraleichtflugzeuge gebastelt, Tunnel gegraben oder sich in einem selbst genähten Heißluftballon vom Wind nach Westdeutschland treiben lassen. Sie haben ihre Gesundheit, ihr Leben, ihr Hab und Gut riskiert, um ihre Heimat verlassen zu können.

Hier verbindet sich der Begriff Sozialismus mit Mauern und Stacheldraht. „Volkspolizei", „Nationale Volksarmee", „Betriebskampfgruppe" – die Bewohner der DDR müssen selbst ihre eigenen Bewacher stellen. Kinder und

Jugendliche sollen bei den Jungen Pionieren und der Freien Deutschen Jugend organisiert sein, um möglichst früh von den sozialistischen Idealen unterrichtet zu werden. Wer nicht mitmacht, dessen Eltern können Ärger bekommen. Später kann er daran gehindert werden, Abitur zu machen und zu studieren.

Die Staatssicherheit ist eine Einrichtung, die unzufriedene Bürger aufspürt. Sie überzieht das ganze Volk mit Misstrauen und kann jeden Bürger, der unzufrieden erscheint, im Gefängnis verschwinden lassen.

In der Ausstellung des Museums sehe ich ein Schwarzweiß-Foto. Es ist mit einem Teleobjektiv fotografiert. Man sieht zwischen einer Hauswand und einem Gewirr aus schwarzem Stacheldraht einen Polizisten. Er trägt einen toten Mann weg. Der Tote in den Armen des Polizisten ist in Zivil gekleidet. Im Vordergrund stehen zwei junge Soldaten. Auf ihren Köpfen haben sie diese seltsamen, flachen Helme der Nationalen Volksarmee der DDR. Die beiden Soldaten haben den Toten über den Stacheldraht gehoben und eben dem Polizisten übergeben. Einer der Soldaten wendet sein Gesicht dem Betrachter zu. Der Soldat weint. Unter dem Bild ist zu lesen, dass der Tote Peter Fechter hieß. Er wollte über die Mauer klettern, um von Ost-Berlin nach West-Berlin zu fliehen. Ein Grenzposten hat ihn angeschossen. Von Westen aus konnte dem Verletzten keiner helfen, ohne selbst von den Ost-Berliner Grenzposten beschossen zu werden. Peter Fechter ist am Fuß der Mauer elend verblutet.

***

Der Berliner Bahnhof Friedrichstraße scheint aus einem Gewirr aus Treppen und Gängen in verschiedenen Etagen zu bestehen. Wer mit dem Zug aus Westdeutschland hier ankommt, kann das Bahnhofsgebäude nicht ohne weiteres zu Fuß verlassen. Es heißt, auf dem Bahnsteig gäbe es eine weiße Linie, welche die Grenze zwischen Ost- und West-Berlin markieren soll. Soldaten der Grenztruppen der DDR beobachteten mit unbeweglicher Miene die Menschen auf dem Bahnsteig. Aber man kann kaum etwas falsch machen, denn der Strom der übrigen Reisenden zieht einen mit sich.

Über eine Treppe steigt man hinab in das gelblich gekachelte Gedärm des Bahnhofs. Wegweiser leiten einen nach West-Berlin oder zur Einreise in die Deutsche Demokratische Republik. Als Westreisender gelangt man schließlich in die U-Bahn. Nur so kann man diesen Bahnhof verlassen. Die Erdoberfläche sieht man erst in West-Berlin wieder.

Meine Freundin Biggi, mein Bruder und ich folgen den Wegweisern zur Einreise in die DDR. Wir gelangen in eine kleine Halle. Dort warten bereits viele Menschen. Wir stellen uns an. Die Wartenden stehen vor einer übermannshohen Wand aus Resopalplatten, die mit hellem Holzdekor bedruckt sind. Dieses Dekor erinnert mich an die abwaschbaren Möbel, die früher in unserem Kinderzimmer standen. In den Resopalwänden hier gibt es nebeneinander, in kurzen Abständen, einige schmale Türen. Schwere, graue Metallprofile umrahmen jede der Resopalplatten.

Die Warteschlange rückt vor. Eine Person nach der anderen verschwindet einzeln durch eine der schmalen Türen, wie in einer Schleuse.

Ich trete durch diese Tür in die schmale Kontrollkabine und merke, dass ich meinen Reisepass nicht bei mir habe. Die Tür klappt hinter mir zu. Ich hoffe, dass die DDR mehr an der Zwangsumtauschgebühr interessiert ist, als an meinem Reisepass. In der linken Längswand der Kabine gibt es, etwa ab Brusthöhe, ein Fenster. Dahinter sitzt ein Grenzbeamter. Unter dem Fenster ist ein sehr schmaler Schlitz, durch den ich dem Grenzbeamten meinen Personalausweis zuschiebe. Von dem Beamten sehe ich nur den Kopf und den hellgrün uniformierten Oberkörper. Sein Gesicht ist von unten beleuchtet, wie Dracula in schlechten Filmen. Der Grenzbeamte studiert meinen Ausweis. Ohne eine Regung. Oben, über der Wand hinter mir, hängt ein Spiegel, durch den der Beamte an mir herab bis auf den Boden schauen kann – wie an der Kasse im Supermarkt. Ich fühle mich wie in einem Kleiderschrank mit greller Innenbeleuchtung. Der Grenzbeamte reicht mir meinen Ausweis zusammen mit einem Formular auf grauem Behördenpapier. „Gehen Sie zurück in die Halle. Füllen Sie das Formular aus und fügen Sie zwei Passbilder bei. Dann kommen Sie wieder."

„Wo soll ich denn jetzt Passbilder herbekommen?" frage ich.

Der Grenzbeamte drückt schon den Summer zum Öffnen der Tür. „Gleich links, an der Wand steht ein Fotoautomat!"

Ich gehe zurück in die Halle. Als erstes setzte ich mich in den Fotoautomaten und werfe sechs Mark (West) ein. Nach wenigen Minuten halte ich einen Streifen mit vier Passfotos in der Hand. Sie sind schwarz-weiß und haben einen bräunlichen Farbstich, wie altertümliche Fotos. Ich sehe auf diesen Fotos seltsam dunkelhäutig aus.

Mit dem ausgefüllten Formular und den Passbildern in der Hand gehe ich zurück in den „Schrank". Ich muss eine zusätzliche Gebühr bezahlen und erhalte den Stempel mit dem Tagesvisum für das Stadtgebiet von „Berlin/Hauptstadt der DDR" – gültig bis achtzehn Uhr. Außerdem muss ich eine Zählkarte ausfüllen und – wie jeder, der in die DDR einreist – 25 Deutsche Mark (West) in 25 Mark der DDR umtauschen.

Danach öffnet sich auch für mich die Tür zur Ostseite dieses „Grenzschleusenmöbels“. Biggi und mein Bruder erwarten mich grinsend: „Na, wollten sie dich nicht 'reinlassen?“

Wir treten aus dem schummrigen Neonlicht im Bahnhof hinaus auf die helle Straße. Es ist Vormittag und schon sehr warm. Der strahlend blaue Himmel wölbt sich über uns. Graubraune Fassaden und der Geruch von erhitztem Asphalt sind um uns.

Unter den Linden liegt, zwischen den beiden Fahrstreifen, ein großzügiger, heller Kiesweg. Links und rechts des Weges stehen tatsächlich Linden, aufgereiht zu einer Allee, die zum Brandenburger Tor führt. Zwischen den Bäumen sind Parkbänke aufgestellt. Jeder, der vom Bahnhof Friedrichstraße hierher kommt, sieht als erstes, mitten auf dem Weg stehend, ein langbeiniges Fotomodell. Das Mädchen hat die Hände in die Taille gestemmt. Sie biegt ihren Körper um die Hüfte, gespannt wie eine Stahlfeder. Sie trägt einen rötlich-braunen Hosenanzug mit kurzer Jacke und weit ausgestellten Hosenbeinen: „Mode“.

Zwei Meter von dem Modell entfernt steht, breitbeinig und etwas gebückt, der Fotograf. Er blickt durch den Sucher seiner Kleinbildkamera. Die Kamera sitzt auf einem filigranen Stativ. Dessen drei Beine sind so dünn, dass es aussieht, als würde die funkelnde Kamera auf drei gespreizten Nadeln im Kies zwischen den Linden stehen. In der Ferne hinter dem Fotomodell: das Brandenburger Tor.

Es ist, als wären diese beiden eine Skulptur, aufgestellt für uns Touristen: „Seht her, was wir hier abbilden, das ist die Mode der kommenden Saison. Das ist noch nicht, das wird erst sein. Kaum seid ihr bei uns, schon könnt ihr in die Zukunft blicken. Die Mode ist voraus. Sie verkörpert die Idee, entstanden aus freiem Geist. Mode ist mondän – unsere Stadt hat Weltniveau.“

***

Von Ost-Berlin aus ist der Blick auf das Brandenburger Tor unverstellt. Aber nur der Blick. Der Pariser Platz vor dem Tor darf nicht befahren und begangen werden. Der Boulevard Unter den Linden endet vor einem Geländer aus Stahlrohr.

Noch ist es angenehm in der prallen Sonne zu stehen.

Das Brandenburger Tor steht frei auf dem riesigen, leeren Pariser Platz. Die benachbarten Häuser sind ebenso weit vom Tor entfernt, wie die Touristen am Geländer. Der Platz ist geschmückt mit stabilen Blumenkübeln aus Waschbeton, in denen rote Geranien blühen. Einzelne Grenzsoldaten gehen langsam auf dem Platz umher. Sie beobachten die Touristen an der Absperrung. Zwischen den Kolonnaden des Brandenburger Tores hindurch kann man die Mauer sehen. An dieser Stelle ist sie nur halbhoch. Und links, über der Mauerkrone erkennt man die hölzerne Aussichtsplattform auf der West-Berliner Seite. Das heißt, man kann Oberkörper und Köpfe der Menschen auf der Plattform sehen. Gerade scheint sich eine ganze Schulklasse darauf zu drängeln.

Ein olivgrüner, offener Trabant mit Faltverdeck kommt rasant angefahren und hält mitten auf dem Pariser Platz. Ein schneidiger Leutnant springt vom Beifahrersitz und stellt sich neben das tuckernde Auto. Er späht einmal kurz in Richtung Westen und einmal in unsere Richtung. Dann steigt er wieder ein und befiehlt seinem Fahrer abzurauschen. Der olivgrüne Trabant röhrt davon.

***

Die Terrasse des Cafés an der Oper ist voll besetzt. Die Leute sitzen an kleinen Bistrotischen aus weiß lackiertem Blech. Es gibt Schatten und es ist angenehm warm. Wir haben Glück und finden einen Platz.

Zwischen Tischen und Stühlen hindurch balanciert ein geschickter Kellner Tabletts mit Kaffeetassen und Eisbechern oder Teller mit Tortenstücken. Nur uns beachtet er nicht. Der Kellner arbeitet schnell und gut organisiert. Alle, die an den Tischen um uns herum bestellen, werden prompt und schnell beliefert. Wir wollen unsere 25 Mark der DDR ausgeben. Zaghaft winken wir dem Kellner. Er übersieht uns. Wir sind aus dem Westen. Wir werden nicht bedient.

***

Der Alexanderplatz brütet in der trockenen Hitze. Rund um ein großes Brunnenbecken tummeln sich ganze Familien. Einige dicke Männer sitzen mit freiem Oberkörper auf dem Beckenrand und trinken Bier aus Flaschen.

Wir haben keine Lust, uns in dem nahen Grillrestaurant anzustellen mit der Aussicht, nicht bedient zu werden.

Die Fassade des mehrstöckigen Kaufhauses besteht aus seltsam durchbrochenen, weißen Reliefkacheln. Vielleicht gibt es dort etwas zu kaufen, was man bei uns nicht bekommt.

Wir gehen hinein. In der Abteilung für Damen-, Herren- und Kinderbekleidung stehen Modepuppen mit grauen Gesichtern, deren Farbe abblättert, wie die Schale an einem hart gekochten Ei, das geplatzt ist.

***

Wir waren im Museum für Deutsche Geschichte, wo die natürliche Entwicklung von der steinzeitlichen Gemeinschaft zur sozialistischen Gesellschaft dargestellt wurde. Wir sahen die Wachablösung im preußischen Stechschritt vor der Neuen Wache aufziehen. Wir staunten über die beiden Wachtposten, junge Soldaten, die reglos mit geschultertem Gewehr und Stahlhelm auf dem Kopf in der heißen Sonne standen.

Jetzt schlendern wir hungrig und abseits der Touristenmeile durch das Viertel hinter der Humboldt-Universität, zurück zur Friedrichstraße. Hier ist es still und schattig. Kaum jemand ist auf der Straße. Selten fährt ein Auto. Zwischen den rußgeschwärzten, hohen, alten Stadthäusern ist es kühl. Es riecht nach feuchten Kellern. Die klassizistischen Fassaden bröckeln. Sie sind übersät mit kleinen, trichterförmigen Löchern. Das müssen Einschläge von Granatsplittern, Spuren der Kämpfe des Zweiten Weltkriegs sein. Alle Häuser in der Straße tragen diese Spuren. Über vierzig Jahre nach dem Ende des Krieges.

Wir entdecken das einsame Schaufenster eines winzigen Ladens. Durch eine herabgelassene, orangefarbene Sonnenschutzfolie sehen wir in der Auslage des Schaufensters zwei oder drei Hüte liegen, solche, wie Tante Gerda aus Cottbus sie immer trug. In der Ladentür hängt ein vergilbter Zettel. In Schreibmaschinenschrift ist darauf zu lesen, dass dieses Geschäft wegen Urlaub und mit Genehmigung irgendeiner Behörde geschlossen ist.

Wir treffen auf die belebte Friedrichstraße und laufen geradewegs auf das Hotel Metropol zu. Das Luxushotel hat eine schwarz glänzende Fassade. Es wirkt sehr westlich.

„Vielleicht bekommen wir dort etwas zu essen."

Im Erdgeschoss des Hotels, zur Friedrichstraße hin, gibt es ein kubanisches Steakrestaurant. Im Restaurant herrschen angenehmer Schatten und milde Kühle. Die Tische sind eingedeckt, aber es gibt keine Gäste. Wir setzen uns. Sogleich bringt eine junge, hübsche Kellnerin drei Speisekarten. Man kann mit DDR-Mark bezahlen. Bisher haben wir kaum Geld ausgeben können. Zusammen haben wir noch knapp siebzig Mark. Wir wählen aus, im Stillen kopfrechnend, und bestellen. Das Essen ist gut. Unser Geld reicht sogar noch für ein Eis zum Nachtisch. Mein Bruder ist ein Fachmann auf diesem Gebiet. Das Eis schmeckt ihm, aber er findet es sehr teuer. Die Kellnerin bedient flink und gekonnt. Aber sie spricht kein unnötiges Wort. Sie erfüllt ihre Funktion, schön und neutral, wie die kleine Blumenvase auf unserem Tisch.

Mein Bruder sagt zu ihr: „Das Eis war gut, aber ganz schön teuer." Ich möchte am liebsten im Boden versinken.

Die Kellnerin hebt die Schultern. Leise erklärt sie: „Das ist Preisklasse-S-plus-hundert."

***

Nach dem Essen bleibt noch reichlich Zeit. Wir dürfen unsere restlichen DDR-Mark nicht mit in den Westen nehmen und auch nicht zurücktauschen. Wohin damit? Vergraben? Wir gehen noch einmal die Friedrichstraße hinunter. Nahe „Unter den Linden“ gibt es ein Gebäude mit Arkaden. Dort haben wir Geschäfte gesehen, unter anderem eine Metzgerei. Durch das Schaufenster sehen wir im Inneren drei Verkäuferinnen mit weißen Häubchen. An den weißgekachelten Wänden hinter ihnen sind übereinander Schienen angebracht, an denen Fleischerhaken hängen. An den Fleischerhaken hängt nichts. Der Laden ist leer. Nur in der Auslage des Schaufensters liegt eine einsame dicke Dauerwurst.

Gelegentlich erhalte ich einen Brief vom Verteidigungsministerium. So ein Brief enthält ein Anschreiben und ein rosafarbenes Blatt auf Dünndruckpapier. In dem Anschreiben wird mir mitgeteilt, dass ich das rosafarbene Blatt gut und für Unbefugte unzugänglich zu verwahren habe.

Auf dem rosafarbenen Blatt ist ein Kennwort vermerkt, beispielsweise „Breite Blume". Wenn dieses Kennwort in den Rundfunk- oder Fernsehnachrichten gemeldet werden sollte, habe ich mich unverzüglich mit Ausrüstung bei einer bestimmten militärischen Einheit zu melden. Welche Einheit das ist und wo die ist, entnehme ich ebenfalls dem rosa Blatt. Im Keller lagert ein olivgrüner Seesack. Darin ist eine vollständige Bundeswehr-Felduniform, einschließlich Stahlhelm.

Der rosa Zettel gilt im Verteidigungsfalle – im Volksmund „der Ernstfall" genannt.

Manchmal kommt auch ein Brief mit einem rosa Zettel ohne Kennwort. Das ist dann die „Einladung" zu einer Wehrübung.

Das Verteidigungsministerium hat mitbekommen, dass ich als Kameraassistent beim Fernsehen arbeite. Jetzt werde ich von einer Einheit angefordert, die interessiert ist, mich berufsnah zu verwenden. Diese Einheit ist Teil des Verteidigungsministeriums. Sie nennt sich Lagezentrum der Bundeswehr. Ich soll als „K.O." verwendet werden, als Kameraoffizier.

Ich muss mich einer erweiterten Sicherheitsüberprüfung unterziehen. Das bedeutet nicht nur, Formulare auszufüllen, Reisen in oder durch Länder des kommunistischen Machtbereiches anzugeben, sondern auch Personen zu benennen, die für mich bürgen können. Ich benenne neben anderen auch meinen Chef, den nichts ahnenden Herrn Bauhardt.

Eines Morgens komme ich zur Arbeit ins Büro, als sich soeben zwei freundliche Herren von meinem Chef verabschieden. Sie sehen aus wie Versicherungsvertreter. Im Hinausgehen nicken sie mir freundlich zu. Herr Bauhardt wirkt ernst. „Die haben sich nach dir erkundigt, ob du zuverlässig bist und so." Herr Bauhardt blickt mich an, als hätte ich etwas ausgefressen.

„Die waren vom M.A.D", erkläre ich.

Herrn Bauhardts Gesicht sieht aus wie ein Fragezeichen.

„Militärischer Abschirmdienst. Die machen eine Sicherheitsüberprüfung."

Im Verlauf der zweiwöchigen Stabsübung, die „WINTEX '87" genannt wird, zieht das Lagezentrum der Bundeswehr in den sagenumwobenen Regierungsbunker unter einem Weinberg an der Ahr.

Der Bunker ist ein neonbeleuchteter gerader Stollen, der so lang ist, dass man von seiner Mitte aus weder das eine noch das andere Ende sehen kann. Von dem zwei Stockwerke mächtigen Hauptstollen zweigen mehrere Nebenstollen ab. Im unteren Stockwerk ist der Hauptstollen so breit, dass zwei kleine Elektrokarren aneinander vorbeifahren können. Das Essen wird in primitiven Kantinensälen ausgegeben. Dort sind Köche der Marinekochschule zu Gange. Sie kochen großartig!

Während der Übung ist es verboten, den Bunker zu verlassen. Sieben Tage kein Tageslicht. Von der seltsamen Luft im Bunker bekommen wir schweißfeuchte Hände.

Der Bunker ist bevölkert von einer kompletten Übungsregierung mit allen Ministerien und deren Referaten. Ein Staatssekretär spielt den Bundeskanzler. Selbst das Postministerium ist bei dieser Übung dabei und öffentliche Einrichtungen wie die Deutsche Bundesbahn.

Auf dem Rückweg von der Kantine begegnen mir drei Ministerialbeamte. Diese drei Zivilisten sind während des Weges zum Essen wohl zufällig in einen Gleichschritt geraten. Weil auf dem Gang so viel Verkehr ist, können nur zwei von ihnen nebeneinander gehen. Sie tragen schlaffe Jeanshosen und absurd gemusterte, dünne Pullover. Knapp vor ihnen her schreitet der dritte Kollege: der hat die Beine seiner schlammfarbenen Stoffhose in die Schäfte seiner weichen schwarzen Winterstiefeletten gesteckt. Die Ärmel seines khakifarbenen Freizeithemdes hat er hochgekrempelt. Seine Hände schwingen bei jedem Schritt abwechselnd bis vor die Gürtelschnalle. Sein Kinn hat er vorgestreckt, stolz lächelnd, die silberne Brille blitzt, die langen schütteren Haare wehen im Luftzug. Er geht vor seinen beiden Kollegen her wie ein Kapitän auf dem Weg zur Brücke seines neuen Schlachtschiffes – Behörde im Außeneinsatz.

Die Übung dient dazu, sämtliche Eskalationsstufen einer militärischen Auseinandersetzung zwischen der NATO und dem Warschauer Pakt durchzuspielen: Der Dritte Weltkrieg. Hauptkriegsschauplatz ist Deutschland.

Das Lagezentrum der Bundeswehr ist das Reich von Hauptmann Guthardt. Er präsentiert uns ein großes Studio, an dessen Wänden meterhohe, verschiebbare Landkarten angebracht sind. Diese Landkarten sind grafisch und farblich so gehalten, dass man sie auch auf kleinen Fernsehbildschirmen gut erkennen kann. In dem Studio mit den Karten stehen drei Kameras auf Pumpstativen. Im Nebenraum gibt es eine komplette Bildregie. Man könnte hier auch eine kleine Fernsehshow produzieren.

Hauptmann Guthardt ist ein quirliger, kleiner Mann. Er ist blass. Wahrscheinlich verbringt er zu viel Zeit im Studio. Er ist begeistert von der Anlage, die er aufgebaut hat und kennt sich mit der aufwendigen Studiotechnik bestens aus. Als starker Raucher muss er sich während der Zeit im Bunker mit Nikotinpflastern helfen.

Im Lagezentrum treffe ich überraschend einige gut bekannte Kollegen von WDR und RTL. Sie sind alle Reserveoffiziere.

Unser Dienst ist in zwei zwölfstündige Schichten aufgeteilt. Im Laufe einer Schicht kommen nacheinander viele Stabsoffiziere der verschiedenen Führungsstäbe von Heer, Marine und Luftwaffe ins Studio. Die Stabsoffiziere bringen an den Landkarten im Studio kleine Magnettafeln an. Es gibt Täfelchen mit Symbolen für Panzereinheiten, Kriegsschiffe, Aufklärungs- und Jagdflugzeuge, für Minen, Fallschirmjägereinsätze und alles Mögliche. Unser „Lieblingstäfelchen" trägt den Schriftzug *Spetsnats*. In der sowjetischen Armee ist das der Fachbegriff für Kommandoeinheiten, die tief im Inneren der Bundesrepublik Sabotageakte durchführen können.

Wenn also während der Übung angenommen wird, dass *Spetsnats* versuchen, im Kernkraftwerk Stade einen Schaden anzurichten, dann wird dieses Magnettäfelchen an entsprechender Stelle auf der Landkarte angebracht.

Um sechs Uhr morgens und um achtzehn Uhr abends gibt es eine „Lage". Dazu versammeln sich die obersten militärischen Führer und der (Übungs-)Verteidigungsminister in einem Konferenzraum neben dem Studio. Ein großer ovaler Tisch, dessen Platte mit grünem Filz bezogen ist, füllt den Raum. In die Tischplatte sind rundherum kleine Fernsehmonitore eingelassen, vor jedem Platz einer.

Der Offizier, der den Lagevortrag seiner Abteilung hält, braucht während seines Vortrages nicht mit dem Zeigestock auf einer Papierkarte herumzufuchteln. Es gibt ein so genanntes „Drehbuch", nach dessen Vorgabe wir unsere Kameras flott hin- und herschwenken zwischen den riesigen Karten an den drei Wänden um uns herum. Die Bildregie schickt unsere Aufnahmen, passend zum Stichwort des Vortrages, auf die Bildschirme im Konferenzraum – live.

Nach der „Lage" wird ein Band mit der Aufzeichnung der Lagevorträge in einen anderen Stollen des Bunkers gebracht. Dort befindet sich das Kanzleramt.

Die Übung beginnt mit angenommenen diplomatischen Querelen zwischen Ost und West. Die Auseinandersetzungen eskalieren. Alle Stufen einer kriegerischen Eskalation bis zum Einsatz von Atomwaffen werden durchgespielt. Alle Entscheidungsprozesse, alle Überlegungen und Beurteilungen sollen durchdacht worden sein, bevor der Ernstfall eintritt.

Im Laufe der Übung kommt es zu starken Truppenkonzentrationen auf dem Gebiet der DDR und in der Tschechoslowakei. Angeblich zu Manöverzwecken. Schließlich entscheidet sich die Bundesregierung zur Mobilmachung. Dagegen wendet sich die westdeutsche Friedensbewegung mit massiven Demonstrationen. Aber es gibt auch erste Fluchtbewegungen aus dem Zonenrandgebiet. Die Flüchtlinge müssen untergebracht werden. Und es muss verhindert werden, dass sie den Aufmarsch der eigenen Truppen behindern. Es gibt Sabotageakte. Die Verminung der Ostsee wird beschlossen und durchgeführt. Es gibt Anschläge gegen Militäreinrichtungen durch Terroristen der Rote Armee Fraktion... – es gibt alles, was denkbar ist. Dann kommt es zum Angriff durch Truppen des Warschauer Paktes zu Lande, zu Wasser und aus der Luft. Irgendwann ist Schleswig-Holstein überrannt und Hamburg eingeschlossen.

Die Abläufe der Übungen unterscheiden sich, das Szenario ist in jedem Jahr dasselbe: Der Osten greift den Westen an.

Irgendwann ist der Einsatz von Atomwaffen fällig.

Damit endet die Übung.

„Einen Atomkrieg kann man nicht üben“, heißt es.

Und: „Einen Atomkrieg kann man nicht gewinnen.“

Sommer 1987 – Honnecker in Bonn

28. Juni – der erste heiße Sommertag des Jahres. Meine Freundin Biggi und ich sind durstig von einem langen Waldspaziergang. Mitten durch den duftenden Wald führt eine Landstraße in die Eifel. Es ist Sonntag, der Verkehr ist mäßig. Beim Forsthaus überqueren wir die breite Straße. Vor meinem geistigen Auge steht ein großes, kühles Glas Bier – *Batsch!* Ein stumpfer Schlag trifft mein linkes Schienenbein und wirft mich um.

Anfang September. Der Sommer 1987 hatte genau drei Wochen blauen Himmel, Sonnenschein und Hitze. Am Abend vor meiner Entlassung aus dem Krankenhaus schoben sich schwere dunkle Wolken zusammen. Nachts entlud sich ein heftiges Gewitter. Es regnete. In den Monaten danach blieb es trocken, aber leider auch kühl. Statt auf der sonnigen Terrasse, kuriere ich mein Bein, das ein Motorradfahrer mit der Fußraste glatt durchbrochen hat, abwechselnd auf meinem Bett liegend oder im Wohnzimmer auf dem Sofa sitzend.

Den Staatsbesuch des Staatsratsvorsitzenden der Deutschen Demokratischen Republik Erich Honecker in der Bundesrepublik Deutschland hätte ich andernfalls als Kameraassistent in allen Einzelheiten erlebt. Nun liegt mein Akkreditierungsausweis unbenutzt auf dem Schreibtisch im Büro von Herrn Bauhardt. Wehmütig verfolge ich die Berichterstattung meiner Kollegen im Fernsehen. Es ist ein außergewöhnlicher Staatsbesuch, denn die Bundesregierung erkennt die DDR nicht als selbständigen Staat an. Sie sieht in ihr die festgefahrene Form einer militärischen Besatzungszone, die vollkommen abhängig ist von der sowjetischen Regierung in Moskau. Die DDR nennt sich zwar demokratisch, aber es gibt nichts, worüber ihre Bürger abstimmen können. Mein alter Geschichtslehrer hat das so erklärt: Es gibt zwar Wahlen, aber sie sind nur eine Art Bestätigungsritual der bestehenden politischen Verhältnisse. Man kann einen Zettel mit den Namen einiger Abgeordneter gefaltet in eine Wahlurne werfen. Anzukreuzen gibt es nichts. Wer alle Namen auf dem Wahlzettel durchstreicht, stimmt den Verhältnissen nicht zu. Das nützt nichts, weil es keine Gegenkandidaten gibt. Die Wahlkabine zu benutzen, ist unüblich. Es könnte Schikanen durch die Behörden zur Folge haben.

Trotzdem bereitet die Bundesregierung dem Staatsratsvorsitzenden Erich Honecker einen Staatsempfang mit allem, was dazugehört. Ich kenne alle Zeremonien und Rituale von früheren Staatsbesuchen. Gerne wäre ich beim Empfang zum festlichen Essen auf Schloss Augustusburg in Brühl dabei. Dort müssen auch wir Kamerateams im dunklen Anzug mit Krawatte erscheinen. Nach den offiziellen Reden haben wir den Saal zu verlassen. Die Berichterstattung gehört zum Staatsbesuch, wie der rote Teppich und das Wachbatallion vorm Kanzleramt.

Jetzt sehe ich Fernsehsendungen, die ich als Gesunder mitfabriziert hätte. Ich kenne den Saal und die festliche Atmosphäre, in welcher der Bundeskanzler Helmut Kohl und der Staatsratsvorsitzende Erich Honecker ihre Tischreden halten. Nun kann ich mir deren Reden anhören, ohne mich um Akkus und Kassetten zu kümmern und ohne dafür sorgen zu müssen, dass mein Kameramann mangels Überblick mit dem Ellenbogen Gläser von einem Tisch fegt, oder das ausladende Hinterteil der Kamera einem herumstehenden Sicherheitsbeamten vor den Schädel knallt.

Nacheinander stehen die befrackten Regierungschefs da, ihre Manuskripte vor dem Bauch haltend und sprechen.

Helmut Kohl betont in seinem eigenwilligen, pfälzisch gefärbten Deutsch, dass die gemeinsame Geschichte und Sprache alle Deutschen miteinander verbindet. Kohl spricht leiernd wie ein uninspirierter Klassenprimus, der beweisen will, dass er seinen Text geübt hat. Wie gewohnt, betont er seine Sätze an unmöglichen Stellen und gibt Lieblingsformeln wie „dieses, unseres Landes“ zum Besten.

Anschließend hebt Erich Honecker hervor, dass sich die beiden deutschen Staaten gegensätzlich entwickelt haben, dass „Sozialismus und Kapitalismus sich ebenso wenig vereinigen lassen wie Feuer und Wasser.“ Honeckers Stimme kippt gelegentlich. Er nuschelt, sagt „Sozzjalssms un’ Kapp’tallssms“ und „Dooitsch’ demokraatsch’ Repliek“ als redete er vor der versammelten Volkskammer, wo sowieso jeder weiß, was er gleich sagen wird.

Da stehen diese beiden im glänzenden Saale vor der Weltöffentlichkeit nebeneinander, beide im Frack, beide mit großen Brillen im Gesicht. Der riesige, dicke Kohl und der kleine, spindeldürre Honecker, der eine als Redner so unbegabt wie der andere, widersprechen sich höflich und trinken abschließend einander zu. Was kann den Herren der stärksten Machtblöcke der Erde besser gefallen, als dass sich an der Nahtstelle ihrer verfeindeten Systeme diese beiden Gestalten gegenüber stehen?

Die Bundesregierung will die gewaltsame Teilung Deutschlands nicht anerkennen. Deshalb erklärt sie Bonn offiziell zur „vorläufigen" Bundeshauptstadt. Falls die Teilung jemals aufgehoben würde, soll Berlin Hauptstadt des geeinten Deutschlands werden. Aber kein Mensch rechnet in absehbarer Zeit damit.

In Bonn wird ein neuer Plenarsaal für den Bundestag gebaut. Er soll durchsichtige Wände haben, groß, hell, und heiter sein. Vor allem soll er kein Provisorium sein. Riesige Neubauten für die Ministerien entstehen. Endlich soll die Infrastruktur der Stadt den tatsächlichen Verhältnissen entsprechen. Großflächige Plakate werben für die „Hauptstadtregion Bonn/ Rhein-Sieg".

Da, wo die Bundesstraße 9 an der Bonner Nordstadt vorbeiführt, steht auf dem Mittelstreifen ein heller Steinklotz, aufrecht wie ein großer Grabstein. Darauf ist der Bär aus dem Wappen Berlins eingeritzt und eine Inschrift: Berlin 570 KM.

Auch an der Bundesstraße 9, aber am anderen Ende der Stadt, steht die Botschaft der Deutschen Demokratischen Republik. Ein echter Plattenbau. Vor dem Gebäude gibt es keine repräsentative Vorfahrt, wie vor anderen Botschaften oder den benachbarten Bürogebäuden. Nicht einmal einen Vorgarten gibt es. Allerdings auch keinen Zaun. Jedenfalls nicht vor dem Haus. Das dreistöckige, in altrosa gestrichene Gebäude ist ohnehin abweisend genug. Von außen besehen zeigt jedes Stockwerk eine ununterbrochene Reihe quadratischer Fenster. Die Jalousien hinter den Scheiben sind immer herabgelassen.

Über die breite B 9 braust der Verkehr von Koblenz, aus dem Ahrtal und der Eifel nach Bonn und zurück. Morgens und abends gibt es endlose Staus. Fußgänger sieht man hier nie. Auf der gegenüber liegenden Straßenseite ist der Gehweg kaum einen Meter breit. Daneben erhebt sich die steile Böschung des hohen Bahndammes.

Eines trüben Tages stehen auf diesem schmalen Gehweg am Fuße des Bahndammes eine Frau und ein Mann. Sie blicken hinüber zur Botschaft der DDR. Sie halten, gespannt zwischen zwei Holzstangen, ein Transparent. Auf dessen weißen Stoff haben sie die Namen ihrer Kinder geschrieben und die Forderung, sie aus der DDR ausreisen zu lassen.

Herr Bauhardt und ich drehen für das ZDF einen kurzen Nachrichtenbeitrag über die einsame Demonstration des Elternpaares. Dass diese beiden unserer Redaktion überhaupt eine Nachricht wert sind, ist erstaunlich – aber wenn es gegen die DDR geht... Wir drehen alleine, ohne Redakteur. Es ist nicht üblich, dass Kamerateams ohne Redakteure Interviews aufnehmen. So entsteht ein stummes Nachrichtenfilmchen aus fünf Einstellungen. Wir erfahren, dass die beiden Eltern als Bürger der DDR einen Ausreiseantrag gestellt hatten, um ihr Land zu verlassen. Daraufhin wurden sie verhaftet und zu einer Gefängnisstrafe verurteilt. Die Regierung entzog ihnen das Sorgerecht für ihre Kinder. Nach der Haft schob sie die Eltern in die Bundesrepublik ab. Ihre Kinder behielt die DDR in einem Waisenheim.

***

Unter den Bonner Fernsehteams gibt es auch ein Ehepaar aus der DDR, das für die Nachrichtensendung des DDR-Fernsehens arbeitet. Der Mann blickt durch dicke

Brillengläser in den Sucher seiner Kamera. In dem Anzug mit braunem Cord-Jackett sieht er aus wie ein Kommunalbeamter. Seine Frau begleitet ihn bei der Arbeit. Ihre Dauerwelle, ihre geblümte Bluse, ihr graublau karierter Rock und der blaue Einkaufsbeutel aus Dederon erwecken den Eindruck, sie wäre mit ihrem Mann beim Einkaufen in eine Pressekonferenz geraten. In ihrem Einkaufsbeutel aber trägt sie Akkus und Kassetten für die Kamera. Gemeinsam warten wir vor der Tür einer Bundestagsfraktion. Wir unterhalten uns kurz. Sie erzählt, dass sie einen Abschluss an der Filmhochschule in Babelsberg hat – „als Kameramann".

„Als Kamerafrau", verbessere ich.

„Nein", antwortet sie, „ich bin Kameramann."

***

Herr Gralow, der Kameramann, der mit mir die Demo im heißen Herbst gedreht hat, ist der Büronachbar von meinem Herrn Bauhardt.

Wenn Herr Gralow spricht, klingt das seltsam. Er spricht weiter hinten im Hals, als die meisten Menschen hier im Rheinland. Beim Frühstück in der ZDF-Kantine bestellt er an der Theke eine „Butterbemme". Er sagt: „Buddorbämme". Die Dame hinter der Theke weiß, dass Herr Gralow ein Butterbrot meint.

Kurz vor Weihnachten fährt Herr Gralow immer nach Dresden. Wenn er zurückkommt, ist der Kofferraum seines roten Kombis voller Pappkartons mit echtem Dresdner Stollen.

Manchmal verschenkt Herr Gralow einen Stollen, die meisten aber verkauft er.

***

Für uns im Westen ist der Kalte Krieg nicht ungemütlich. Es herrschen klare Verhältnisse. Von Splittern zersiebte Fassaden oder Trümmergrundstücke sieht man selten. Deutschland musste nach dem Zweiten Weltkrieg viel wieder gutmachen – auch an sich selber. Alles ist renoviert. Uralte Fachwerkfassaden wurden mit Dekorplatten verblendet. Alutüren mit Riffelglas ersetzen schwere Holztüren. Ganze Straßenzüge mit prachtvollen Altbauten wurden abgerissen. An ihrer Stelle stehen jetzt moderne Einkaufspassagen, der Zukunft zugewandt.

Es gibt Spuren des vergangenen Krieges, aber man muss sie erkennen können. Sie finden sich in unseren Eltern und Lehrern.

Am Himmel über meiner Heimatstadt üben Düsenjäger Luftkämpfe. Mehrmals täglich erzittern die Fensterscheiben von einem Überschallknall, weil ein schnelles Kampfflugzeug hoch am Himmel die Schallmauer durchbricht. Der Lärm eines einzelnen Tieffliegers klingt, als wäre der Himmel ein morsches Laken, das mit einem gewaltigen Ruck zerrissen wird. Ein Tiefflieger lässt sekundenlang jedes Gespräch in der Stadt unmöglich werden. Die Lehrer vor den Schulklassen müssen ihren letzten Satz wiederholen. Manchmal bedeutet ein lauter Knall auch, dass ein Düsenjäger in der Nähe abgestürzt ist.

Im Herbst bringt die ADAC-Zeitschrift Artikel mit Hinweisen für Autofahrer zum richtigen Verhalten bei der Begegnung mit „überbreiten, schlecht beleuchteten Militärfahrzeugen auf Landstraßen“ – Panzern. Im Herbst finden große Manöver statt.

Wir haben Muße genug, um gegen Atomkraftwerke,

neue Startbahnen oder für Abrüstung zu Zehntausenden auf die Straße zu gehen. Tief im Westen fühlt man sich von amerikanischen Atomwaffen, die im Hunsrück oder bei Aachen stationiert sind, stärker bedroht, als von den entsprechenden Waffen des Ostblocks. Der Todesstreifen mitten durch Deutschland stört hier nur wenige. Viele werden ihm nie im Leben gegenüber stehen.

***

Volker kann trotz seiner hellblonden Augenbrauen ein düsteres Gesicht machen. Er sitzt auf seinem Stammplatz am Tisch in Biggis Küche und stiert in die Öffnung der Bierflasche, die er mit einer Hand hält. Über seiner Nase bildet sich eine strenge Falte, seine Mundwinkel gehen nach unten, die Unterlippe hat er leicht vorgeschoben. So guckt er, wenn wir über Politik reden.

„Ich glaube, es gibt keine andere Möglichkeit", sagt Volker, „wir müssen die DDR als rechtmäßigen Staat anerkennen."

„Dann musst du auch den Schießbefehl an der Mauer anerkennen!" feuert Biggi ab.

„Ach die Mauer... – Die hat mich nie gestört", räsoniert Volker und kratzt mit dem Daumennagel am Etikett seiner Flasche.

„Leicht gesagt, wenn man im Westen sitzt und überall hin reisen darf", bemerke ich.

„Dafür haben die da drüben keine Arbeitslosigkeit, sind rundherum versorgt – wir haben hier im Westen ein ganz anderes Lebensrisiko!"

„Dafür kannst du da nicht einfach studieren, was du

willst“, fährt Biggi mit heller, scharfer Stimme dazwischen, „da ist nichts mit Kriegsdienst verweigern!“ Volker ist Kriegsdienstverweigerer. Aber während einer Studienfahrt im letzten Jahr hat er sich bei Elat in der Negev-Wüste von israelischen Soldaten zeigen lassen, wie man mit einer *UZI* schießt. Volker war begeistert, wie leicht man mit dieser Maschinenpistole trifft.

„Die Anerkennung ist die einzige Möglichkeit, den Menschen in der DDR Vorteile zu ermöglichen und...“

„...und das Regime auch noch zu stützen“, unterbricht Biggi. Sie lächelt. Wie üblich lässt Volker die Ballons seiner Ansichten nacheinander steigen, Biggi lässt einen nach dem anderen platzen.

Volker wiegt seinen blond beschopften Kopf. Im Tonfall eines alten Geschichtslehrers behauptet er: „Ohne die DDR, ohne diese Grenze, ginge es uns niemals so gut – wirtschaftlich meine ich!“

Dieser Ballon steigt, ohne zu platzen.

Volker bekommt Auftrieb: „Diese Grenze definiert *zwei* deutsche Staaten! Es gäb' keinen Wettbewerb zwischen den unterschiedlichen Systemen...“

„Wir sind doch von den Amerikanern genauso abhängig wie die da drüben von der Sowjetunion...“

„...die aber viel freundlicher zu uns sind, als die Russen zu denen.“

„Der Reagan baut doch mit an der Mauer, auf seine Weise.“

Der amerikanische Präsident lässt eine Bombe entwickeln, die nur das Leben auslöscht, aber Städte, Straßen und Maschinen weitgehend unzerstört lassen soll: die Neutronenbombe.

Aus der DDR klingt ein Lied zu uns herüber, von einer Popgruppe Namens Karat. Es ist ein Schlager. Seine Melodie ist fremd und einfach wie ein Wiegenlied:

„Tanzt unsere Welt mit sich selbst schon im Fieber?
Liegt unser Glück nur im Spiel der Neutronen?
Wird dieser Kuss und das Wort,
das ich dir gestern gab,
schon das letzte sein?
Wird nur noch Staub und Gestein, ausgebrannt,
auf der Erde sein?
Uns hilft kein Gott uns're Welt zu erhalten."

Frühjahr/Sommer 1988 – Noch ein Kameramann

In der Nacht zum ersten April, auf der Autobahn Eins, kurz hinter Osnabrück: Wir sind auf der Rückfahrt von Dreharbeiten in Schleswig-Holstein. Reinhard Rehle lenkt den lahmen roten Kleintransporter, den die Werbe-agentur als Teamwagen bereitgestellt hat.

Nach bestandenem Examen wurde Reinhard Rehle der neue Kompagnon von Herrn Bauhardt. Tobi hatte sich von Herrn Bauhardt getrennt und eine Konkurrenzfirma gegründet. Jetzt ist auch Reinhard Rehle Kameramann.

Die schwach beleuchtete Uhr im Armaturenbrett zeigt Mitternacht an. Reinhard drückt dreimal auf die Hupe.

„Herzlichen Glückwunsch zur Selbständigkeit!“ ruft er in den Lärm des Dieselmotors.

Um selbst Kameramann werden zu können, musste ich kündigen. In Westdeutschland ist Kameramann, wer sich so nennt. Auftraggeber, für die er drehen kann, hat er damit noch lange nicht.

***

Kein Kameramann arbeitet gerne mit Bertrand. Er ist eigenwillig und meistens unpünktlich.

Bertrand ist Anfang dreißig. Er wirkt jungenhaft und ist immer gekleidet, wie ein Jurastudent. Er hat eine lange, schmale Nase, die tatsächlich eine punktförmige Spitze hat. Bertrand hat fast schwarze, leicht gelockte Haare, aber seine Haut ist blass. Sie schluckt das Licht, wie feiner, weißer Sand wenige Tropfen Wasser. Bertrands Haut sieht auf dem Bild oft grau aus, im Schatten unter einem Baum schimmert sie dunkelblau bis grünlich. Das mag Bertrand nicht. Er hat Ehrgeiz und will oft im Bild sein. Seine Kameraleute sollen dafür sorgen, dass er gut aussieht.

Bertrand ist der Deutschlandkorrespondent eines französischen Fernsehsenders. Von seinem Bonner Büro aus ist er zuständig für Nachrichten aus dem gesamten deutschsprachigen Raum – mit Ausnahme der Schweiz.

Für Bertrands Vorgänger ist dieser Posten ein bequemes Abstellgleis gewesen. Die Redaktion in Paris interessiert sich kaum für Nachrichten aus Deutschland oder Österreich. Aber Bertrand ist Journalist mit Leib und Seele. Er will *zeigen*, was er kann, und auf den Bildern seiner Beiträge soll man *sehen*, worum es geht.

Bilder informieren die Öffentlichkeit. Bilder beeinflussen die öffentliche Meinung. Mit der Auswahl der Bilder kann man sich und sein Thema interessant machen. Mit Bildern kann man Einfluss gewinnen.

Ich habe Uwe einen guten Job beim Fernsehen besorgt. Er hat mir die Arbeit für Bertrand vermittelt. Aber eigentlich verbindet uns eine seltsame Konkurrenz. Wir waren mit dem gleichen Mädchen liiert gewesen, erst er, dann ich. Uwe erscheint lässig gereift. Ich sehe aus wie ein Neunzehnjähriger.

In der gediegenen, dunklen Halle des Palasthotels in Ost-Berlin sitzen wir in kleinen Kunstledersesseln und warten. Bertrand verspätet sich wie gewöhnlich.

An der Rezeption habe ich eine Briefmarke und eine Postkarte gekauft. Ihre Vorderseite zeigt den Berliner Dom. Unmittelbar daneben steht unser Hotel. Der Dom sieht ungewohnt aus, finde ich, weil er keinen Kirchturm hat, sondern nur eine riesige Kuppel. Auf die Rückseite der Karte schreibe ich:

„Liebe Biggi, nebenan ist alles flach und eckig. Gediegene siebziger Jahre. Dunkelbraune Wände treffen orangene Kunstledersessel. Essen schmeckt... – Grüße von Erich!

Kai"

Ich schiebe die Karte in den Briefkasten neben der Rezeption. Im Briefkastenschlitz sind Plastikrollen angebracht, wie im Papiereinzug eines Fotokopierers. „Aha, wird direkt in dreifacher Kopie an die Zensur geschickt", scherzt ein Gedanke in mir.

Die Postkarte wird nie bei Biggi ankommen.

***

Obwohl Bertrand fließend Deutsch spricht, ist uns vom Fernsehen der DDR, dem Deutschen-Fernseh-Funk, eine

Dolmetscherin zur Seite gestellt worden. Sie ist vielleicht fünfzig Jahre alt und tut sehr interessiert. Hauptberuflich sei sie Aufnahmeleiterin, sagt sie.

„Darf ich mal durchschauen?“ fragt sie freundlich bei jeder dritten Kameraeinstellung. Ich trete beiseite. Die elegante kleine Dame mit der blonden Kurzhaarfrisur schaut flüchtig in den Sucher, lächelt freundlich und sagt: „Sehr schön.“ Das schmeichelt mir, weil ich davon ausgehe, dass sie, im Gegensatz zu mir, eine abgeschlossene Ausbildung an der Filmhochschule hat.

Einerseits ist sie eine behördlich verordnete Aufpasserin, andererseits ist sie die einzige Person aus der DDR, deren Umgang mit uns nicht nur auf das Notwendigste beschränkt ist. Sie erzählt sogar Witze über Erich Honecker. Wir lachen vorsichtig. Ist diese Art vielleicht ihre Funktion?

Es ist ein grauer Märznachmittag, es nieselt, der Asphalt glänzt schmuddelig. Wir sind mitten in Berlin. Es riecht nach Teerpappe und abgebrannten Streichhölzern. Die Autos haben blasse Farben. Nirgendwo sieht man Werbetafeln. Die wenigen Leuchtreklamen wirken wie sparsame Beispiele aus dem ersten Semester der Grafikerschule. An der Fassade neben unserem Hotel steht in eckigen Lettern MÖBEL AUS ZEULENRODA. Ein Stück weiter, an der Ecke eines gigantischen, endlos lang gestreckten Häuserblocks sehe ich den ebenso riesigen wie einsamen, geschwungenen Schriftzug *Gastmahl des Meeres*. In der Auslage eines Schuhgeschäftes sieht man einen pyramidenförmigen Stapel aus Schuhkartons, hinter der welligen Schaufensterscheibe eines Lebensmittelladens sind Konservenbüchsen mit verblichenen Etiketten aufgetürmt, ohne Preisschild. Mir erscheint dieses Zentrum nicht als Zentrum. Passanten scheinen in dieser befremdlichen Anordnung ohne Ziel zu gehen, wie bestellte Statisten, die arrangiert wurden, um einen Architekturentwurf künstlich zu beleben. Auf mich wirkt es wie die Idee von einem Zentrum – ohne dass ich in diese Idee eingeweiht wurde.

Es beginnt zu dämmern. Wir betreten das neue Grand Hotel in der Friedrichstraße.

„Das ist Apartheid in der DDR. Drehst du das", raunt Bertrand mir zu. Das Grand Hotel ist nur für Gäste, die mit D-Mark, Dollar, Francs oder Yen zahlen können.

„Aber Bertrand, haben wir denn eine Drehgenehmigung?" frage ich flüsternd.

„Ah, ich kümmere mich – drehst du ein ‚Total' von dem Foyer, die Treppe und machst du ein paar Detaillen, ich spreche mit dem Directeur." Es kommt eine Direktorin. Nach kurzer Rücksprache mit unserer Begleiterin vom DFF ist sie bereit, Aufnahmen im Hotel zuzulassen.

„Aber es kostet etwas", teilt Bertrand uns mit, „stellst du keine Fragen und drehst du schnell."

Er setzt sich mit der resoluten Hoteldirektorin und unserer Aufpasserin zusammen an einen der niedrigen Biedermeier-Tische, die an den beiden Fensterfronten der Halle gruppiert sind. Ein Kellner serviert ihnen Kaffee.

Unser Stativ ist bei den Außenaufnahmen schmutzig geworden. Ich wage kaum, es auf dem schönen Teppich in der Halle abzustellen. In der Hotelhalle wäre genug Platz zum Rollschuhlaufen. Aus der Mitte der Halle führt eine breite, teppichbelegte Treppe hinauf in die erste Etage. Sechs Stockwerke über uns verdämmert das letzte Tageslicht über einem mehrfarbigen Glaskuppeldach. Vor den großen Fenstern der Halle färbt sich die Friedrichstraße dämmrig blau, was dem Licht im Hotel einen goldenen Schimmer verleiht.

Gleichgültig, ob wir die Treppe abbilden wollen oder eine Sitzgruppe vor dem Fenster: Wir müssen mit der Kamera weiten Abstand nehmen, um das Motiv in seiner ganzen Wucht und Größe aufs Bild zu bekommen. Entsprechend weit entfernt vom Motiv stehen also auch unsere kleinen Reportagelampen, sonst wären sie im Bild. Wir können nur schwache Lichtakzente setzen.

Um einen besseren Überblick zu bekommen, steigen wir die Treppe hinauf, in die erste Etage. Von hier schauen wir, wie von einem Balkon, der rund um die Halle verläuft, auf das Foyer hinab. Auch hier ist noch genug Platz für mehrere, locker verteilte Sitzgruppen.

Hinter einem schmalen, stuckverzierten Durchgang liegt ein Nebenraum. Dort gibt es einen marmorgefassten Kamin. Ein Mitarbeiter des Hotels ist dabei, ein Feuer in dem Kamin zu entzünden. An der Stirnwand des Raumes hängen Jagdgewehre und ein Hirschgeweih. Daneben steht eine Orgel mit blitzenden Pfeifen, die bis unter die dunkle, holzgetäfelte Decke reichen. Ein Mann in schwarzem Anzug setzt sich an die Orgel und beginnt zu spielen. Die Toccata von Bach dröhnt. Sie füllt das ganze Haus. Uwe und ich drehen weiter. Wir ahnen, dass man uns einen Streich spielen will.

In diesem Augenblick erscheinen in der Hotelhalle eine Fotografin, eine Assistentin, drei üppige Models und ein Helfer, der eine Kabeltrommel trägt. Auf sehr hohen Pfennigabsätzen staksen die drei Models die halbe Treppe herauf. Die Assistentin dirigiert sie nebeneinander auf verschiedene Stufen, mit Blick zur Fotografin. Die steht am Fuß der Treppe und setzt ihre Kamera auf ein kleines Stativ. Anschließend stellt sie zwei Blitzgeräte und einen Reflektorschirm auf. Ihre Assistentin richtet den Models die futuristischen Kostüme aus schweren, dunkel schimmernden Stoffen. In Ost-Berlin sieht man immer die neueste Mode. Die drei Models geben sich gut gelaunt. Sie sind jung. Eines der Mädchen hat ganz kurze, schwarz gelackte Haare, die anderen beiden tragen ihre Haare offen, aber frisch frisiert und gefestigt. Eine ist rothaarig, die andere hat braune Haare. Die Mädchen stecken in Kleidern, die ihre barocken Dekolletés betonen und viel Bein frei lassen. Das Kleid der Schwarzhaarigen hat einen überdimensionierten weißen Kragen, der wie ein bogenförmiges Segel hinter ihrem Kopf steht. Es scheint nicht ganz einfach zu sein, diesen Kragen in eine symmetrische Position zu bringen. Die Rothaarige mit dem grün glänzenden Kostüm kaut derartig ordinär auf einem Kaugummi herum, dass es aussieht, als hätte sie sich eine heiße Kartoffel in den Mund gesteckt. Ich stelle ihr Gesicht in meinem Sucher scharf und bin darauf gefasst, dass sie gleich eine dicke Kaugummiblase vor ihren rotglänzend geschminkten Lippen platzen lässt. Stattdessen atmet sie tief ein. Ihre halbnackten Brüste heben sich. Und dann blickt sie mir kurz durch das Objektiv direkt in mein Sucherauge. Schnell guckt sie wieder weg und lächelt verstohlen.

Die Fotoassistentin kommt herbei. Sie fragt uns: „Liebe Kollegen, dürfen wir eure Lampen mitbenutzen?“

„Klar!“

Sie setzen ins Licht, was wir von ihrem Land sehen sollen.

***

Auch am nächsten Morgen nieselt feiner Regen aus den dichten grauen Wolken auf die Stadt herab. Das Wasser sammelt sich vor den Haltelinien der Straßenkreuzungen. Dort ist der Asphalt von den bremsenden Autos wellenförmig zusammen geschoben, wie ein verrutschter loser Teppich auf glattem Parkett. Ost-Berlins Straßen sind so breit, dass ein ernst zu nehmender Verkehrsstau wohl kaum zustande kommen kann. An manchen Kreuzungen steht morgens und spätnachmittags ein Verkehrspolizist in langem, weißem Mantel neben einem Mast der Ampelanlage. Dort ist in einem kleinen Kasten eine Schalttafel angebracht. Der Verkehrspolizist drückt verschiedene Schalter. So regelt er die Ampelphasen.

Dutzende Kleinwagen halten vor der roten Ampel. Ihre Farben gleichen denen abgetragener Socken. Ihre Motoren singen im Leerlauf:

„Römmpöppöpömmpöppö..."

Blassgrün leuchtet das gehende Ampelmännchen auf. Diese rührende Karikatur des Kleinbürgers mit Hut, erhobenem Haupt, weicher Knollennase, eilig vorgestrecktem Arm und kindlichen Proportionen fordert, die Straße zügig zu überqueren, während die Autos warten.

Am häufigsten fahren auf der Straße Kleinwagen der Marke Trabant. Der Trabant sieht aus, als wäre er für ein Kinderkarussell entworfen worden. Seine Form mit der flossenartig auslaufenden Heckpartie stammt aus den sechziger Jahren. Sie soll den Eindruck einer großen Limousine entstehen lassen. Bei einem Zusammenstoß bricht die Plastikkarosserie wie ein trockener Keks.

„Warum heißt der Trabant 601 ‚sechshundertundeins'?" fragt mich unsere Dolmetscherin lächelnd. Keine Ahnung. – „Na, weil", sagt sie, „sechshundert haben vor zehn Jahren einen bestellt, warten auf die Lieferung, und einer kriegt ihn."

Ein größeres Auto auf den Straßen Ost-Berlins ist der Wartburg. Von dieser Marke gibt es ein wunderschönes Modell aus den fünfziger Jahren. Es hat üppig geschwungene Formen. Das Nachfolgemodell ist äußerlich von zweckmäßiger Nüchternheit, die Form gewordene Eigenschaft „Auto“.

Das rote Ampelmännchen ist anonymer als das grüne. Autoritär versperrt es den Weg. Die Autos röhren los. Sie hinterlassen eine feine blaue Wolke aus öligem Gestank, der für die Dauer des Aufenthalts in Ost-Berlin als Geschmack von allem in der Nase, im Hals und auf der Zunge kleben bleibt.

Manche der grauen Fassaden entlang der breiten Straßen empfinde ich wie alte Kulissen. Jedes Schild, das neben einer Tür menschlichen Betrieb hinter den Fenstern eines Hauses behauptet, wirkt für unsere westlichen Augen wie das vergessene, rostig gewordene Zeugnis irgendeiner Vergangenheit.

Alles scheint von Ruß bedeckt zu sein, verschlissen und unbelebt. Nur der braunrote Hochhausblock der Charité trägt seinen Namen in weißen Lettern, weithin sichtbar im dunstigen Stadtbild.

***

„Was? Du kennst Boris Vian nicht?“ Uwe grinst, als würde ich glauben, dass der Klapperstorch die Kinder bringt.

Der einsame, elegant geschwungene Neonschriftzug *Centre Culturel Francais* leuchtet blau in der abendlichen Dunkelheit.

Die ansteigenden Ränge im Saal sind bis auf den letzten Platz besetzt.

„Drehst du alles“, sagt Bertrand, „es dauert nur ein’ Stunde. Achtest du auf Barbara Thalheim, drehst du ein paar Großaufnahmen von ihr – wir machen nachher ein Interview mit ihr“, Bertrand unterbricht sich grinsend, „Ach so, du weißt es nicht: sie ist die Sängerin.“

Wir bauen die Kamera im rechten Seitengang auf.

Die Bühne ist schmal. Den Hintergrund bildet eine dreiteilige, übermannshohe Leinwand, die in expressionistischer Manier mit düsteren Farben bemalt ist. Im Mittelteil erkennt man ein schmales Männergesicht, gezeichnet mit groben roten Pinselstrichen. Rechts davon steht in krakeligen schwarzen Buchstaben geschrieben: „Portrait des Autors als toter Mann“.

Mitten auf der unaufgeräumt wirkenden Bühne steht eine viereckige Mülltonne aus Blech, groß genug, um eine Person darin verschwinden zu lassen. Links steht ein Klavier, an der bemalten Leinwand lehnt ein Kontrabass.

Zwei Männer und zwei Frauen, betreten die Bühne. Sie stimmen ihre Instrumente. Beiläufig, abfällig und spöttisch wechseln sie einige Worte über ihr Programm, als wären sie auf einer Probe. Eine der Frauen hat eine volle Mähne langer, gelockter Haare, die im Scheinwerferlicht rötlich schimmern. Gemeinsam mit den Musikern wühlt die Frau in der Mülltonne. Sie ziehen eine Trikolore heraus, eine Trompete, einen Spielzeugpanzer, ein Knäuel abgespulter Tonbänder und einen Totenschädel. Boris Vian, der Protagonist des Abends, ist seit dreißig Jahren tot.

Barbara Thalheim, die Frau mit den langen Haaren, singt mit einer warmen, festen Stimme:

„Das ist der Gang der Jungs,
die ihn nicht machen woll’n,
der Gang von jenen, die sich zuhause wohler fühl’n,

ein Kissen unter'm Arsch, ein Holzfeuer dazu,
ein hübsches Mädchen, das den Fraß ihm kocht.
Der Gang der Grundsoliden,
der gute Rückwärtsgang.
Der Gang der Kultivierten,
der Gang der Freude auch.
Es hat 'ne hübsch're Form,
wer ohne Uniform,
weil er nach Mensch aussieht.
Und das ist besser so."

Das Bühnenlicht wird abgedunkelt. Ich korrigiere die Blende. Der Deckel der Mülltonne öffnet sich und die Sängerin taucht daraus auf. Sie bleibt in der Mülltonne stehen. Ihre Stimme klingt unschuldig, wie die von einem schüchternen Schulmädchen, das ein Gedicht aufsagt:

„Ist ein General ohne Soldaten gefährlich?
Ein Polizeichef ohne Polizisten?
...
Aber der kleine Mann
ist eine ausschlaggebende Kraft.
Hunderte kleine Leute
sind eine Gefahr für den Einzelnen.
Hunderttausend kleine Leute reichen für einen Krieg.
Der Direktor der französischen Eisenbahn
ist nicht in der Lage,
von seinem Schreibtisch aus
einen Zug entgleisen zu lassen;
um das tun zu können,
muss er sich in einen Weichensteller verwandeln...
Da sitzt man am Hebel...

Die kleinen Leute hassen sich untereinander;
aber vereinigt nennen sie sich Volk
und sind nicht zu schlagen."

***

Die Empfangsdame reagiert, als ob ich mich über sie lustig machen will. Ihr rundes Gesicht ist ungeschminkt. Ihre braunen Haare sind am Hinterkopf zusammengesteckt. Ihr Kostüm ist dunkelbraun. Sie erscheint wie eine junge Gouvernante. Die glatte Haut über ihrer Nasenwurzel bildet eine krause Falte. Streng sagt die Empfangsdame zu mir:

„Wir sind ein Fünf-Sterne-Hotel!"

Sie wendet sich ab. Ihr Blick sagt: „Leute wie Sie – in Jeans und Sweatshirt – stören das Bild unseres Hauses!" Tatsächlich sind Uwe und ich die einzigen Jeansträger in diesem Hotel. Aber auch Jeansträger zahlen in Devisen.

Das Palasthotel ist ein verwinkelter Bau. Er dehnt sich derartig gigantisch aus, dass er von außen zwar wuchtig, aber niedrig wirkt, trotz seiner zehn Stockwerke. Auffälligstes Merkmal der Hotelfassade sind die Reihen der dreiteiligen, goldfarben bedampften Zimmerfenster, die wie Erker hervorstehen. Ihre Form erinnert an die Verglasung der Cockpits von Verkehrsflugzeugen. Der ganze Bau ist rücksichtslos modern. Er soll sichtbaren Luxus mit kühler Sachlichkeit verbinden. Hier behauptet der Sozialismus, dass er sogar hat, was nur Kapitalisten brauchen, und zwar größer, als die Kapitalisten selber es haben. Deshalb ist dieses Hotel auch nur für Leute mit Westgeld da. Der Sozialismus braucht kein Luxushotel.

Zum Haupteingang des Palasthotels muss man hinter das U-förmige Gebäude fahren. Im schattigen Innenhof führt eine Rampe in die Tiefgarage. Außerdem gibt es eine einwandfrei asphaltierte Vorfahrt, die sich wie eine Schleife um ein riesiges Beet mit Kiefern und Lebensbäumen windet. Ein Portier hat die Stellplätze am Rande der Vorfahrt mit rot-weiß gestreiften Plastikkegeln abgesperrt. Die Kegel stammen aus DDR-Produktion und sehen aus wie weiche Kaubonbons aus Lakritze: labbrig, schief, rissig und mit einer Oberfläche, die an krümeligen Zucker erinnert. Wenn ein Gast vorfährt, nimmt der Portier zwei der Plastikkegel beiseite, um einen Stellplatz zum be- oder entladen freizumachen. Im Inneren des Palasthotels herrschen die Farben dunkelbraun, schwarz, hellbraun, beige und orange – Möbel, Vorhänge, Teppiche, Lampen, Tisch-, Bettwäsche und sogar das feine Streifenmuster der Hemden für die Oberkellner sind Teile dieser Komposition.

In den fensterlosen Fluren, von denen aus man in die Zimmer gelangt, riecht es nach einem scharfen Putzmittel, das auf jeden Fall Ammoniak enthält. Die Zimmer haben vierstellige Nummern. Beim Griff an die Klinke der Zimmertür spüre ich, dass ich im Ausland bin. Die verchromte Klinke ist schmal und dünn wie ein Möbelbeschlag.

Das Zimmer ist eingerichtet wie jedes andere internationale Hotelzimmer. Das Bad ist großzügig und sauber. Nur das Klopapier passt hier nicht ins Bild: Es ist schief und krumm auf einen weichen Pappkern gewickelt. Das Papier ist fleckig grau und reißt gewiss nicht an der Perforation. Zu seiner Herstellung wurden grobe Fetzen verschieden farbigen Altpapiers verwendet. Hier und da sind sogar einzelne Silben oder kurze Wörter ehemaliger Zeitungsartikel zu erkennen..

***

Bertrand nennt den Namen des Schriftstellers und spricht über ihn, als wäre er so bekannt wie Günter Grass. Uwe scheint zu wissen, von wem die Rede ist. Ich erfahre, dass der Mann auch Literatur aus dem Französischen ins Deutsche übersetzt hat.

Uwe lenkt unseren Mietwagen. Ich lotse ihn mit dem Stadtplan auf den Knien aus dem Zentrum in einen Ost-Berliner Außenbezirk. Links und rechts der Straße stehen einzelne kleine Villen aus der Gründerzeit. Auch diese Häuser haben ausnahmslos dunkelgraue Fassaden. Vielleicht wurde ihr Außenputz vor dem Krieg das letzte Mal gestrichen. Durch den verwitterten Zustand der kleinen Gründerzeithäuser erscheint die Siedlung bescheiden wie eine freundliche Laubenkolonie. Die Vorgärten sind von bemoosten Gartenzäunen begrenzt.

Wir halten vor dem Haus des Schriftstellers Stephan Hermlin. Hinter einem Tor im niedrigen Gartenzaun parkt ein altes, blau und grau lackiertes, japanisches Auto. Ein kurzer Plattenweg führt durch den Garten zu einer Seite des Hauses. Wenige Stufen führen hinauf unter ein verglastes Wetterdach. Die Haustür ist aus altem, dunklem Holz. Bertrand drückt den Klingelknopf. Eine Frau öffnet und lässt uns ein. Ich habe das Gefühl, nicht willkommen zu sein.

Stephan Hermlin ist ein älterer Herr mit weißen, sauber gescheitelten Haaren. Er trägt eine Brille mit silbernem Rand. Er spricht ruhig und ernst. Er sagt kein unnötiges Wort. Das bedeutet auch, dass er mit Uwe, unserer Begleiterin vom DDR-Fernsehen und mir überhaupt nicht spricht. Wir werden in ein enges Wohnzimmer geleitet. Das ist ein angenehmer Raum voller Bücher und würdig gealterter Gebrauchsmöbel. Das Haus ist innen so wenig renoviert worden wie außen. Es ist durch aufmerksame Benutzung gepflegt, voller Spuren und gewachsener Eigenarten.

Stephan Hermlin setzt sich in einen Sessel und beginnt, sich mit Bertrand, der ihm gegenüber sitzt, auf Französisch zu unterhalten. Uwe und ich bauen Stativ, Kamera, Recorder und Licht auf. Ich stelle nur zwei Scheinwerfer auf, weil ich befürchte, dass die alten elektrischen Leitungen im Haus einer höheren Belastung nicht standhalten werden.

Im Verlauf des langen Interviews verschieben sich meine Gedanken von den elektrischen Sicherungen zu meinem Französischlehrer, seinem regelmäßigen Ausspruch „Das manchen wir jetzt 'mal schnell auf Deutsch" und den ausufernden sozialpolitischen Diskussionen während seines Unterrichtes. So bleibt mir Stephan Hermlin nicht nur durch seine Gesten verschlossen.

***

Das Theater am Schiffbauerdamm scheint am frühen Nachmittag noch zu schlafen. Eine verblühte schöne Dame öffnet uns die Tür zum Künstlerischen Betriebsbüro. Es riecht nach altem Holz. Aktenordner stapeln sich in vergilbten Regalen. Die Dame trägt eine große runde Hornbrille im Gesicht, ihre graubraunen Haare hat sie am Hinterkopf zu einem üppigen Knoten gesteckt. Ihr wohlgeformter Körper ist in ein langes, graues Strickkleid gehüllt. Um ihre Schultern liegt ein dunkelroter Künstlerschal. Das wenige, was sie sagt, klingt für mich wie: „Wir sind hier ein Theater. Ich habe Wichtigeres zu tun, als mich ausgerechnet um ein Fernsehteam zu kümmern."

Wir sind mit dem Autoren Volker Braun verabredet. Er führt uns durch das stille Haus. Das Foyer und die Gänge um den Theatersaal sind nicht für Tageslicht gemacht. Der Teppichboden ist, ebenso wie die schweren Vorhänge zwischen den Fenstern, matt dunkelrot. Es sieht aus, als trüge dieses Rot den Staub des jahrzehntelangen Theaterbetriebes. Das ist ein schöner, eleganter Staub.

Volker Braun zeigt uns die Deckenmalerei über dem dunklen Zuschauersaal. Am Gewölbe links von der Bühne prangt ein schwarzer preußischer Adler, der mit zwei dicken roten Strichen durchkreuzt ist. „Das hat Bertold Brecht persönlich gemacht", sagt Herr Braun.

***

Bei Dunkelheit ist ganz Ost-Berlin in das stechende, gelbe Licht von Natriumdampflampen getaucht. Am Käthe-Kollwitz-Platz glänzen die Buckel des Straßenpflasters im Licht der kleinen Straßenlaternen mit den breiten runden Hüten. Wenige Autos parken am Straßenrand. Wie schwarze Scherenschnitte heben sich die Stämme und die unteren Äste der kahlen Bäume vor den gelb beleuchteten Gründerzeitfassaden ab. Die oberen Etagen der umstehenden Häuser ragen übergangslos in den schwarzen Nachthimmel. Die Platten der Gehwege liegen schief. Man muss aufpassen, um nicht zu stolpern.

An einer Hausecke mit hohen, hell beleuchteten Fenstern stehen ein paar Leute in einer Reihe an. Einige Stufen an der Ecke führen hinauf zur schmalen Eingangstür eines Lokals. Über der Tür ist ein ovales braunes Schild angebracht. Darauf steht in weißen, geschwungenen Ziffern: *1900.* Auf den entsprechenden Schildern über den Fenstern liest man: *Restauration.* Vor der Tür, etwa in Höhe der Klinke, versperrt eine dünne Kette den Zugang. Durch die

Fenster sieht man, dass sich drinnen die Gäste drängen. Irgendwann geht die Tür auf, jemand hängt die Kette aus, fünf oder sechs Leute verlassen, sich fröhlich unterhaltend, das Lokal, fünf oder sechs derjenigen, die draußen angestanden haben, gehen hinein, der letzte hängt die Kette vor der Tür wieder ein, der Rest wartet weiter im gelben Licht der Straßenlaternen. Etwas verunsichert stehen wir mit unserer Ausrüstung vor der Tür des Lokals. Nach kurzer Zeit öffnet jemand und winkt uns hinein. Das ist der Wirt. Wir sind angemeldet.

Der vordere Bereich des schönen Jugendstil-Lokales ist dunkel gehalten und vermittelt Kneipenstimmung. An der Wand hinter dem wuchtigen schwarzen Tresen gibt es einen großen, halbrunden Spiegel mit verziertem Rahmen. Vor dem Tresen oder an kleinen runden Stehtischen drängen sich die Gäste, manche sitzen auf Barhockern. Hin und wieder klingt leise Jazzmusik aus dem Hintergrund durch das vielstimmige Gerede. Über ein paar Stufen gelangen wir in den hinteren, erhöhten Teil des Lokals. Hier gibt es Esstische mit weißen Tischdecken, an den hellen Wänden ist in Glas gerahmte, bunte, moderne Malerei ausgestellt. In der Mitte der Empore, zwischen den Tischen, steht ein Sockel mit einer weißen Gipsbüste darauf. Als wäre der Raum nicht eng genug. Am oberen Treppenabsatz, gleich neben dem ersten Esstisch, finden wir etwas Platz, um die Kamera aufzustellen. Von hier aus hat man einen guten Überblick auf das Treiben im Kneipenbereich. In entgegen gesetzter Richtung kann die Kamera, knapp an der Gipsbüste vorbei, auf die Tische des Restaurantbetriebes blicken.

„Diese' Lokal ist eine der wenigen selbständigen Betrieben in der DDR“, erklärt mir Bertrand, „für uns ist es nichts Besonderes, aber hier ist es etwas Besonderes. Drehst du das so, das man sieht: Es ist etwas Besonderes."

Dann setzt er sich mit unserer Begleiterin vom DDR-Fernsehen an einen für uns reservierten Tisch und verwickelt sie in ein Gespräch, damit wir ungestört arbeiten können.

Was ist das Besondere an einer Kneipe voller gut gelaunter Leute? Etwas ratlos blicke ich in den Kamerasucher und – suche. Ich suche im Zigarettenqualm über den dicht beieinander stehenden Köpfen, im Blick auf die flinken Hände am Zapfhahn, im Blick durch den großen Spiegel an der Wand hinter dem Tresen, ich suche in Großaufnahmen schwatzender, rauchender und trinkender Gesichter von jungen Männern und Frauen.

Da wundere ich mich. Ich arretiere die Kameraeinstellung und gebe Uwe ein Zeichen: „Guck' mal."

Uwe setzt den Kopfhörer ab und blinzelt in den Kamerasucher: „Das sind doch zwei von den Models, gestern im Grand Hotel..."

„Die Rothaarige auf jeden Fall..."

Uwe lässt mich wieder an die Kamera. Ich drücke mein Auge an den Sucher. Die Mädchen winken in die Kamera.

„Wenn wir die heut' Nacht in der Hotelbar treffen", denke ich, „dann wissen wir, was das für welche sind. Wahrscheinlich haben sie Mikrofone im Ausschnitt."

Was ich sonst sehe, hätte auch in Düsseldorf oder München sein können. Leise verzweifelnd drehe ich und drehe, um ein Bild einzufangen, das die Besonderheit dieses Ortes zeigt.

Bertrand unterbricht mich: „So, wenn du genug gedreht 'ast, könnt ihr vielleicht zum Essen kommen. Wir sind eingeladen."

Zum Nachtisch hat jeder ein Glasschüsselchen mit Roter Grütze und einem dicken Klecks Vanillesoße vor sich stehen. Der Wirt kommt an den Tisch. Aus einer Flasche tröpfelt er jedem einen Schuss Blue-Curacao über die Vanillesoße, die sich daraufhin blaugrün verfärbt. Das ist etwas Besonderes.

Aber jetzt steht die Kamera abgeschaltet unter dem Tisch.

***

Freitagabend, spät. An der Kreuzung mit der Schönhauser Allee steht ein riesiges, gemauertes Industriegebäude aus der Gründerzeit. Ein hoher Turm mit spitzem Dach markiert die Straßenecke. Der Eingang im Turmsockel wirkt wie das Portal einer Kirche. Im Bogen über der Tür leuchtet ein Schriftzug: *Franz*. Junge Leute strömen hinein. Mit ihnen steigen wir eine Treppe hinauf. Oben ist ein großer dunkler Saal mit weitläufiger Tanzfläche. Eine große, glitzernde Discokugel dreht sich unter der Decke und reflektiert das Licht bunter Scheinwerfer. Man hört die weltweit übliche Discomusik, so laut, dass wir uns nur brüllend verständigen können. Der Saal ist brechend voll. Und doch erinnert mich die Stimmung an die selbst gemachte Gemeindedisco einer katholischen Jugendgruppe in der Voreifel.

Gebückt schiebe ich die Kamera, am langen Arm haltend, zwischen den Füßen der Tanzenden hindurch. Sie nehmen meine ethnografische Perspektive durchaus wahr. Sie amüsieren sich darüber, wie ich mich abrackere, um gewöhnliche Discotänzer aufzunehmen. Wäre die Musik nicht so laut, könnten wir uns hier endlich normal mit den

Leuten unterhalten. Aber so bleibt es bei: „Seid ihr vom Fernsehen?!" – „Ja!!" – „Aus'm Westen?!" – „Ja! Französisches Fernsehen!!" – „Und was filmt ihr hier?!" – „Wir machen einen Beitrag über Kultur in Ost-...äh – Berlin!!" – „Ah!" – „Ja!!"

Ich blicke dem rundlichen Discjockey mit lockigem Haar und dünnem Schnäuzer bei seiner Arbeit über die Schulter. Er hat zwei Plattenspieler, ein großes portables Tonmischpult und eine Lichtstellanlage vor sich aufgebaut. „Det is meine kleine Anlage! De jroße ha' ick vakooft!" brüllt er mir erläuternd ins Ohr.

Bertrand und die Begleiterin vom DDR-Fernsehen haben schon einen der niedrigen Tische am Rande des Saales besetzt. Es war ein langer Drehtag. Mir fallen keine Bilder mehr ein. Uwe und ich setzen uns dazu. Ein Mädchen kommt und fragt, was wir trinken wollen. Ich bestelle „einen O-Saft". Das Mädchen sieht mich fragend an. Die Dame vom DDR-Fernsehen schaltet sich ein: „Der junge Mann möchte einen *Jus*!"

Nachts um Viertel vor eins verladen wir unsere Ausrüstung in den Mietwagen. In meinen Ohren dröhnt noch die laute Discomusik.

„Wer weiß, ob ich jemals wieder nach Ost-Berlin komme", denke ich. Ich sehe mich um. Selbst bei Dunkelheit erkennt man auf den ersten Blick, wie verfallen die Außenwände der Häuser am Prenzlauer Berg sind. Die kleinen Balkone in den höheren Etagen sehen aus, als könnten sie jeden Moment abbrechen. Diese Wände erzählen von der Vergangenheit und sie sagen aus über die Wahrheit der Gegenwart. Die stuckverzierten Fassaden sind übersät von kleinen Kratern. Bei diesem Anblick kann man die platzenden Artilleriegranaten und das Prasseln ihrer Splitter förmlich hören. Ich erinnere mich an ein Bild von einem russischen Soldaten, der am Ende des Zweiten Weltkriegs in einer deutschen Stadt mit der Kalaschnikow im Hüftanschlag vorsichtig um eine Ecke kommt.

In den Mauern dieser Häuser ruhen unerledigte Arbeit, ungenutzte Möglichkeiten, geronnene Kraft. Sie offenbaren die unverarbeitete Vergangenheit.

Da ist noch 'was drin.

Mai 1989 – Tiefflieger im Hunsrück

Im Kamerasucher sehe ich Bertrand.

„Okay, läuft die Kamera?“ fragt er.

Ich nicke kurz.

Bertrand zählt: „Cinq... quatt' ...trois ...deux ...un:

La tentation pacifistique en allemagne – äh – encore une fois! – Läufs' du? – Cinq-quatt'-trois-deux -un:

La tentation pafici... – Cinquattroisdeuxun:

La tentation pacifistique en- ... es geht nicht.

Ich 'abe vergessen, was ich sagen wollte.“

Wir drehen einen Aufsager: Im Hintergrund des Bildes, über Bertrands rechter Schulter, sieht man Jagdflugzeuge auf einer Betonpiste landen. Er selbst steht im Vordergrund und blickt in die Kamera. Mit knappen, pointierten Sätzen erläutert er seinen Fernsehzuschauern die Neigung zum Pazifismus, die er in Westdeutschland beobachtet hat. Während seines Aufsagers muss Bertrand gegen den Lärm der einzeln nacheinander anfliegenden Flugzeuge anbrüllen. Er will veranschaulichen, was die Deutschen an den Tieffliegern stört. Bertrand blinzelt mit den Augen. Jedesmal, wenn wir einen Aufsager drehen, fühlt er sich nach einer Weile geblendet, egal, ob die Sonne scheint oder nicht. Für einige Sekunden hält er seine Augen fest geschlossen. Dann blickt er wieder in die Kamera, grinst und fragt:

„Okay, läufs' du?“

Ich drücke den Auslöser: „Und das läuft.“

Bertrand zeigt vier Finger seiner linken Hand, dann legt er erneut los: „Cinq – quatt' – trois – deux – un...

Cinquattroisdeuxun...

– Es ist hüber'aupt kein Flugzeug in Sicht.“

Im Bundestag wird über Bürgerproteste gegen militärische Tiefflüge debattiert und meine Kollegen drehen von der Pressetribüne aus Schnittbilder mit den Abgeordneten im Plenum.

Ich stehe mit einem Assistenten und Bertrand bei herrlichem Sonnenschein auf einer flachen Anhöhe im Hunsrück. Knapp über unsere Köpfe hinweg donnern landende amerikanische Düsenjäger mit ausgefahrenen Fahrwerken. Wir stehen genau in der Einflugschneise des Militärflugplatzes Hahn. Die Landebahn liegt in einer Senke vor uns.

Der nächste Aufsager gelingt endlich. Leider hat Bertrand kurz vor dem Ende seinen Kopf eingezogen, weil der nächste herankommende Flieger sehr tief flog. Sicherheitshalber will Bertrand noch einen Versuch machen. Den Zwölften. Zwei sind brauchbar.

Es herrscht Flugbetrieb, wie vor einem Bienenstock. Es gibt kaum Stille über den sanften Hügeln, weiten Feldern, Wiesen und Wäldern. Es gelingt mir, einige Bilder zu drehen, die aussehen, als würden die landenden amerikanischen Jagdflugzeuge noch knapper über die Dächer des Dörfchens Hahn streichen als die Jumbojets im Anflug zwischen den Hochhäusern von Hongkong.

„Niemand in Frankreich versteht die Problemen der Deutschen", behauptet Bertrand, „wenn wir ein' Mirage im Tiefflug sehen, sind wir stolz.“

Hahn brütet in der Mittagshitze.

Bertrand will Interviews mit den Menschen drehen, die am stärksten vom Lärm der Tiefflieger betroffen sind. Mit drehbereiter Ausrüstung gehen wir durch das Dorf. Offenbar sind alle Bewohner beim Mittagessen. Schließlich entdecken wir einen alten Mann. Er sitzt auf den Stufen einer

Treppe im Schatten eines Fachwerkhauses. Der alte Mann hat eine graue Schiebermütze auf dem Kopf, seine Hände ruhen auf dem Knauf eines Krückstockes.

Bertrand nimmt das Mikrofon und geht auf den alten Mann zu: „Guten Tag. Wir sind vom französischen Fernse'en, dürfen wir Ihnen eine Frage stellen?"

Der Mann blinzelt zu Bertrand hoch, dann sagt er in breitem Hunsrücker Platt: „Aijoo!"

„Fühlen Sie sich von die amerikanische Tieffliegern gestört?"

Der Mann reckt sich uns ein wenig entgegen, legt eine Hand hinter seine linke Ohrmuschel und fragt: „Hä?"

Juni 1989 – Gemütlichkeit in Bonn

Biggi studiert Politikwissenschaften. Sie wohnt in einem hohen, alten Haus gegenüber der Marienkirche in der Bonner Altstadt. Ihr Zimmer ist im Erdgeschoss. Zur Küche, ins Bad und zum Klo muss man die große alte Holztreppe hinauf, vorbei an einer Wohnung im ersten Stock, wo das Rentnerehepaar Meier wohnt, bis in die zweite Etage. Neben der Küche wohnt Volker. Er studiert Betriebswirtschaftslehre. Mit Biggi teilt er sich Bad, Klo, Küche und sonst nichts.

Ich besuche Biggi immer noch oft, obwohl wir seit einem Jahr kein Paar mehr sind.

Ihre Küche ist hell und hat eine hohe Decke. Durch einen Tresen ist sie in der Mitte geteilt. Am Fenster steht ein großer Tisch mit sechs Stühlen. Auf dem Tisch liegen immer eine Lacktischdecke in irgendeiner modisch schrillen Farbe und die aktuelle Ausgabe der *Süddeutschen Zeitung*. Die Mitte des Tisches ziert ein fünfarmiger Messingleuchter voller verkrusteter Wachsreste. An der Wand, die dem Fenster gegenüber ist, stehen Herd und Spüle. Die Wände sind zweifarbig, weiß und türkis angestrichen. Eine üppige Efeutute lässt ihre großen Blätter quer über die Längswand der Küche wuchern.

Biggi und Volker wissen nicht, warum seit einigen Jahren jeden Morgen eine *Süddeutsche Zeitung* in ihrem Briefkasten steckt. Keiner von beiden hat sie abonniert und auch sonst niemand im Haus. Sie haben auch noch nie eine Rechnung für die Zeitung bekommen.

Das Foto auf der Titelseite der Zeitung ist mit dem Teleobjektiv aus einiger Entfernung und von einer erhöhten Position aufgenommen. Der Fotograf könnte im vierten oder fünften Stock eines Hochhauses gestanden haben. Auf dem Foto sieht man eine über die Bildgrenzen hinaus asphaltierte Fläche. In der Mitte der Fläche steht, mit dem Rücken zum Betrachter, ein einzelner Mann. Er sieht jung aus, denn er steht straff und aufrecht, mit gerade herabhängenden Armen, die Füße geschlossen, fast wie ein Soldat. Aber er ist ein Zivilist, was man an seiner Kleidung sieht. Da, wo er steht, gehört er nicht hin. Er ist im Weg. Dem jungen Mann gegenüber steht eine Kolonne von mindestens drei Kampfpanzern. Der junge Mann hat die Kampfpanzer aufgehalten. Sie waren auf dem Weg zum Platz des Himmlischen Friedens in Peking. Tausende Studenten hielten den Platz besetzt. Ihre Demonstration richtete sich gegen die kommunistische Regierung Chinas. Diese ging mit Soldaten und Panzern gegen die Menschenmenge vor. Es gab Tote, man weiß nicht, wie viele.

Das Bild ist auf der Titelseite jeder Zeitung abgedruckt. Jeder hat es inzwischen gesehen. Einen Augenblick lang verschlägt es einem die Sprache. Wir bewundern den Mut des jungen Mannes. Wir hoffen für die chinesischen Studenten. Wir sitzen in Biggis Küche und trinken Bier. Was sollen wir tun? China ist weit. Die kommunistische Macht steht so fest wie die Berliner Mauer. Wer sich ihr entgegenstellt, riskiert sein Leben.

Einige Tage später erscheint die Nachricht, dass die Regierung der DDR das Vorgehen des chinesischen Regimes ausdrücklich begrüßt. Was soll man von einer Regierung, welche die Grenze ihres Staates mit Minen und Selbstschussanlagen abriegelt, anderes erwarten? Die Verhältnisse bestätigen sich. Da ist nichts zu machen.

Aus der Zeitung und den Nachrichten hört man gelegentlich, dass es in der DDR mehrere Oppositionsbewegungen gibt. Meine angeborene Sympathie für Osteuropa weckt die Phantasie am Küchentisch: „Vielleicht erleben wir ja doch noch, dass sich in der DDR was tut."

Volker, der mir gegenüber sitzt, kippelt mit dem Stuhl. Er hält eine Bierflasche in der Hand. Ohne seine Sitzhaltung zu verändern, sagt er: „Was soll sich da tun? Da tut sich gar nichts, nein, glaub ich nicht." Dann trinkt er wieder von seinem Bier.

Biggi schaltet sich ein: „Hier in der Bundesrepublik haben wir auch schon außerparlamentarische Opposition gehabt – was ist davon übrig? Die hat der Staat ganz massiv bekämpft. Und nicht nur mit Wasserwerfern! Da gab es absolut fragwürdige Methoden – und wenn das *hier* schon so war, wie wird das erst in der DDR sein? Wieso sollen *die* auf einmal nachgiebiger sein?"

„Das sind doch auch Deutsche", unterbricht Volker zwischen zwei Schlucken Bier.

Ich trinke auch erstmal einen Zug. „Immerhin", werfe ich danach ein, „die Polen haben ja schon eine Menge bewegt, und sogar Gorbatschow hat eingesehen, dass Reformen nötig sind."

„Die Polen. Mit denen ist das 'was ganz anderes", entgegnet Volker.

„Der Gorbatschow macht da gar nichts!" Biggi bekommt Schwung. „Den interessieren nur sein Land und seine Macht. Wieso sollte der Demokratie wollen? Der will vielleicht was ändern, aber doch nur, solange das für ihn von Vorteil ist."

„Genau", raunt Volker, „wieso sollte der Demokratie wollen? Nachher wird er abgewählt. Das will kein Politiker."

„Die ha'm viel zu viel Dreck am Stecken", lacht Biggi, „am Ende kommt das 'raus und sie müssen sich verantworten."

Es entsteht eine Pause.

„Schau 'mal, der Hitler", schaltet Volker sich wieder ein. Er hört auf zu kippeln, beugt sich vor und stützt sich mit den Ellenbogen auf die Tischplatte, „der Hitler hat mit seinem System auch die Deutschen niedergehalten, so lange es irgendwie ging – obwohl das total aussichtslos war. Und das werden die in der DDR genauso machen, ob mit, ob ohne Gorbatschow. Und die schrecken auch nicht vor Waffengewalt zurück. Echt. Die Deutschen sind so."

***

Seit einem Jahr bin ich selbständig als freiberuflicher Kameramann. Bonn ist übersichtlich, die „Szene" ist übersichtlich, die Kollegen kennen mich, ich war ja lang genug Assistent von Herrn Bauhardt gewesen, der einen ausgezeichneten Ruf als Kameramann genießt. Die Redaktionen der deutschen öffentlich-rechtlichen Fernsehsender wollen mich nicht drehen lassen. Sie ziehen ihre alternden, fest angestellten Assistenten vor, weil diese oft jahrelang auf eine Planstelle als Kameramann warten müssen.

Umso mehr arbeite ich für die Korrespondenten der französischen, dänischen, österreichischen, spanischen und italienischen Fernsehsender, die in Bonn vertreten sind. Ich soll mein Land mit fremden Augen sehen.

Gegen Ende eines jeden Monats schreibe ich meine Rechnungen, auf denen das Datum der Dreharbeiten und deren Titel vermerkt sind. Im Juni haben Auslandskorrespondenten in Bonn Berichte zu folgenden Themen drehen lassen: „Bauernhöfe“, „Umweltschutz“, „Ladenschlussgesetz“, „Ozon“, „Solarmobil“, „Sex made in Germany“, „Gorbatschow in Bonn“, „Vor der Europawahl“ und „Nach der Europawahl“.

Auf dem Bonner Marktplatz dreht Bertrand mit mir einen Aufsager zum Thema „Gorbimania“. Im Hintergrund steht währenddessen das Sowjetische Staatsoberhaupt Michail Gorbatschow auf der Treppe des Bonner Rathauses und winkt freundlich der jubelnden Menge auf dem Marktplatz zu. Ein kleiner Junge in kurzen Hosen läuft die Treppe hoch und überreicht Gorbatschow Blumen. Gorbatschow nimmt den Jungen auf den Arm. Der Bonner Oberbürgermeister, der Stadtdirektor, Frau Gorbatschowa, alle freuen sich. Der Bonner Marktplatz füllt sich mit Jubel. Diese Bilder kann Bertrand vom Deutschen Fernsehen bekommen. Ich würde am liebsten mitjubeln. Bertrand erklärt die Deutschen für verrückt.

***

Der 17. Juni ist ein Feiertag, Tag der Deutschen Einheit. Es gibt keine deutsche Einheit, aber schulfrei, arbeitsfrei, geschlossene Geschäfte, Sonntagslaune. Meistens ist schönes, frühsommerliches Wetter. In diesem Jahr fällt dieser Feiertag auf einen Samstag. Am späten Nachmittag drehen wir mit Bertrand einen Aufsager mit dem Titel „Vor der Europawahl“. Prima, hundert Prozent Feiertagszuschlag auf das volle Tageshonorar für zweieinhalb Stunden Arbeit.

Den Tag der Deutschen Einheit repräsentiert ein schwarz-weißes Pressefoto. Es zeigt eine Straße in der Großstadt. Zwei Männer werfen mit Wucht Pflastersteine gegen zwei sowjetische Kampfpanzer, die über die Straße auf sie zurollen. „Berlin, Leipziger Straße: Arbeiteraufstand in der DDR am 17. Juni 1953“, lautet die Bildunterschrift. Der Aufstand der unzufriedenen Arbeiter war zu einem Volksaufstand gegen die Regierung geworden. Mit Waffengewalt schlugen die sowjetische Besatzungsmacht und Einheiten der Volkspolizei den Aufstand nieder. Es gab Tote. Das Volk wagte keinen Aufstand mehr.

***

„Mein Name ist Ilona Muller. Ich komme aus Hindenburg. Das ist in Oberschlesien“, sagt die beleibte alte Dame.

„Vielen Dank. Mein Name ist Bertrand Thorivet. Ich komme aus Lyon. Das ist in Südfrankreich.“

Wir verabschieden uns von den grauhaarigen Männern und Frauen, die in dem Unterrichtszimmer der Volkshochschule sitzen. Wir haben einige Aufnahmen gedreht, während des Deutschunterrichtes, den eine junge Lehrerin ihnen erteilt. Seit knapp einem Jahr kommen viele Menschen aus Polen und der Sowjetunion nach Deutschland. Man nennt sie „Aussiedler“. Sie können nachweisen, dass sie deutsche Vorfahren haben. Es kommen viele Rentner mit ihren Kindern und Enkelkindern.

16. August 1989 – Ein Aussiedlerlager

Wie amerikanische Soldaten in Vietnam sitzen wir auf den mit Segeltuch bespannten Sitzbänken des Hubschraubers. Nur dass die seitlichen Schiebetüren während des Fluges geschlossen sind, und wir halten statt Gewehren unsere Kameras fest. Bei herrlichem Sonnenschein fliegt der Bundesgrenzschutz ein Dutzend Kamerateams und Reporter mit zwei Hubschraubern von Bonn nach Bramsche in Niedersachsen.

Wir landen auf dem Sportplatz einer Kaserne. Zwischen den Blocks gibt es Wiesen, auf denen Männer, Frauen und Kinder zusammen sitzen. Sie haben Tische und Stühle nach draußen geschleppt. Manche grillen. Aus den Fenstern der zweistöckigen Blocks hängen bunte Handtücher zum Trocknen oder Bettwäsche zum Lüften.

Wir betreten einen der Blocks. Alles blitzsauber. In den dunklen, kühlen Gängen glänzt der Linoleumboden. Kinder laufen herum. Neugierig beobachten sie uns mit unserer schweren Kameraausrüstung und der langen Tonangel mit dem Mikrofon.

Zahllose, verschlossene Türen säumen den Gang.

„Wo soll ich anklopfen?“ fragt Marion, unsere Redakteurin.

„Weiß ich nicht, irgendwo... – hier“, sage ich.

Marion klopft zaghaft.

„Nun mach schon.“

Vorsichtig öffnet sie und steckt ihren Kopf mit den dichten schwarzen Locken durch den Türspalt. „Entschuldigen Sie, wir kommen von RIAS-TV, äh, Deutsches Fernsehen, dürfen wir ein paar Aufnahmen bei Ihnen machen und ein paar Fragen stellen?“

„Willkommen! Willkommen! Nur herein!“ ruft eine warme männliche Stimme in der Stube. Stühle werden geschoben. Wir treten ein. Ein rundlicher älterer Mann mit Halbglatze und dunklem Bartschatten im gebräunten Gesicht breitet die Arme aus: „Bitte! Nehmen Sie Platz. Bitte setzen.“

Der Mann trägt eine schwarze Hose und ein aus grobem Stoff gewebtes graues Jackett über einem dunkelrot karierten Hemd. Neben ihm steht seine Frau. Sie hat ein freundliches Gesicht, das prall ist, wie ein überreifer Apfel. Ihre Augen leuchten. Sie trägt ein dunkles Kleid mit weitem Rock. Ihr geblümtes Kopftuch ist im Nacken verknotet.

Ich setze mich an den Tisch. Neben mir sitzt ein schmaler blonder Junge, vielleicht sechzehn Jahre alt. Sein Gesicht ist blass. Er hat ein leuchtend blaues Hemd an. Seine Unterarme ruhen auf der Tischplatte, die Hände hat er gefaltet. Er rührt sich nicht. Zarter blonder Flaum sprießt über seiner Oberlippe. Sein Blick ist auf die Tischplatte gerichtet – oder hindurch.

„Willst du einen Apfel?“ fragt mich der ältere Mann laut.

Ich denke: „Die kommen aus Kasachstan, das sind Aussiedler, die haben doch nichts...“ und sage höflich: „Nein, vielen Dank.“

Der Mann reicht mir einen Apfel: „Hier, nimm’ doch einen Apfel!“

„Wenn ich den Apfel nicht nehme, ist er beleidigt“, denke ich und nehme den Apfel. Micha, unser Tonmann, der aussieht wie ein freundlicher Räuber Hotzenplotz, bekommt auch einen Apfel. Marion hat ihren schon angebissen.

Die warmherzige, etwas überschwängliche Art des älteren Mannes erinnert mich an meinen baltischen Großvater. Der ist vor zehn Jahren gestorben.

Damit wir endlich zu einem Interview mit der Familie kommen, müssen wir dem Mann versichern, dass die Hubschrauber schon in zwei Stunden wieder zurückfliegen sollen. Er hat Verständnis für unsere Eile.

Marion fragt: „Warum wollten Sie denn nach Deutschland?“

„Das ist doch unser Vaterland! Wir gehören doch hierher!“ ruft der Mann. Er ist ein bisschen schwer zu verstehen, eigentlich hat er so etwas wie „Votrlond“ gesagt, mit rollendem „R“.

„Unsere Eltern hätten auch schon gerne kommen wollen”, sagt die Frau, „aber das ging nicht zu ihrer Lebzeit.“

„Glauben Sie denn, dass Sie hier Arbeit finden werden?“ fragt Marion leise.

„Wir sind fleißige Leut'! Für uns gibt's immer eine Arbeit.“ Das scheint für den Mann so selbstverständlich zu sein wie das Amen in der Kirche.

„Was sind Sie denn von Beruf?“

„Busfahrer! Seit vierzig Jahren bin ich Busfahrer!“ erklärt der Mann stolz.

Marion wendet sich an den Jungen: „Und was sagst du dazu?“ Der Junge sitzt und starrt auf die Tischplatte.

„Nu, er versteht Sie nicht. Die jungen Leute verstehen kein Deutsch mehr.“ Die Frau streicht ihm liebevoll durchs Haar. „Das lernt er auch noch. Wir sind fleißige Leut'.“

Marion fragt höflich: „Können Sie ihm die Frage vielleicht übersetzen?“

Die Mutter fragt aufmunternd auf Russisch.

Der Junge blickt auf. Er sieht Marion mit seinen hellblauen, traurigen Augen an. Fast unmerklich hebt er seine schmalen Schultern. Leise murmelt er: *„Nu, schto?“*

Der Mann und die Frau lächeln gerührt. „Nu, er weiß nicht – er hat seine Freunde gelassen, er muss die Sprache lernen, er ist noch so jung...“

22. August 1989 – Ein Übersiedlerlager

Bertrand ist ein Schlitzohr.

Von der Zentrale einer europaweit operierenden Autovermietung hat er den Auftrag bekommen, einen Imagefilm für das Unternehmen zu drehen. Doch die Rechnung für meine Arbeit als Kameramann soll ich, wie gewöhnlich, an seinen Sender schicken.

Wir drehen an einem Schalter dieser Autovermietung auf dem Flughafen in Düsseldorf. Unsere Dreharbeiten gehen nicht recht voran, weil Bertrand keine anständigen Regieanweisungen erteilt. Ihm fehlt die Zeit dazu. Dauernd läuft er zu einer Telefonzelle in der Haupthalle. Gegen Mittag bricht er die Dreharbeiten ab.

„Wir müssen schnell nach Schöppingen. Weißt du, wo das ist?“

„Klingt nach Süddeutschland“, sage ich.

„Es ist nicht gut, wenn es weit ist“, sagt Bertrand, „der Beitrag muss heute Abend gesendet werden.“

Schöppingen ist im Münsterland. Es liegt am nördlichsten Rand von Nordrhein-Westfalen, nicht weit von der niederländischen Grenze. Es ist in knapp zwei Stunden Fahrt von Düsseldorf aus zu erreichen.

Gegen drei Uhr am Nachmittag kommen wir dort an. Wieder eine Kaserne, sehr modern, mit flachen Gebäuden, die große Fenster haben und von viel Grün umgeben sind. Die Leute, die man hier untergebracht hat, scheinen im Schnitt jünger zu sein als die Leute im Aussiedlerlager in Bramsche. Dafür sind weniger kleine Kinder zu sehen.

Wir sind nicht ganz bei der Sache. Aus Verlegenheit stellen wir die Kamera in der Mitte der Kaserne auf und drehen erst einmal eine Totale. Vom Kantinengebäude her kommt eine kleine Gruppe junger Frauen und Männer in hellen Shorts, T-Shirts und mit Badelatschen an den Füßen. Strahlend halten sie ihre Brieftaschen in den Händen. Jeder winkt mit einem Hundertmarkschein in unsere Kamera. Sie haben gerade ihr Begrüßungsgeld erhalten.

Am Samstag, also vor drei Tagen, hatte in Sopron, einem ungarischen Ort hart an der Grenze zu Österreich, eine als „Paneuropäisches Picknick“ bezeichnete Veran-staltung stattgefunden. Daran hatten offenbar auch viele Urlauber aus der DDR teilgenommen. In ihr sozialistisches Bruderland Ungarn durften sie ja reisen – obwohl die Ungarn begonnen hatten, ihre Grenzsicherungsanlagen abzubauen. Immerhin, einen bewachten Zaun und einen Schießbefehl gab es auch. Als Höhepunkt der Veranstaltung wurde während des Picknicks für einige Stunden ein Tor im Grenzzaun geöffnet – mit offizieller Zustimmung der ungarischen und der österreichischen Regierung.

Einen Fernseher besitze ich nicht, aber ich habe das Bild neulich auf der Titelseite der Zeitung in Biggis Küche gesehen: Ein zweiflügeliges, offenes Tor, wie von einer Viehweide. Menschen in Trainingsanzügen oder halbnackt in Shorts, manche mit einer kleinen Gürteltasche, stürzen dem Betrachter entgegen. Ihre Blicke sind verengt, in die Ferne gerichtet, die Gesichter ernst, der Fotograf interessierte sie nicht.

Jetzt sind sie hier, in Schöppingen. Zumindest einige von ihnen. In der Kaserne.

Die Kantine ist leer. In einer Ecke ist ein Fernseher aufgebaut. Ein halbwüchsiger Junge sitzt davor und schaut RTL. Seine rechte Hand hält die Fernbedienung umklammert.

Wir beenden unsere Arbeit. Morgen müssen wir weiter an dem Film für die Autovermietung arbeiten. Dazu sollen wir nach Helsinki fliegen. Nur für einen Tag. Hoffentlich kommen uns keine Übersiedler dazwischen.

Ich habe schon erlebt, dass Bertrand während einer Autofahrt durch die Stadt ein Motiv gesehen hatte und mich allen Ernstes fragte, ob ich das gedreht hätte. Dabei saß ich gerade am Steuer und die Kamera lag ausgeschaltet und festgeschnallt auf der Rückbank neben Bertrand. Deswegen schalte ich die Kamera immer erst aus, wenn Bertrand selbst angeschnallt im Auto sitzt.

Im Sonnenschein vor der Kantine wankt uns ein freundlicher junger Mann in die Arme. „Ah, habt ihr mal Feuer, wa?“ nuschelt er wie angetrunken oder bekifft.

„Kommen Sie aus der DDR?“ fragt Bertrand unerschrocken und angelt mit einer Hand bereits nach dem Mikrofon.

„Ick komm’ aus Ungarn“, lallt der Typ freundlich grinsend. Seine Stimme ist ziemlich heiser. Er ist frisch rasiert, seine dunkelblonden Haare stehen ungekämmt und feucht zu Berge, als hätte er eben geduscht, um nüchtern zu werden. „Also schon aus der DDR...“ fahrig steckt er sich eine Zigarette in den Mund und versucht, sie mit dem Einwegfeuerzeug, das er in der Hand hält, anzuzünden. Das Feuerzeug ist leer. Der junge Mann schüttelt es, „Ick weeß janich’, heute is’ allet...“ gluckst er. Er scheint ziemlich angeheitert zu sein. Das helle Sonnenlicht blendet ihn sehr. Abwechselnd kneift er das linke oder das rechte Auge zu.

„Wann sind Sie hier angekommen?“ fragt Bertrand und hält ihm schon das Mikro unter die Nase. Der junge Mann in dem hellen Jeansanzug nimmt die Zigarette aus dem Mund. Ein silberner Ohrring ziert sein linkes Ohrläppchen. Unruhig tritt er von einem Fuß auf den anderen. Beim

Sprechen schaut er zu Boden, als sähe vor unseren Füßen die Bilder seiner vergangenen Tage:

„Gestern sin' mir angekommen aus... – Erst war'n wir in Gießen noch gewesen... Da war'n wir nur kurz... Also davor... also um zwei sind wir... also ich war alleine gewesen, über die Grenze und... da... von... Anjoschi-Moriana *[Jánossomorja]*... das war'n so zehn Kilometer, da..." Der junge Mann stöhnt laut, grinst, blinzelt mit seinen geröteten Augen und erwartet lächelnd Bertrands nächste Frage.

„Und Sie sind aus der DDR durch Ungarn?"

„Durch Ungarn, ja... sind, glaub' ick, alle hier jetze, die jetz' hier sind..." Der junge Mann wirkt ausgesprochen heiter. Seine heisere Stimme gluckert fröhlich. Immerhin steht er stabil.

„War es leicht an der Grenze zwischen Ungarn und Austria... äh, Österreich?" fragt Bertrand weiter.

Der Mann kichert leise, dann grinst er so breit, dass er fast nicht weiter sprechen kann: „Es war... – also, am Sonnabend da hat ick'n Fehlstart gehabt."

Auf einmal ist der junge Mann hellwach.

„Da sind wir – da war ick etwas weiter nördlich, bei Moschon-Marionowa *[Mosonmagyaróvár]*, da bin ich... zu Fuß da fünfzehn Kilometer bis zur Grenze, und da bin ick um elfe losgegang', und abends um achte war ick dann da gewesen. Aber da war's noch ziemlich hell gewesen, und da war denn auch so'ne Straße – so'ne schmale Straße und dahinter war dann gleich der Zaun – die Zäune standen da noch, ne? Und, nu' wollt ick mich eigentlich verstecken, bis es dunkel wurde, ne?"

Sein Grinsen wird wieder breiter.

„Die Straße war aber ziemlich leer gewesen... also 's kam kein Auto, nichts... Nu' wollt ick 'mal bisschen so kurz über die Straße und wollt mal in den Zaun ’reingukken, ob da noch irgendwas drinne is’, elektrisches oder so... und geh’ so über die Straße, gucke ’rein – da kam in der Ferne so’n Pferdefuhrwerk und... – Das konnt’ ick mir eigentlich nich’ vorstell’n, dass da Gefahr von ausgeh’n sollte... aber das war’n denn Grenzer gewesen, und die ha’m dann gleich so’ne Leuchtkugel in die Luft geschossen. Dann kam da gleich so’n ganzer LKW mit, mit... – Das war’n so zwanzig Grenzer mit Hunden und so was alles. Also, da hatt’ ick keine Chance mehr... Ha’m se mich dann jegriffen...“

Sein Lächeln weicht.

„Da sind wir an so’n Grenzerhäuschen... Also das war so ausgelegt, vielleicht für 50, 60 Mann... Aber die Leute war’n och sehr freundlich da... zu Essen, zu Trinken bekomm’... Zigaretten angeboten... – Ein Offizier konnte etwas gebrochen Deutsch sprechen... ja... – Da musst’ ick da noch vier Stunden warten... bis dann da von der Staatssicherheit noch jemand kam, der hat dann da noch so’n Protokoll aufgenomm’, aber... – Die Soldaten da, die war’n alle so mein Alter, teilweise vielleicht noch etwas jünger, aber die war’n total freundlich, die ha’m mir dann... Ick hatte da so’ne Karte... Ick musste ja meine ganzen Sachen auspacken und dann...“, der junge Mann unterdrückt ein Lachen, „...ha’m se mir so auf der Karte gezeigt, wo ick das nächste Mal lang gehen soll, wo der Zaun abgebaut ist – haben sie mir so aufgezeichnet, so ganz genau... – Also, als der Offizier, der war denn mal ’raus, da saß ick denn mit den Bewachern da, war’n zwei Leute, die ha’m mir das dann gezeigt...“

Bertrand unterbricht ihn: „Sie sind allein?“

Der junge Mann erzählt lächelnd weiter: „Ick war ganz

alleine, ja, und denn ha'm se mich wieder zurückgefahr'n bis irgendein nächsten größeren Bahnhof und... Da sollt ick denn mit dem Zug nach Budapest fahr'n. Hab' ick dann aber nich' gemacht." Er steckt sich seine Zigarette wieder in den Mund. Es gelingt ihm tatsächlich, eine letzte Flamme aus seinem Feuerzeug zu schlagen, gerade lang genug um die Zigarette zu entzünden.

„Und warum 'aben Sie die DDR gelassen?"

„Tja...", sagt der junge Mann. Mit einem Schlag wirkt er traurig, „Man fühlt sich... wirklich... eingesperrt, irgendwie auch um sein Leben betrogen, man ist eingeengt, bevormundet..."

„Sie kommen aus welcher Stadt?"

„Bad Wilsnack. Das'n kleiner Kurort, äh..."

Lächelnd senkt er seinen Blick.

„Sie 'aben Verwandte oder Freunde dort?"

„Nee. Ick hab' hier kein', garkein'..."

„Aber dort? Dort in der DDR, meine ich."

„Äh da – normal. Vater und Mutter natürlich, die normale Verwandtschaft."

„Und Sie wollten seit lange hier in der Bundesrepublik kommen?"

„Ja, ich hatt's... ich hatt's geplant gehabt." Listig funkeln die Augen des jungen Mannes. „Also schon, als ich das Visum eingereicht hab, war's also im Prinzip mit dem Hintergedanken, also's war keen spontaner Entschluss... In der Beziehung nich', nee."

„Aber Sie konnten vielleicht auch eine... Ausreiseantrag...?"

„Nee! Ausreiseantrag hatt' ich nie gestellt, und..."

„Ist es schwer zu bekommen?"

„Nö. Jeder kann'n Ausreiseantrag stellen, der will,

aber... Det hätte mir auch irgendwie nich' gelegen, da zu den Behörden hinzugehen und sich da irgendwie anzubiedern, beziehungsweise da... sich da 'runtermachen zu lassen von den Leuten da und... – Da mach' ick dann lieber meinen Weg alleene, ohne zu fragen." Mit zusammengekniffenen Augen grinst er Bertrand an.

„Was ist Ihre erste Überraschung hier in der Bundesrepublik?"

„Überraschung? Ick hab' eigentlich noch keine Überraschungen erlebt. Bis jetzt is' eigentlich alles so verlaufen, wie ick mir det auch vorgestellt hatte... – bis jetze. – Ich mein', wir sind jetzt gerade ein' Tag hier... Es war ein bisschen stressig gewesen... – Und die Nacht darauf, nach der Verhaftung, da hab' ick dann da draußen im Freien campiert und bin dann am nächsten Tag da, wo's die Grenzer mir gezeigt ha'm, bin ich dann über die Grenze – da war dann allerdings wirklich – die Zäune, alles, abgebaut, bis auf ein' morschen Zaun, so, wie so'n Gartenzaun war der gewesen, höher nicht, und da war auch weiter nichts und... – Hundegebell war in der Ferne... – Und da bin ich denn aber die ganze Nacht durchs Burgenland marschiert, bis ich dann da den Ort gefunden hatte. Und da hatt' ich dann *die* Nacht nicht geschlafen, denn bin ich mit dem Bus nach Wien und... von Wien denn im Zug nach Frankfurt und von da nach Gießen. *Die* Nacht hatt' ick dann auch wieder nicht geschla... also war ich ein bisschen fertig, etwas fertig gewesen... so... so."

„Aber was... möchten Sie tun?"

„Ja, ich möcht' mal seh'n. Schleswig-Holstein möcht' ick gerne... In'n Norden irgend... – Bad Wilsnack liegt zwar nicht direkt im Norden, aber... also irgendwie: mit der Küste fühl' ick mich eigentlich schon verbunden... Ick bin auch schon zur See gefahr'n – das war allerdings bei der Armee gewesen..."

„Und haben Sie schon einen Beruf, oder?"

„Ja, ich hab' *natürlich* 'n Beruf gelernt. Das is' klar."

„Was sind Sie von Beruf?"

„Äh, Maschinist, äh, ich hatte im Kraftwerk-"

„Wie alt sind Sie?"

„Ick bin vierundzwanzig... Tja."

***

„Weißt du schon?" fragt Bertrand, „die DDR hat ihr Wappen geändert."

Zurzeit ist alles möglich. Tausende Übersiedler nutzen die undichte Grenze, um von Ungarn über Österreich nach Westdeutschland zu kommen. Täglich hört man von DDR-Bürgern, die in der Westdeutschen Botschaft in Prag Zuflucht suchen.

„Bisher hatten sie Ährenkranz, Hammer und Zirkel. Jetzt haben sie Ährenkranz, Koffer und Spazierstock."

7. September 1989 – Gespräche in Leipzig

Sebastian und ich haben in Bad Hersfeld in einer kleinen Kurpension übernachtet. Es war schwierig gewesen, überhaupt Zimmer zu bekommen. Selbst in Bad Hersfeld, das in Westdeutschland liegt, sind alle Hotels ausgebucht. Von hier aus müssen wir immerhin noch über vierzig Kilometer bis zur DDR-Grenze fahren und dann noch gut zweihundert Kilometer bis Leipzig. Morgens um halb sechs laden wir die Kameraausrüstung in Bertrands blauen Renault.

Wir fahren los. Zwanzig Minuten hinter Hersfeld endet die Autobahn. Eine schmale, kurvige Landstraße führt weiter, bergauf und bergab durch eine hübsche Landschaft aus kleinen Hügeln und Feldern, durch wenige, kleine, bäuerliche Dörfer. Der Morgenhimmel ist grau, die Landschaft verschwimmt in nebelfeinem Nieselregen. Wir passieren eine Abzweigung und ein weißes Schild mit einem Hinweis für „US MILITARY FORCES". Dann setzt sich die Autobahn fort. Kurz nach der kleinen Raststätte Herleshausen erreichen wir den westlichen Kontrollpunkt des Grenzüberganges Herleshausen/Wartha.

„Zur Leipziger Messe, ja?" fragt der Zollbeamte.

„Ja."

„Wann komm'se zurück?"

„Heute Abend."

„Na dann. Gute Fahrt."

Links der Autobahn steht der Wald an einem steil ansteigenden Hang. Rechts unterhalb der Autobahn liegt ein weites grünes Tal mit Eisenbahnlinie, Flüsschen und kleinen Dörfern. Von rechts nähert sich, entlang der Eisenbahnschienen, der Grenzzaun. Wir fahren wie in einen Trichter.

Ein Verkehrsschild verbietet uns, schneller als zehn Stundenkilometer zu fahren. Links von uns ragt fast senkrecht eine schroffe, rotbraune Felswand empor. Offenbar ist die Autobahntrasse in die Bergflanke gesprengt worden. Es riecht nach Gülle.

„Das einzige Land der Welt, das man am Geruch erkennt", versuche ich zu witzeln. Sebastian reagiert nicht.

Einsam und mitten auf der Straße steht ein Grenzpolizist in langem, dunkelgrünem Regenmantel. Er hebt die Hand. Wir halten neben ihm an. Der einsame Vorposten der DDR blättert kurz unsere Reisepässe durch, schaut jedem einmal ins Gesicht, reicht die Pässe zurück und lässt uns weiterfahren.

„Was hat der denn ausgefressen, dass sie ihn da hingestellt haben", gluckst Sebastian, „ganz alleine, der Arme."

In der Grenzübergangsstelle ist zum Glück noch wenig los. Die Kontrolle verläuft reibungslos.

Es wird heller.

In der Ferne erkenne ich auf der Spitze eines Berges eine gut erhaltene Burganlage. Ihr Anblick wirkt vertraut, obwohl ich das erste Mal hier vorbeifahre. Erst viele Kilometer später fällt mir „Die Wartburg" ein.

Die Sonne arbeitet sich durch die Wolkendecke. Auf dem Parkplatz am Flughafen Leipzig warten wir auf Bertrand. Wir lehnen uns außen ans Fahrzeug. Die Morgensonne wärmt die kühle Luft.

Bertrand kommt mit leichtem Gepäck aus dem Flughafengebäude. Wir steigen ins Auto. Bertrand setzt sich auf den Rücksitz.

„Okay. Ist jemand von euch bei der Stasi? Sind keine Mikrofone im Auto? – Bon. Die Leipziger Messe interessiert uns hüber'aupt nicht, wir fahren nur hin, machen wenige Aufnahmen, dann fahren wir zu der Stadt und fragen die Leute, was sie halten von der Ausreisewelle."

Sebastian steckt den Schlüssel ins Zündschloss: „Du Bertrand, mir fällt grad' ein, dass ich bei der Stasi bin. Ich muss dich jetzt leider mitnehmen." Er startet den Motor.

„Machst du keine Witze", erwidert Bertrand, „fahren wir los."

Die Einfallstraße nach Leipzig ist holprig. Kopfsteinpflaster und mit Asphalt geflickte Stellen wechseln in ungleichen Abständen. Die hohen Häuser links und rechts der Straße haben dunkle, abblätternde Fassaden. In den Fenstern aber sieht man saubere Vorhänge, in den Erdgeschossen sind hier und da Geschäfte. Es gibt keine Werbung, keine Plakate, nichts leuchtet, keine Farben.

Dunkelblau spiegelt sich der Himmel in der makellos glänzenden Motorhaube des schwarzen Sportwagens. An jeder Kante glitzert ein Reflex der Sonne. Der Mercedes ist auf dem Freigelände der Messe ausgestellt. Eine Traube von Menschen, mehr Männer als Frauen, schleicht um das Coupé herum. Hände streichen über den warmen, glatten Lack. Gesichter schauen durch die getönten Scheiben auf die schwarzen Ledersitze, das große Lenkrad und die eleganten Armaturen.

„Tja, Erwin. Kannste kaufen!" spottet einer. Gelächter.

Sebastian lädt das Stativ in den Kofferraum. Das Heck unseres blauen Renaults ragt weit aus der Reihe der geparkten Trabants und Wartburgs. In Sichtweite ist eine verkehrsreiche Straßenkreuzung. Mitten auf der Kreuzung steht ein Polizist mit weißer Jacke und weißer Mütze. Im

Westen gibt es Polizisten, die den Verkehr mit Handzeichen regeln, nur noch im Theorieunterricht der Fahrschule.

„Wart' mal, Sebastian, gib noch mal das Stativ."

Wir bleiben, wo wir sind, um kein Aufsehen zu erregen. Schließlich wollen wir ein Organ des Staates bei der Arbeit beobachten. Ich lasse die Kamera auf dem Stativ einrasten.

Bei ganz ausgefahrenem Teleobjektiv bekomme ich den Polizisten von den Knien bis zum Kopf ins Bild. In seiner rechten Hand hält er einen kurzen, schwarz und weiß gestreiften Stab, den er benutzt, wie ein Dirigent seinen Taktstock. Er kommuniziert mit Autofahrern, die außerhalb meines Bildes bleiben. Er sucht Blickkontakt mit ihnen. Er weist sie mit ausdrucksstarken Handbewegungen an zu warten, weiterzufahren, leitet Linksabbieger, hält den Querverkehr an – alles von einem einzigen Punkt aus. Seine Füße hätten auf einem umgedrehten Kochtopf Platz. Inmitten des brodelnden Autoverkehrs gibt der Polizist seine Zeichen mit eleganten, schwungvollen Armbewegungen. Er dreht sich nach links und rechts wie ein Tänzer. Gelegentlich wird er in eine dunkle Abgaswolke gehüllt. Seine Blicke sprechen mit den Autofahrern:

„Du hierher! Warte!
– Ihr da, fahrt jetzt...,
zügig, zügig, zügig... – ja, du auch noch. Nu' los!
Halt! – Schön stehen bleiben! Gut.
– Jetzt die anderen! Los! – Linksabbieger hierher!
Stop! *Hier* hab' ich gezeigt! So.
– Ihr anderen! Glotzt nicht, fahrt, fahrt, fahrt!
Und: Steht!
– Na los, fahr' noch – mach' die Kreuzung frei,
du Seppel!"

***

Auf dem Parkplatz gegenüber der spiegelnden Front des Gewandhauses richtet Sebastian die Hand mit dem Schlüssel auf Bertrands Renault, was dieser mit einem vernehmlichen „Klack“ quittiert. Wir fühlen uns wie Außerirdische. Unser Wagen hat eine geradezu exotische Neuerung: Eine *ferngesteuerte* Zentralverriegelung.

Bertrand treibt mich an: „Drehst du hier schnell ein paar Stadtbildern, dann gehen wir zur Straßenumfrage.“

An der hellen Fassade des Opernhauses hängen nebeneinander, die Höhe der ersten Etage bedeckend, eine rote Fahne und die Nationalflagge der DDR, dazwischen ein Transparent mit der Aufschrift

40 Jahre
Deutsche Demokratische Republik –
im Kampf für Sozialismus und Frieden,
GEGEN FASCHISMUS UND KRIEG!

Wir begeben uns in die spätsommerliche Fußgängerzone. Die schmalen Straßen lassen die alten Stadthäuser hoch und wuchtig wirken. Es gibt altmodische Schaufenster, die von gusseisernen Verzierungen umrahmt sind. Dicke dunkle Farbschichten bedecken das geschnitzte Holz vieler Ladentüren. Auf den geschwungenen Ornamenten hat sich heller Straßenstaub festgesetzt. Bei uns im Westen hat man so etwas durch pflegeleichtere Bauelemente ersetzt. Viele Menschen sind hier unterwegs. Ihre Mode ist anders als bei uns. Jeans sind aus dünnem, hellem Stoff. Die Frauen blondieren ihr Haar auffälliger.

Wir sind eben in einem anderen Land.

In Bonn weichen die Leute mittlerweile aus, wenn sie ein Kamerateam in der Fußgängerzone sehen. Immer lässt irgendein Sender Straßenumfragen machen.

Und hier?

Wir schieben uns durch das Gewühl in der Grimmaischen Straße. Bertrand hält sich am Mikrofon fest, vor Sebastians Bauch baumelt der kleine Tonmischer, und ich trage die Kamera schussbereit auf der Schulter. Ich sehe eine hübsche, junge Frau. „Los, die da!" fordere ich Bertrand auf.

„Nein. Es sind zu viele Menschen auf der Straße..." antwortet er unsicher.

Während der Leipziger Messe dürfen ausländische Fernsehteams ohne Kontrolle und staatliche Begleitung im gesamten Stadtgebiet Aufnahmen machen. Aber ist es auch erlaubt, Leute zu befragen? Und Bertrand will ja auch ein bisschen genauer fragen, nach der illegalen Ausreise von Bürgern der DDR, die in Prag zu Hunderten im Garten der Westdeutschen Botschaft campieren. Er macht sich Sorgen, dass die Befragten Schwierigkeiten mit der Stasi bekommen könnten.

„Die Leute hier wissen am besten, was sie sagen dürfen und was nicht", gibt Sebastian zu bedenken.

„Im schlimmsten Fall konfisziert die Stasi unser Material und sie schmeißen uns aus dem Land. Mehr kann uns nicht passieren, oder?" überlege ich laut.

Wir geraten auf einen kleinen Platz, der weniger belebt ist. Ein Bauzaun verdeckt einen Teil der umstehenden Gebäude. Die Situation ist übersichtlich. Ein junger Mann in Jeans und schwarzrotem Ringelpullover kommt uns entgegen.

„Guten Tag, wir sind vom französischen Fernsehen... dürfen wir Ihnen ein paar Fragen stellen?" bringt Bertrand leise hervor. Sein Akzent wirkt stärker als sonst. Der Junge, er ist vielleicht siebzehn Jahre alt, bleibt stehen.

„Sind sie Leipziger?“ fragt Bertrand.

„Ich bin Leipziger”, nickt der Junge. Er hat dichte schwarze Haare, „anständig“ geschnitten, mit flottem Mittelscheitel. Wahrscheinlich ist er ein Lehrling.

„Und... gehen Sie regelmäßig in der Messe?“

Einen Augenblick lang bleibt in der Schwebe, ob Bertrand einen Gottesdienst meint. Doch der Junge antwortet sächselnd:

„Joo, seit zwo Jahr'n. So zwo, drei Jahr'n.“

Bertrand wird mutiger: „Und wie ist die Stimmung in der Stadt während der Messe? Mehr geöffnet, als während dem ganzen Jahr, oder?“

„Joo, es gibt doch mehr zu kaufen, praktisch so, und wo Engpässe sind, da versucht man, zu überbrücken, aber – Jo... das ist schon eigentlich so. Und viel mehr Rummel, alles drumherum ist'n bissel besser.“

Der Junge wendet sich zum Gehen, aber Bertrand legt nach: „Ist es ein guten Gelegenheit, um Kontakten zu haben oder neuen Technique zu sehen, oder?“

„Öh – ob ich dort hingehe?“

„Jaja.“

„Jo, um neue Technik, gerade wie, was mein Beruf jetzt ist, hier B.M.S.R.-Technik – da will ich mir schon etwas von ansehen und – na so.“

Jetzt will der Junge aber wirklich weg.

Bertrand fühlt sich ermutigt. Zumindest dieser Junge hat sich keineswegs um Kopf und Kragen geredet. Wir suchen einen belebteren Teil der Fußgängerzone auf.

„Au“, raunt Sebastian leise. Bertrand grinst. Ein junges Paar kommt auf uns zu, beide vielleicht Ende zwanzig. Die Frau trägt ein gelbes Kleid mit großen schwarzen Punkten, der weite knielange Rock flattert um ihre sacht gebräunten

Waden. Zwischen den hohen Häusern geht ein leichter Wind. Die Frau streicht sich einige Locken ihrer dichten, braunen Haare aus dem hübschen Gesicht. Neben ihr geht ihr sportlicher Mann. Er trägt mehrere schwere Einkaufstaschen, als wären sie voller Luftballons. Er hat eine dunkelblaue Jeans aus dem Westen an und dazu ein weißes Hemd. Auch er ist leicht gebräunt. Seine blonden, kurz geschnittenen Haare und sein Schnauzbart entsprechen der westlichen Mode. Das Paar ist guter Laune, als wären sie nach erfolgreichem Einkauf auf dem Weg in ein nettes Café.

„Dürfen wir Ihnen ein paar Fragen stellen?“

„Ja sicher. Ja.“ Sie freuen sich.

„Sind Sie aus Leipzig, ja?“

„Jaja, wir sind aus Leipzig.“

„Haben sie die Messe schon besucht?“

„Ich hab’ sie schon besucht”, antwortet der Mann. „Ich noch nich’ ne“, lächelt sie und muss sich wieder die Locken aus dem Gesicht streichen.

„Und was halten Sie von der Messe dieses Jahr?“

„ Nu“, erklärt er, „im Prinzip ist es fast dasselbe, wie immer. Also ich als Laie“, schränkt er ein, „ich hab da nichts Neues großartig entdeckt, aber...“

„Du hast auch nicht so geguckt, ne?“ fällt ihm seine Frau freundlich ins Wort.

„Aber es ist recht interessant. Ich hab’ hauptsächlich bei mir... also wo ich arbeit’, bei dem Betrieb hab’ ich geguckt.“

„Und auch.. .äh“, druckst Bertrand, „was halten Sie von der Stimmung der Stadt in diesen Tagen?“

„Also nichts Außergewöhnliches für’n normalen Verbraucher. Also die Stimmungsmacherei ist übertrieben.“

Bertrand holt kurz Luft:

„Eine etwas anderes Thema... Vielleicht möchten Sie nicht antworten, das ist gut, ist egal, äh...“

Die beiden nicken ihm auffordernd zu.

Bertrand fragt: „Sie haben vielleicht schon gehört von diese, was passiert, diese letzten Monaten oder Tagen? Oder nicht?“

Der Mann nickt zustimmend.

Bertrand hakt nach: „Man redet über das, oder?“

„Na klar“, sagt der Mann, „drüber reden tut man natürlich... selbstverständlich.“

Die Frau versucht, ihre Haare im Wind zu bändigen. Dabei sieht sie sich unauffällig um.

„Und was halten Sie davon? Ist es ein Problem?“

„Ja, ich meine, das...“ der Mann sucht eine Formulierung, „es kommt auf die Betrachtungsweise an. Also ich find’s nicht als Problem...“ – „Wir!“ unterbricht sie.

Die Frau fährt sich mit der Hand durch den Nacken, als hätte sie sich einen Halswirbel ausgerenkt.

„...oder wir“, korrigiert er sich, „weil uns... Die Leute, die da ausreisen möchten, die soll’n meinetwegen... das uns... ich meine, mich berührts.“

„Glauben Sie, die Situation wird etwas locker sein in eine paar Monaten oder Jahren?“

„Sicher ja. Ja.“

„So, Sie bleiben ’offnungvoll. Ich meine die Ausreisemöglichkeit...“

„Immer!“ strahlt die hübsche Frau. – „Das auf alle Fälle“, freut sich ihr Mann, „hoffnungsvoll auf alle Fälle!“

„Gut... vielen Dank“, beendet Bertrand das Gespräch.

„Bitteschön”, strahlt das Paar so freundlich, als hätte es uns überraschend eine Flasche Wein geschenkt. Die beiden gehen weiter. Sie sind offensichtlich froh, so zuversichtlich aus dieser Nummer herausgekommen zu sein.

In der Nähe, auf dem Gehsteig an einer ruhigen Straßenecke, steht ein winziges, aluminiumfarbenes Häuschen. Es ist so klein wie eine Telefonzelle, aber noch niedriger. Es hat nach allen vier Seiten Fenster. In dem Häuschen sitzt ein Polizist. Er sitzt seitlich auf seinem Stuhl und kehrt uns den Rücken zu, als wären die wenigen Fußgänger auf der anderen Straßenseite interessanter als ein westdeutsches Kamerateam.

Am Himmel über uns taucht ein Polizeihubschrauber auf, ein altertümlich wirkendes, gedrungenes Flugzeug mit einem Fahrwerk wie ein Bettgestell und zwei Hauptrotoren übereinander. Jeder Hubschrauber macht viel Lärm, aber dieser ist außergewöhnlich laut. Er schwebt langsam und sehr niedrig über der Stadt. Seine Triebwerke und die Rotoren dröhnen wie ein Presslufthammer. Wir gehen hinter einen Häuserblock, der uns von diesem Lärm abschirmt.

Dort treffen wir eine kleine, eilige Frau mittleren Alters. Sie läuft uns direkt in die Arme. Bertrand fragt: „Wir sind vom französischen Fernsehen, sind Sie aus Leipzig?"

„Ja", lächelt die kleine Frau in dem hellbraunen Leinenkleid. Kurzes, kastanienbraunes Haar umrahmt ihr freundliches, rundes Gesicht.

„Und können Sie... können wir Sie etwas fragen?"

Sie lacht herzlich: „Wenn ich Ihnen Auskunft geben kann!"

„Na, es geht um der Messe und Stimmung in der Stadt in diesen Tagen... ist es... Finden Sie die Messe gut, haben Sie die Messe schon besucht?"

Die Motoren des Hubschraubers dröhnen hell. Er fliegt mit Schwung eine neue Runde. Die kleine Frau muss sehr laut sprechen. Es scheint ihr nichts auszumachen. Sie wirkt offen und herzlich:

„Ich habe sie noch nicht besucht. Ich war jetzt 'n paar Tage gar nicht in der Stadt. Ja, insofern ist es ein bisschen ungünstig“, bedauert sie lächelnd.

„Aber man sagt“, ruft Bertrand gegen das Getöse des kreisenden Hubschraubers an, „man sagt, dass dieses Jahr es ist ein bisschen nicht so gut, wie der...“

„Ja man hört es... aber direkt kann ich Ihnen nichts dazu sagen!“

„Und... das ist auch eine anderes Thema, äh, Sie haben gehört von die Problemen dieser letzten Tagen?“

Die kleine Frau zieht ihre Augenbrauen zusammen und verschließt ihren bis dahin lächelnden Mund. Ohne den Kopf zu drehen, nur mit den Augen, schaut sie nach beiden Seiten.

„Was sagt man über diesen Themen?“

Die Frau seufzt vernehmlich, es ist trotz des Hubschraubers unüberhörbar.

„Oder möchten Sie nicht darüber...“

„Man ist”, beginnt die Frau, „man unterhält sich natürlich darüber, aber es gibt sehr unterschiedliche Meinungen dazu, äh...“

„Glauben Sie, es ist eine Krisis, oder nicht?“

Die Motoren des Hubschraubers heulen auf wie ein Sturzkampfbomber im Angriff.

Die Frau ruft: „Äh man, tja... Das würd' ich... Krise würd' ich vielleicht nicht sagen, aber es ist ein Problem, was besteht und was... was sicherlich, äh, gelöst werden muss, bald, glaube ich schon...“

„Glauben Sie, es wird weitergeh'n? Oder dann nicht so stark, wie dieses Jahr?“

„Oh das... das kann man, glaub' ich, schwer sagen. Das ist schwierig, etwas...", jetzt lächelt die kleine Frau verlegen, „...also, es wären wirklich nur Vermutungen oder... Also das kann man nicht sagen..."

„Okay. Vielen Dank."

„Bitte."

Der Hubschrauber kurvt in geringer Höhe über uns herum. Sebastian zieht sich den Kopfhörer von den Ohren: „Bertrand, ich glaub', der ist wegen uns da. Der Ton ist ziemlich unmöglich, das kannst du eigentlich nicht nehmen."

Ich drehe eine Aufnahme von dem Hubschrauber, der knapp über den Dächern der höheren Häuser schwebt.

„Da, wo wir eben das Pärchen interviewt haben", fällt mir ein, „da war so ein hoher Häuserblock mit einer Passage darunter. Lass uns doch dort hin gehen, da sieht uns der Hubschrauber nicht. Außerdem sind wir dort ein wenig geschützt vor diesem Radau."

Wir gehen zurück.

In Bonn hätten wir jetzt bereits, trotz allem, mehrere ausführliche Stammtisch-Statements gehabt, voller politischer Satzbausteine wie: „Ich gehe davon aus, dass..." und: „Ich muss sagen, dass..." und besonders gerne immer wieder: „Ich habe festgestellt..."

Hier haben sich unsere Gesprächspartner in ihren Aussagen kaum festgelegt. Dennoch ist Bertrand zufrieden. Er ist eben ein guter Reporter. Er verlässt sich auf die Wirkung des Gehörten. Andere hätten Sebastian und mir längst die Ohren voll gejammert, weil sie nicht die Antworten bekommen, die sie sich vorgestellt haben. Doch was unausgesprochen bleibt, kann eben auch eine Bedeutung haben.

Die Passage unter dem mehrstöckigen Block ist eigentlich nur ein Durchgang und so lang, wie der Block breit ist. An einer Seite gibt es mehrere Glastüren, durch welche Leute kommen und gehen. Im Durchgang, vor einer der Glastüren, steht ein junger Mann. Er ist schmal und groß und etwa zwanzig Jahre alt. Er trägt zu seiner grauen Hose ein hellblaues Hemd. Eine gute Spiegelreflexkamera mit Weitwinkelobjektiv hängt an einem dunkelblauen Riemen vor seinem Bauch.

„Wir sind vom französischen Fernsehen..."

Ohne seinen Fotoapparat hochzunehmen, zielt er mit seinem Fotoapparat auf uns, löst aus und betätigt den Transporthebel. Dabei blickt er uns fest an, als hätte er nur eine Hand in die Hosentasche gesteckt.

„...Wir wollten wissen, was halten Sie von der Messe und haben Sie sie schon besucht, oder...?"

„Ja, ich war schon... auf'm Messegelände und hier im Handelshof." Der junge Mann hat tief liegende, stahlblaue Augen. Sein Blick fliegt hastig hin und her.

„Besuchen Sie jedes Jahr die Messe?"

„Ja, wenn ich dazu komme... Dann geh' ich zur Messe. Ja."

„Aha."

Ohne eine Nachfrage abzuwarten, beginnt der junge Mann: „Ja, freilich, man sieht den Unterschied zur Welt, ne, den Unterschied zwischen DDR zur Welt. Auf gewissen Gebieten könn'mer mithalten..., aber auf anderen Gebieten, da sind die Gegensätze ziemlich krass."

Er spricht fast hochdeutsch, nur gelegentlich klingt eine sächsische Färbung an: „Ja gut, ich meine: Unterhaltungselektronik geht's berguff... und man kann es eigentlich bloß begrüßen, dass es so weitergeht, ...bei Automobilindustrie ist tote Hose, da brauch'ma gar nicht diskutieren. Da ändert sich nischt."

„Also Sie finden das schon interessant zu vergleichen, oder?"

„Ja. Es ist ab und zu immer mal ganz gut, wenn man das sieht. Ich meine, man kann ja auch im Westfernseh'n gucken, aber... das kommt irgendwie nicht so 'rüber. Besser ist, wenn man es selber sieht."

„Aha."

„Meistens kannst' es ja auch noch anfassen, da haste Prospekte, die du mitnehmen kannst... Es ist eben nur schade, dass du als DDR-Bürger ganz bestimmte Sachen nicht kriegst... und nie kriegen wirst. Das ist eben... schlecht."

„Man... Spricht man viel von, was passiert seit ein paar Mon- Wochen, oder so... oder nicht so viel?

Der Hubschrauber ist wieder zu hören. Das stört schon etwas. Unbeirrt antwortet der junge Mann:

„Ja. Hier auf der Messe nicht... aber zuhause... das geht ein' doch schon an... ist ja klar... ist ja der Nachwuchs, der da mit abhaut... kann man ja nicht grad' begrüßen, ne?"

„Was haltet man von diese ganzen Dinge... ist es ein Problem für die DDR, glauben Sie, oder?"

„Das ist'n ziemlich großes Problem... Das Problem aus der Welt zu schaffen, von heute auf morgen, geht praktisch nicht."

„Wird es gelöst, glauben Sie? Bald?"

Das durchdringende Brummen des Hubschraubers nähert sich und hallt in der Passage wider. Der junge Mann spricht mühelos lauter:

„Also, wenn's nach mir ginge: Die Leute, die jetzt in Ungarn sind und in den Ständigen Vertretungen von Ost-Berlin oder so... Vom Prinzip her, könn' sie die gehen lassen. Ob die nu' hier gammeln oder... Die zu überzeugen, dass das hier eine gute Sache ist, könn' wir sowieso nicht mehr... Also vom Prinzip her... Die zurückzugewinnen, das'n Unding!"

Der Hubschrauber entfernt sich etwas.

„Aber halten Sie..., dass es gibt viele Bürger, die ausreisen möchten?"

„Na ja, sagen wir es mal so: Wenn sich die Gelegen-heit ergeben würde... dass es praktisch jetzt da wäre... Also wenn man jetzt die Leute fragen würde, die Grenze wäre offen – nehmen wir mal an, den Fall – wie viele dann hierbleiben?"

Er muss wieder lauter sprechen, der Hubschrauber nähert sich.

„...Da würden sicherlich einige noch 'rübergehen! Bloß, man muss sich auch Gedanken machen! Ich meine, wenn ich jetzt alleinstehend da 'rüber gehe, dann hinterlass ich ja nischt!!"

Der Triebwerkslärm des Hubschraubers nähert sich beständig, ganz deutlich von links. Ich wage einen kurzen Blick zur linken Seite, ohne die Kamera zu verschwenken, denn der junge Mann redet ja weiter. Ich traue meinen Augen kaum: Der Hubschrauber schwebt, vielleicht hundert Meter von uns entfernt, tief zwischen den Häusern, auf Höhe der zweiten oder dritten Etage. Ich kann ihn von der Passage aus sehen – und er kann auch uns in der Passage sehen! Der ist wirklich wegen uns unterwegs!

Der junge Mann schaut hin und her, aber er spricht beharrlich weiter:

„Wenn ich jetzt als Familie da 'rübergehe, dann muss ich immer noch an die Zukunft meiner Kinder denken. Da kann ich... da kann so'n Argument wie ‚Da drüben gibt's Bananen' oder irgendwas anderes nicht akzeptiert werden."

Der Hubschrauber hebt sich wieder und schwirrt ab.

„Da muss man auch viele andere Dinge seh'n. So'n Kind kann dort drüben auf 'ne schiefe Bahn geraten, das.... das kann man nicht vorhersagen und deshalb würd' ich mir für die Leute, die Familie haben mit Kindern, würd' ich's mir echt dreimal überlegen. Weil, die haben ja noch die Berufsausbildung und alles vor sich und ob die da 'ne Arbeitstelle kriegen, oder was weiß ich, das ist noch 'ne ganz andere Frage.

Da werden sich sicherlich noch einige Leute ganz schön umgucken..."

***

Ich werde von einer Produktionsfirma beauftragt, Bilder für eine Reportage über ein Herbstmanöver der NATO zu drehen. Meine Vergangenheit holt mich ein. Auf dem Truppenübungsplatz Munster-Nord in der Lüneburger Heide, genau dort, wo ich mich bei der Prüfung am Ende meines Reserveoffizierslehrgangs blamiert hatte, muss ich jetzt Aufnahmen von Schützenpanzern machen, die donnernd durch den Sand pflügen. Ich drehe Bilder von Grenadieren, die in Schützengräben auf einen heranrückenden Feind warten.

Deshalb fährt Bertrand mit einem anderen Kameramann nach Prag. Sie bringen Bilder mit, die sie in der Umgebung der westdeutschen Botschaft in Prag aufgenommen haben: Man sieht ganze Straßenzüge, in denen verlassene Trabants geparkt sind. Man sieht Familien, die mit Sack und Pack über den hohen, schmiedeeisernen Zaun der Botschaft klettern – nur halbherzig behindert von tschechoslowakischen Polizisten. Man sieht den Garten der Botschaft, in dem Tausende notdürftig campieren. Die Rasenfläche ist schlammig, vor den Dixi-Toilettenhäuschen stehen Frauen, Männer und Kinder in unendlichen Reihen an.

Bertrand hat ein Interview gedreht mit einem untersetzten Mann, den die Flüchtlinge „Bürgermeister“ nennen. In einem anderen, kurzen Interview klagt eine sichtlich erschöpfte Mutter, dass es auf dem Gelände Prostituierte gäbe, die ihrer Tätigkeit vor den Augen von Kindern nachgehen. In seinem Bericht zeigt Bertrand Bilder von einem Baum im Garten der Botschaft, an dessen Zweige die geflohenen DDR-Bürger ihre Haus- und Autoschlüssel gehängt haben.

30. September 1989 – Die Flüchtlinge sind frei

Unsere Auftraggeber erwarten von uns Nachrichtenteams, dass wir ständig erreichbar sind. Mobiltelefone haben das Format eines großen Werkzeugkoffers und sind auch ebenso schwer. Außerdem kosten sie eine vierstellige Summe. Daher statten uns manche Auftraggeber mit „Europiepsern" aus. Ein Europiepser ist so groß wie eine Schachtel mit sechs langen Zigarillos. Man kann das Gerät also einigermaßen in der Hosentasche unterbringen oder in der Brusttasche des Hemdes. Auf der oberen Schmalseite des Gerätes befinden sich vier nummerierte rote Lämpchen. Der Auftraggeber kann eine bestimmte Telefonnummer anrufen, welche dann an meinem Europiepser eben einen Piepston auslöst und eines der Lämpchen aufblinken lässt. Anhand der Nummer neben dem blinkenden Lämpchen kann ich erkennen, wer mich ruft.

„Einer flog über das Kuckucksnest" Neun Oskars! Jeder kennt den Film. Nur ich nicht. Es bietet sich die Gelegenheit, diese Bildungslücke zu schließen.

Das ergab sich so: In einem Bonner Straßencafé habe ich mich mit einem Bekannten getroffen. Der Bekannte studiert an einer Filmhochschule Regie. Zurzeit erarbeitet er mit der Theatergruppe eines Bonner Gymnasiums ein Bühnenstück. „Am Samstag haben wir Premiere", nagelte der Student mich fest, „Einer flog über das Kuckucksnest – den Film kennst du ja."

„Äh, ja. Wo ist denn die Premiere?"

„Kennst du das Amos-Comenius-Gymnasium in Godesberg? Am Samstag um halb acht in der Aula. Es gibt Kollegenkarten."

Um nicht alleine hinzugehen, habe ich mich mit Henry verabredet. Henry ist Tontechniker bei einem anderen französischen Fernsehsender.

Die Aula des Amos-Comenius-Gymnasiums ist groß und hat ansteigende Sitzreihen, wie ein richtiges Theater. Der Saal ist ausverkauft. Es wird viel und laut geredet. Mitten zwischen den Sitzreihen des Publikums ist ein Teil der Bühne aufgebaut worden. Das sieht aus wie das Pult am Empfang eines Krankenhauses. Eine als Krankenschwester kostümierte Darstellerin und der Regiestudent in dunkler Kleidung sitzen hinter dem Pult, telefonieren und füllen Listen aus.

Das Saallicht wird langsam dunkler. Das Publikum wird leiser, nur hier und da murmelt noch jemand etwas. Die letzten Huster, allgemeines Räuspern, das Stück beginnt.

Hinter dem Pult mit der Krankenschwester läutet ein Telefon. Die Krankenschwester hebt ab. Noch bevor sich erschließt, worüber sie am Telefon spricht, habe ich das Gefühl ein sehr leises, lang gezogenes, ultrahoch anschwellendes Piepsen zu hören. Irritiert werfe ich einen kurzen Blick in meine Hemdbrusttasche. Auf meinem Europiepser blinkt es rot.

Flüsternd bitte ich Henry: „Pass mal auf meine Jacke auf." Ich verlasse den Saal.

„Entschuldigung, gibt's hier ein Telefon?" frage ich den jungen Mann, der im Foyer das Geld in der Abendkasse zählt.

„Ja. Da drüben." Direkt an der gegenüberliegenden Wand des Foyers ist ein Münzfernsprecher angebracht. So ein Glück.

Ich rufe bei Electronic Crews an, der Produktionsfirma, über die ich für Bertrand arbeite. Hartwig, der Chef, ist am

Apparat: „Außenminister Genscher ist in Prag. Er hat gesagt, die Flüchtlinge in der Prager Botschaft kommen frei. Die sind morgen Früh um drei in Hof. Bertrand kommt direkt dort hin. Du triffst dich um 22 Uhr mit Edwin bei EC, ihr nehmt Ausrüstung drei und fahrt los. Noch Fragen?“

„Nee, alles klar.“

Schauer rieseln mir über den Rücken, während ich zurück in den Saal laufe. Ich bin kurz davor, laut zu rufen: „Die Botschaftsflüchtlinge sind frei!“

Aber dann beuge ich mich nur zu Henry hinunter – vorausschauend haben wir am Mittelgang Platz genommen – und informiere ihn. Sein Europiepser blinkt noch nicht, aber auch er verlässt die Vorstellung und lässt sich von mir nach Hause fahren.

„Bis gleich in Hof”, verabschiedet er sich. Es ist kurz vor acht. Henry steigt aus. In seiner Jackentasche piepst es. „Ah, mein Korrespondent ist aufgewacht.“

***

Edwin ist ein gutmütiger, älterer Kollege, Junggeselle und etwas übergewichtig. Sein Gesicht ist immer gerötet. Hinter seiner großen, silbern gefassten Brille glupschen hervorstehende Augäpfel. Die verbliebenen blonden Strähnen einer ehemaligen Langhaarfrisur kleben an seiner hohen Stirn. Ursprünglich hatte Edwin eine Lehre als Radio- und Fernsehtechniker bei einem Radiogeschäft in Bonn-Venusberg gemacht. Der Meister war bald auf die Idee gekommen, seine Lehrlinge als Tontechniker an die Hauptstadtstudios der Fernsehanstalten auszuleihen. Die Leute genossen einen exzellenten Ruf und so wurde daraus ein großartiges Geschäft für den Meister. Edwin hat sich irgendwann als freier Tontechniker selbständig gemacht, um auf eigene Rechnung zu arbeiten. Er repariert auch die defekten Radios, Fernseher und Videorecorder der gesamten Kollegenschaft.

„Ich hab den ganzen Tag in meiner Werkstatt gesessen und nebenbei Kaffee gesoffen“, behauptet er, „ich bin wach.“

Er will sich am Steuer nicht ablösen lassen.

1. Oktober 1989 – Der Sonderzug aus Prag

Um Viertel vor drei in der Frühe rollen wir auf den Parkplatz neben dem Bahnhof der kleinen Stadt Hof in Oberfranken. Es ist noch stockdunkle Nacht, das Städtchen schläft. Aber vor dem Bahnhofsgebäude stehen Fahrzeuge des Roten Kreuzes, Leute in grauen Parkas laden Kanister mit Suppe und heißem Wasser aus.

Edwin schnappt sich Mikrofon, Tonmischer und eine Tasche mit Ersatzakkus und Kassetten, ich schraube die Akkulampe auf die Kamera. Es ist schon zehn vor drei. Im Laufschritt hetzen wir zum Bahnsteig am Hauptgebäude. Auf dem gegenüberliegenden Bahnsteig tummeln sich bereits zahlreiche Kollegen. Wir rennen durch die Unterführung und springen die Treppe zum Bahnsteig zwei hinauf. Oben an der Treppe steht Henry. Er hat den Plüschkragen seiner olivgrünen Nylonwindjacke hochgeschlagen. Seine Hände stecken in den Taschen seiner Jeans.

„Hallo!“ begrüßt er uns gelassen.

„Wie habt ihr das gemacht...?“ frage ich atemlos.

„Was?“ fragt Henry.

Wir stehen im Weg. Zwei Männer vom Roten Kreuz schieben einen großen Gepäckkarren voller Babywindeln zwischen uns durch.

„...dass ihr schon da seid?“

„Wir sind auch erst seit zehn Minuten hier. Ihr könnt eure Sachen ruhig noch abstellen, der Zug kommt nicht vor vier Uhr an“, weiß Henry immerhin schon.

Irgendwer hat an jedem der eisernen Träger des Bahnsteigdaches Filmlampen angebracht und verkabelt. Edwin bringt Kaffee aus einem inzwischen erschöpften Automaten in der Haupthalle. „Der Kollege nach mir bekam für sein Geld nur noch Milch und Zucker in den Pappbecher", grunzt Edwin amüsiert.

Bertrand und sein Kollege vom zweiten Programm tauchen auf. Sie wollen beide spätestens mittags wieder in Bonn sein, um ihre Berichte zu schneiden und nach Paris zu überspielen. Inzwischen hört man, der Zug käme nicht vor sechs.

„Das schaffen wir niemals, vor zwölf in Bonn zu sein!"

Das sehen die beiden französischen Korrespondenten anders. Wie viele Redakteure haben sie kein verbindliches Verhältnis zu handfesten Problemen wie Zeit und Raum.

Die Halle im Hauptgebäude des Bahnhofes ist wie üblich derartig trüb beleuchtet, dass einem die Augen dort schneller müde werden, als auf der langen, nächtlichen Autofahrt von Bonn nach Hof. Die Wände der Halle glänzen speckig. Ihre Farbe schimmert zwischen lindgrün, graubraun und blassgelb. Es riecht modrig nach stehen gelassenem Bier und kaltem Zigarettenqualm. An einer Wand neben den gelben Fahrplänen und einem verblassten Werbeplakat der Deutschen Bahn hängt ein öffentlicher Fernsprecher. Zusammen haben Henry und ich genug Kleingeld. Wir führen nur Ortsgespräche: Wir wecken den Nachtdienst auf dem Regionalflugplatz Hof. Von dem erfahren wir, wen wir wecken müssen, um ein Flugzeug zu mieten, das zwei, oder vielleicht sogar mehr Korrespondenten nach Bonn-Hangelar fliegen kann. Aber der Preis für diesen Flug ist unseren Korrespondenten zu hoch.

Es ist vier Uhr. Auf dem Bahnsteig spielt sich ab, was wir im Allgemeinen als „heiteres Kollegentreffen" bezeichnen. Das klingt nach einem Abend in einer gemütlichen Eckkneipe, findet aber tatsächlich eher tief nachts auf zugigen Bahnsteigen oder an ähnlich ungemütlichen Orten statt. Je nach dem, was es zu berichten gibt. Ein Bonner Team nach dem anderen trifft auf dem Bahnhof ein. Darüber hinaus sind natürlich auch unbekannte Kollegen vom Bayrischen Rundfunk und von privaten Produktionsfirmen da. Wir stehen herum. Es könnte kälter sein. Wie üblich sind unsere Unterhaltungen so, dass wir sie jederzeit unterbrechen können, ohne dass es schade darum ist. Einem Fremden fällt es vielleicht nicht auf, aber unsere Aufmerksamkeit gehört der Richtung, in der sich die Gleise, zur Grenze führend, in der Dunkelheit verlieren.

Es ist fünf Uhr. Edwin und ich finden einen guten Platz auf der leeren Ladefläche eines großen Gepäckkarrens, der auf dem Bahnsteig abgestellt ist. Von dort haben wir Übersicht bis zum äußersten Ende des Bahnsteigs. Wir bleiben an Ort und Stelle, um unseren guten Platz nicht zu verlieren.

Halb sechs. Bahnpolizisten mit blauen Uniformen und weißen Mützen lauschen in ihre Handfunkgeräte hinein, um Informationen über den Verbleib des Zuges abzuhören. Alle Kameraleute haben jetzt ihre Kameras drehbereit auf der Schulter. Der schmale Streifen Himmel, den ich zwischen Horizont und der Unterkante des Bahnsteigdaches sehen kann, färbt sich graublau.

Zehn vor sechs. Feiner Nieselregen fällt. Die Fläche unter dem Dach des Bahnsteigs ist gefüllt mit Frauen und Männern vom Roten Kreuz, Fotografen, Kamerateams, Mitarbeitern von Behörden, einigen Polizisten und schaulustigen Bürgern aus Hof und Umgebung. Niemand geht herum oder drängt sich zwischen anderen hindurch. Alle stehen und warten. Deutlich hört man das Schnarren des Polizeifunks.

Kurz vor sechs. In den Lautsprechern über dem Bahnsteig knackt es, ein Sprecher sagt, als kündige er irgendeinen Nahverkehrszug an: „Auf Gleis vier fährt ein: der Sonderzug aus Prag."

In einiger Entfernung tauchen die drei weißen Lichter einer Lokomotive auf. Eine schwere, dunkelrote Diesellok der Deutschen Reichsbahn zieht den langen Reisezug in den Bahnhof. Auf dem Bahnsteig wird gejubelt, einzelne Leute winken, manche applaudieren. Die Bremsen quietschen lang anhaltend. Die meisten Fenster des Zuges sind geöffnet. In einem steht ein Mann in weißem Hemd. Er raucht und schaut auf die Menge am Bahnsteig herab, als wäre er ein lang erwarteter, zurückhaltender, aber hemdsärmeliger Prinz. Zwei Fenster weiter beugt sich eine Frau mit kupferroten Haaren aus dem Zug, sie winkt lachend, als stünden nur alte Bekannte am Bahnsteig. Der Zug bleibt stehen.

Bertrand zupft an meiner Jacke.

Ich springe von der Ladefläche des Gepäckkarrens. Aus den scheppernden Lautsprechern über dem Bahnsteig kräht plötzlich die markante Stimme eines bekannten Bundestagsabgeordneten:

„Die vielen Tage und Stunden..."

Eine Rotkreuzschwester reicht Pappbecher mit heißem Tee zu einem der Zugfenster herein. Ein junger, schlecht rasierter Mann in Jeansjacke nimmt den Becher entgegen und reicht ihn weiter an seine Frau, die ein Kind auf dem Arm hält.

„Wie lange waren Sie in Prag?“ ruft Bertrand ihm zu.

Der Mann sieht sich um. Seine Augen wirken klein und müde. „Wir war’n drei Wochen drinne.“

Seine blondierte, etwas pausbäckige Frau bleibt im Hintergrund. Kopfschüttelnd betrachtet sie das Treiben auf dem Bahnsteig.

„Wie war die Reise?“ fragt Bertrand.

Der Mann stützt eine Hand auf den Fensterrahmen und lehnt sich etwas hinaus. „Jaa... Man is’ gefahr’n... Genscher hat ja nun zu uns gesagt, wir brauchen keene Angst zu haben, ne, aber irgendwie waret doch mulmig, weil ich eijentlich nie wieder die DDR betreten wollte, weil wir...”, er wirft seiner Frau einen zärtlichen Blick zu, „wir beiden die Brücken hinter uns abjerissen ha’m, wir wollten eigentlich nicht mehr, aber wir ha’m dann doch’n bisschen Bammel gehabt, dass die Stasi vielleicht doch noch irgendwo zuschlägt, ja? Aber die ha’ms nich’ getan, ja, die ha’m uns echt in Ruhe gelassen, ja, sind durchjekomm’, ha’m die Ausweise ab-... eingesammelt und sind weitergegang’, nischt jewesen. Ja?“

Bertrands nächste Frage geht im Lärm der Begrüßungsrede des Bundestagsabgeordneten unter. Aber unser Mann in der Jeansjacke spricht munter weiter: „Ick versteh’ die Frage nicht, aber uns hat keena ’was getan hier jetze..., ha’m uns alle echt in Ruhe jelassen.“

Der Beauftragte der Bundesregierung unterbricht seine Rede, um Atem zu holen. Bertrand nutzt die Gelegenheit und ruft: „Sind Sie noch ’mal kontrolliert worden?“

„Kontrolliert worden sin’ mir ooch nich’ mehr“, erklärt der Mann in der Jeansjacke, „wir ha’m nur die Ausweise abgegeben und dann war gut. In jedem Fall sind wir glücklich, das wir jetzt endlich ’raus sind.“

Seine Frau drückt ihr Kind an sich, sieht ihn an und nickt. Sie küsst ihr Kind auf die Wange. In ihren Augenwinkeln glitzern Tränen. „Der Empfang... dieser Empfang...", murmelt sie leise kopfschüttelnd.

„Aus welchem Gebiet kommen Sie in der DDR?" will Bertrand wissen.

„Wir komm' aus Potsdam." Der Mann in der Jeansjacke scheint erst jetzt die geschäftig drängenden Menschen auf dem Bahnsteig wahrzunehmen. Es scheint ihm zu dämmern, dass dieser Auftrieb nur seinen Schicksalsgenossen und ihm gilt.

„Was werden Sie in Westdeutschland machen?" erkundigt sich Bertrand.

„Det is' uns egal – Hauptsache wir ha'm irgendwo Wohnung und 'ne Arbeet." Er legt einen Arm um die Schultern seiner blondierten Frau, „Det reicht uns, wa?" Dann küsst er sie auf die Stirn. Sie wiederholt murmelnd: „Der Empfang... dieser Empfang..."

Jetzt glitzert es auch in seinen Augen. Er lässt seinen Blick über den Bahnsteig schweifen, als hätte er den Trubel noch gar nicht bemerkt: „Det is' ja irre hier. Hätt' ick mir ja' nich' träum' lassen." Und schluckt.

Wir schieben uns am Zug entlang, auf der Suche nach jemandem, der nicht bereits von mehreren Fernsehteams befragt worden ist. In der Mitte des Bahnsteiges sehen wir eine winzige Glaskabine, gerade groß genug für einen Menschen, um darin zu stehen. Dort steht, im schweren grauen Wollmantel, der Abgeordnete Horst Waffenschmidt, Aussiedlerbeauftragter der Bundesregierung. Ein Mikrofon an einem langen, verchromten Schwanenhals biegt sich seinem Mund entgegen. Eigentlich ist es für Durchsagen am Bahnsteig gedacht. Jetzt spricht hier Horst

Waffenschmidt. Es ist sein Tag. Seine Stimme übertönt scheppernd den Lärm der Menschenmenge. Er spricht ohne Unterbrechung:

„Die vielen Helferinnen und Helfer...“,

„Wer gleichwohl hier bleiben will...“

Und keiner hört zu.

An einem der Zugfenster steht eine ältere, ebenfalls blondierte Frau in einem dünnen, hellblauen Pullover. Sie hat beide Hände auf den Rahmen des halb geöffneten Fensters gelegt. Ihre müden blauen Augen schauen unruhig auf dem Bahnsteig umher.

Bertrand fragt: „Wie lange sind Sie in der Botschaft geblieben?“

„Ich hatte Glück”, antwortet sie leise. Das Mikrofon angelt ins Bild und nähert sich dem Gesicht der Frau. Edwin will ihre leise Stimme aus dem Lärm des Bahnhofs fischen. „Ich bin zwei Tage drinne gewesen“, sagt die Frau müde, „es ging.“

Ein anderes Kamerateam drängt heran und schnorrt von unserem Interview.

„Wie haben Sie diese Entscheidung genommen?“ ruft Bertrand der Frau zu, in der Hoffnung, sie werde etwas lauter antworten.

Aber sie spricht weiterhin mit leiser Stimme: „Nu, mein Mann is’ vor vierzehn Tagen mit’m Auto über Ungarn weg, und da is’ mir alles wertlos geworden, drüben“, erzählt sie traurig, „ich muss zu mei’m Mann.“

„Wissen Sie schon, wohin?“ fragt ein Kollege dazwischen.

„Ich werd’ nach Göttingen geh’n und versuchen, irgendwas – ich weiß es nich’, wo wir uns niederlassen – erstmal mit meinem Mann alles besprechen.“ Ihre monotone Stimme trägt eine seltsame Mischung aus Müdigkeit und Entschlossenheit.

Bertrand ist wieder am Zuge: „War es leicht, nach der Tschechoslowakei zu fahren?“

„Ich hatte Schwierigkeit. Ich hatte erst über Reisebüro versucht, n’Antrag zu kriegen, das wurde abgelehnt, weil mein Mann registriert war, und dann bin ich zu Fuß über die Grenze Tschechei und das ging gerade noch so. Dann bin ich über den Zaun da mit geklettert...“

„Hatten Sie Angst, mit dem Zug durch die DDR zu fahren?“

„Ich hatte Angst. Aber wenn man ’was will, ist die Angst weg.“

Zwei seltsame Männer in grauen Blousons stehen neben uns. „Wurden Sie im Zug von der Stasi schikaniert?“ fragt einer der Männer.

„Absolut nicht”, antwortet die Frau prompt, „gar nicht. Nee, gar nichts...“

„Weil die Leute da vorn das erzählt haben“, begründet einer der beiden Männer die Nachfrage. Er hat seine Hände tief in die Jackentaschen geschoben, genau wie sein Nebenmann.

Bertrand hakt ungläubig nach: „Es gab keine Behörden, keine Contrôle?“

„Gar nicht. Ich bin nur mit der Handtasche gegangen. Ich hab’ nichts Verdächtiges mitgenommen... als Einkäufer. Wir dürfen ja nach Prag einkaufen fahr’n. Und so hab’ ich’s gemacht.“

Bertrand ist nicht zufrieden mit der Antwort der Frau: „Aber die DDR-Behörden sind nicht auf den Zug gekommen?“

„Nee, der Zug kam ganz überraschend gestern Abend. Also da war gar nichts davon..."

Das Gespräch dreht sich im Kreise. Ein Kollege fragt etwas anderes. Ein Lächeln huscht über das müde Gesicht der älteren Frau: „Tja. Ich war schon oft hier. Ich stand vor zwei Jahren schon 'mal vor dieser Wahl. Da stand ich zwischen Tochter und Mann, und jetzt ist's so, dass die Tochter so weit ist, dass ich geh'n muss zu mei'm Mann... Der ganze Brassel interessiert mich drüben nicht, ich hab' Haus, Datsche, alles steh'n, das wird kalt, ich will zur Familie zurück, ich will wieder leben mit Familie..."

„Vorsicht heiß!" warnt eine ältere Frauenstimme. Einige Flüchtlinge stehen auf dem Bahnsteig um einen dampfenden Metalltopf herum. Dankbar löffeln sie die Suppe, die zwei Rotkreuzschwestern in weiße Plastikschalen schöpfen und verteilen.

Ein kleiner Junge mit großen blauen Augen schaut durch die regennasse Scheibe eines Wagenfensters heraus auf den Bahnsteig. Sein breites Lächeln ist starr vor Müdigkeit. Mit seiner linken Hand hält er eine Banane neben sein Gesicht. Er hält sie ganz fest. Wie eine Trophäe.

Viele Bürger aus Hof sind da. Ganz vorne bei den ersten Wagen hinter der Lokomotive, auf dem offenen, regenfeuchten Bahnsteig schiebt ein grauhaariger Mann seine Frau mit sanftem Druck in die Nähe eines Wagenfensters. Seine brave Frau hält eine rote Plastikschale mit Plexiglasdeckeln zum Aufklappen. In der Plastikschale liegen belegte Butterbrote. Ein junges Mädchen mit langen braunen Haaren schaut aus einem der Wagenfenster heraus. Die Kleine in dem rosafarbenen Anorak ist vielleicht dreizehn Jahre alt, hat billigen Schmuck an Fingern und Ohren.

„Wollen Sie auch ’was von den Broten?“ fragt der grauhaarige Mann das Mädchen, „holen Sie sich ’raus, was Sie brauchen“, sagt er ermunternd und schiebt seine Frau sanft auf das Wagenfenster zu. Die Frau klappt die Deckel der Schale auf und hebt sie dem Mädchen entgegen.

„Danke“, sagt das Mädchen, „Andy, du auch ’ne Stulle?“ Ihr kleiner blasser Bruder steht neben ihr am Fenster. „Ja“, piepst er, aber dann verzieht er sich doch ins Abteil. Das Mädchen nimmt sich zwei Wurstbrote, eines hält sie ihrem Bruder hin: „Nimm’ mal ’ne Stulle. Hier. Komm“, sagt sie nach hinten. Er will nicht mehr. „Andy, nimm mal... Andy“, sagt das Mädchen mit Nachdruck. Verlegen lächelt es das ältere Ehepaar an. „Danke“, wiederholt das Mädchen. Sein Blick streift meine Kamera und landet wieder bei dem Bruder im Abteil. „Hier nimm. Nimm! Ess!“ Endlich nimmt der kleine Bruder das Wurstbrot. Mit der frei gewordenen Hand winkt das Mädchen in die Kamera, das der Modeschmuck am Handgelenk klappert.

***

Vor den Fenstern ziehen flache Hügel vorbei, noch spätsommerlich grün. Der Himmel ist weißgrau. Auf dem kleinen Tischchen unter dem Wagenfenster wackeln leer gegessene Hipp-Gläschen neben einer Schachtel Zigaretten der Marke Club. Die Räder des Zuges rauschen, die Achsen klopfen metallisch. In den Gepäckablagen, auf dem Gang und unter den dunkelroten Kunstledersitzen stapeln sich Koffer und Taschen, hängen Mäntel und Jacken, man sieht Plüschteddys. Es sind viele Kinder unter den Reisenden. Wir blicken in müde Augen. Aber kaum jemand schläft. Ein junger Vater sitzt am Fenster und schaut zum Fenster hinaus. Sie sind die ganze Nacht gefahren. Die Felder, die er jetzt im grauen Morgenlicht sieht, die glatt asphaltierten Straßen, die weißen Häuser, sind das gelobte Land. Sein Blick ist müde, aber so aufmerksam, als könnte er die Freiheit förmlich sehen. Ein kleines Radio plärrt, Nena singt:

„Gib mir die Hand,
ich bau dir ein Schloss aus Sand
Irgendwie, irgendwo, irgendwann.
Die Zeit ist reif
Für ein bisschen Zärtlichkeit
Irgendwie, irgendwo, irgendwann.

Zwei Polizisten gehen durch den Zug. Sie zählen die Fahrgäste und lächeln so deutlich, wie sie können. Die Menschen sollen merken, dass diese Staatsmacht auf keinen Fall etwas Böses will.

Ein Baby im Strampelanzug, das noch nicht alleine stehen kann, spielt mit seiner müden Mutter.

„Jetzt, na ja, jetzt müssen wir erstmal sehen...“, erzählt uns eine Frau mit Kindern im Grundschulalter. „Das Gießen, wir kennen's ja aus'm Fernsehen alles... Das is' uch wieder 'n Stück. Und grad' mit Kindern is' eben auch sehr anstrengend, ja. Wir haben *das* gepackt...“ Sie nickt zuversichtlich. „Dass es hier nicht immer nur Zuckerschlecken ist, wissen wir auch alles.“

Edwin und ich fahren mit den Flüchtlingen im Zug zum Aufnahmelager in Gießen. Bertrand hat sich die Kassette mit der Ankunft des Zuges in Hof geben lassen. Allein und müde hat er sich mit unserem Teamwagen auf den Weg nach Bonn gemacht, um einen ersten Bericht zu schneiden und abzusetzen.

Der Sonderzug aus Prag ist länger als die Bahnsteige im Gießener Hauptbahnhof. Die Leute steigen aus, sortieren im Schotterbett zwischen den Gleisen ihr Gepäck und bauen Kinderwagen zusammen. In einer nicht enden wollenden Reihe gehen sie auf einem schmalen Weg quer über die Gleise. Die Schritte der Flüchtlinge sind lauter als ihre gedämpften Stimmen. Keiner hat mehr Gepäck, als es für ein paar Tage Urlaub nötig ist. Die Zäune und Baumstämme entlang ihres Weges sind tapeziert mit Zetteln voller Arbeitsangebote. Die Anzeigenabteilungen der lokalen Zeitungen wären über Wochen finanziert. In Westdeutschland fehlen Fachkräfte: Kältemonteure werden gesucht, Bauingenieure, Bautechniker, Bauzeichner und Architekten. Wer von den Flüchtlingen will, kann schon in den nächsten Tagen eine Arbeitsstelle antreten.

Die Flüchtlinge sammeln sich vor dem Tor des Aufnahmelagers. Langsam schieben sie sich an dem geöffneten Schlagbaum vorbei. Müde, suchende Augen, erschöpfte Gesichter. Männer, Frauen, blasse Kinder. Spießer, Intellektuelle und Abenteurer. In das Blickfeld meiner Kamera gerät eine blondierte, dralle Frau, perfekt geschminkt und mit billigem Modeschmuck behängt. Ein dünner langhaariger Typ in abgeschabten Jeansklamotten sieht sich skeptisch um. Ein Mann mit großem Trekkingrucksack schaut mir geradewegs ins Objektiv, interessiert lächelnd, als wäre ich eine tibetische Tempelskulptur.

„Papa, mein Teddy“, wimmert ein kleiner Junge. Der Papa hält ihn fest an der Hand. Ungeduldig tadelt er seinen Sohn: „Nu’ hör’ aba mal uff zu jammern! Wir ha’m ooch det Auto steh’n lassen müssen, Mensch!“

4. Oktober 1989 – Die Mauer von zwei Seiten

In West-Berlin, auf dem Platz vor dem Brandenburger Tor. Ich stelle die Kamera auf dem Boden ab, das Objektiv gegen Osten gerichtet. Der Sucher zeigt dieses Bild:

Im Vordergrund steht eine graue Betonmauer, übersäht mit bunten Schriftzeichen in allen Sprachen und Farben, leuchtend in der goldenen Herbstsonne. Im Hintergrund reckt sich das obere Drittel des Brandenburger Tores über die Mauerkrone, wie das Gesicht eines Menschen, dem das Wasser bis zur Nasenspitze steht. Der makellose, tiefblau strahlende Himmel verleiht dem Bild unmissverständliche Klarheit.

Rechterhand, wenige Meter vor der Mauer, steht eine große weiße Holztafel mit der viersprachigen Aufschrift:

SIE VERLASSEN DEN
AMERIKANISCHEN SEKTOR

Darunter hat jemand mit Filzstift gekritzelt:

WIE DENN?

Mit Hilfe des Zoomobjektives finde ich an der Mauer eine Stelle, auf die jemand mit schwarzer Farbe „LE MUR“ geschrieben hat und ein Stück daneben:

„ALL THIS IN THE NAME OF THE PEOPLE“.

An den Seiten des Platzes gibt es große Aussichtsplattformen. Man steigt eine Treppe hinauf und kann über die Mauer hinweg das Brandenburger Tor in Gänze betrachten. Seitlich am Tor vorbei reicht der Blick bis tief ins Zentrum von Ost-Berlin, wo der Fernsehturm wie eine aufrechte Nadel steht. Etwas unterhalb der Turmspitze blitzt das kugelförmige Panoramacafé.

Zwischen den Kolonnaden des Brandenburger Tores

schreiten zwei Soldaten der Grenztruppen auf und ab. Ihre Uniformen sind braunoliv, dazu gehören hohe schwarze Stiefel. Die Hosen sind an den Oberschenkeln seitlich ausgestellt wie Reithosen. Auf ihren Köpfen tragen die Soldaten Schirmmützen, die sie tief in die Stirn herab gezogen haben. Das soll schneidig aussehen.

Die Soldaten entdecken meine Kamera auf der Aussichtsplattform. Augenblicklich bleiben sie stehen. Der eine stellt sich so, dass sein Gesicht für mich von einer Kolonnade halb verdeckt ist. Er kann mich aber immer noch mit einem Auge beobachten. Der andere Soldat bleibt offen stehen. Er hebt ein Fernglas vor seine Augen und beobachtet mich so wie ich ihn. Er wartet, bis ich aufhöre zu drehen, und ich warte, bis der Soldat sein Fernglas herunternimmt. Der erste, halbverdeckt stehende Soldat spricht derweil eine Meldung in ein unförmiges, tragbares Funkgerät.

Nicht weit von diesem Ort gibt es immer noch diesen halbhohen Zaun mit den flachen weißen Kreuzen daran. Es sind inzwischen viel mehr Kreuze geworden.

Die Mauer ist perfekt. Über die Röhrenelemente auf der Mauerkrone ragt ein Wachturm der neuesten Generation. Hinter dem niedrigen, aber breiten Fenster bewegt sich der Schatten eines menschlichen Kopfes. Durch das Teleobjektiv erkenne ich hinter der Scheibe das schemenhafte Gesicht eines Grenzsoldaten. Längst hat er mich entdeckt und merkt, dass auch ich ihn bereits beobachte. Er lässt sein Gesicht hinter der Turmwand verschwinden. Kurz darauf taucht es wieder auf – mit einem Feldstecher vor den Augen. So gucken wir uns an. Hin und wieder setzt das Gesicht den Feldstecher für wenige Augenblicke ab. Schließlich dreht der Soldat seinen Kopf zur Seite. Nun verdecken eine Hand und der Hörer eines Sprechgerätes Teile des Gesichtes. Der Grenzer macht Meldung. Oder er tut so.

Bertrand will den Zuschauern in Frankreich zeigen, wie es an der Mauer aussieht, aussah und immer aus-sehen wird. Er will die Teilung vermitteln. Er will zeigen, wie sich der Staat, der in drei Tagen seinen vierzigsten Geburtstag feiern wird, verschließt. Hinter dieser Mauer verschanzt sich Osteuropa, um eine bessere Welt zu sein.

Um nach Ost-Berlin einzureisen, müssen Bürger der Bundesrepublik Deutschland den Grenzübergang Heinrich-Heine-Straße benutzen. Die Anlage ist klein und fast übersichtlich, auch wenn man mit dem Auto um einige Betonhindernisse herumkurven muss. Niemand soll einfach geradeaus durch die Sperranlagen rasen können.

Ein kleiner, rundlicher Grenzpolizist hält uns ein Stück vor dem ersten Schlagbaum an. Er hat seine Dienstmütze so tief ins Gesicht gezogen, dass der schwarze Lackschirm seine Augen verdeckt. Umso mehr fällt sein bartloses, rundes Gesicht auf. Seine Wangen und sein Kinn scheinen fleischig, aber fest zu sein, die Haut schimmert rosig.

„Das ist der kleine dicke Ritter", raunt Robert, als hätte er einen alten Bekannten erkannt. Es ist besser, im Bereich des Grenzübergangs nicht zu grinsen. Ich kurbele das Seitenfenster herunter.

„Reisepässe, bitte", weist uns der kleine dicke Ritter an. Er steht dicht neben dem Fenster der Fahrertür. Ich sehe seine rosigen Hände in Roberts Pass blättern. Ich sehe seine Armbanduhr mit dem gelblichen Zifferblatt und dem silbernen Gliederarmband. Die Jackenärmel ziert ein schmales, grünes Band mit weiß gesticktem Schriftzug: „Grenztruppen der DDR". Der Grenzer prüft das gebührenfreie Arbeitsvisum, das uns die Ständige Vertretung der DDR in

Bonn ausgestellt hat. Er blättert die Seite mit Roberts Foto auf, betrachtet es, beugt sich hinunter, so dass er Robert auf dem Beifahrersitz ins Gesicht sehen kann: „Sehen Sie mal her“, fordert er Robert auf. Wie er es schafft, Robert durch seinen Mützenschirm ins Gesicht zu sehen, ist mir rätselhaft.

„Gleich bittet er um ein Autogramm“, denke ich. Robert sieht aus wie Frank Zappa: gleicher Hautton, gleicher Gesichtsschnitt, gleiche Barttracht – aber nein, der Grenzer klappt Roberts Pass zu und blättert meinen auf. Er schaut kurz auf mein Passbild. Dann nimmt er mich ins Visier: „Nehmen Sie mal die Brille ab und sehen Sie mich an.“ Das Passfoto hatte ich machen lassen, als ich Kontaktlinsen trug. Ich nehme meine Brille herunter und wende dem Grenzer mein Gesicht zu.

Stumm reicht der Grenzer unsere Ausweise zurück. Ich weiß erst nicht, ob ich zuerst unsere Pässe entgegennehmen oder meine Brille wieder aufsetzen soll. Wir rollen einige Meter weiter. Robert steigt aus und geht zwei Schritte zu der Baracke neben der Fahrspur. Er reicht unsere Zählkarten durch ein offenes Schalterfenster. Ein Soldat nimmt die Papiere entgegen. Im dunklen Raum hinter dem Uniformierten hängt an der Wand ein gerahmtes Porträt von Erich Honecker.

Das Arbeitsvisum für die Vierzig-Jahr-Feier befreit uns von dem Zwang, 25 Deutsche Mark in 25 Mark der DDR umzutauschen. Die DDR ist in Geburtstagslaune.

Bertrand als Franzose darf nur über den Checkpoint Charlie nach Ost-Berlin einreisen.

Auf Ost-Berliner Seite übertrifft der Checkpoint Charlie die Eigenschaften seiner West-Berliner Seite. Er ist keineswegs geradeaus über die Friedrichstraße, die er ja durchtrennt, zu erreichen. Wir müssen von einer Seitenstraße, die schräg auf den Grenzübergang zuführt, heranfahren. Diese Seitenstraße heißt ausgerechnet Mauerstraße. Sie endet vor hohen, dunkelgrauen Sichtblenden, von denen Autos wiederum durch Bordsteine und durch harmlos wirkende, doch stabile Geländer ferngehalten werden. Das Licht der warmen Herbstsonne wird vom Asphalt und den dunklen Fassaden umher geschluckt.

Während wir uns hier aufhalten, habe ich das Gefühl verdächtig zu wirken. Ich versuche, mich so umzusehen, dass es nicht so neugierig erscheint. Ich möchte nicht von Staatsbediensteten in Uniform oder Zivil angesprochen werden. Dieser verbaute Winkel, in welchem die Mauerstraße auf die Friedrichstraße trifft, ist die Perfektion eines Un-Ortes. Man sollte und man will sich fernhalten, obwohl die Bedrohung unsichtbarer ist als auf westlicher Seite.

Bertrand kommt zwischen den Sichtblenden hervor.

Für Berliner Verhältnisse sind die Nebenstraßen der Friedrichstraße eng, verwinkelt und dunkel. In der Mohrenstraße ist das IPZ. Im Internationalen Presse-Zentrum können ausländische Journalisten fotokopieren, faxen und mehr oder weniger problemlos in den Westen telefonieren. Fotokopierer und Faxgeräte sind in der DDR verboten, Telefonate in den Westen verdächtig.

Hier erhalten wir Presseausweise. Sie haben das Format einer Kreditkarte. Auf hellgelbem Grund prangt, groß wie ein Groschen, das Emblem aus Ährenkranz, Hammer und Zirkel in schwarz, rot und gold, darunter eine laufende Nummer: „00690“ zählt mein Ausweis. Neben dem Emblem steht in schlichten hellroten Lettern „40 Jahre DDR“.

Darunter, mit Schreibmaschine getippt, mein Name als Inhaber und in einer zweiten Zeile „franz. TV“. Links darunter ist fett und schwarz gedruckt zu lesen: „PRESSE“. Das verbliebene freie Fleckchen Platz ist abgezeichnet durch eine unleserliche, mit Tinte von lebendiger Hand geschriebene Unterschrift. Dieses Kärtchen wird in Klarsichtfolie eingeschweißt und mit einer Metallklammer versehen. Ab jetzt hat jeder seine Presseakkreditierung ständig sichtbar an der Kleidung zu tragen. Damit sind wir Teil der offiziellen DDR-Geburtstagsliberalität und dürfen ausnahmsweise alles drehen, was uns vor die Linse kommt. Die DDR will sich vor der Weltöffentlichkeit stolz und frei zeigen. Allerdings kann uns dieser Ausweis jederzeit durch staatliche Autoritäten entzogen werden.

Wir belegen unsere Zimmer im gigantischen Hotel Metropol an der Friedrichstraße, unweit eines markanten Hochhauses, in dem das Außenhandelszentrum untergebracht ist. Eines der Restaurants im Erdgeschoss unseres Hotels ist das „Havanna“, wo meine Freundin Biggi, mein Bruder und ich vor drei Jahren für unser Essen die „Preisklasse-S-plus-hundert“ entrichtet haben.

Das Außenhandelszentrum der DDR ist ein Hochhaus mit mindestens zwanzig Stockwerken. Er gehört zu den demonstrativ modernen Gebäuden Ost-Berlins. Die breiten Seiten des Hauses haben eine vorspringende Front aus dunkelbraun getöntem Glas. Sie wird von einer breiten, etwas zurückgesetzten weißen Betonfassade umrahmt.

Die Sonne ist schon drei, vier Stunden weitergewandert. Frühes Herbstlaub weht über die Gehwege „Unter den Linden“. Noch ist es warm, selbst im Schatten der hohen Häuserzeilen. Der Himmel über dem Brandenburger Tor strahlt weiß. Die DDR-Fahne über der Quadriga und die rote Flagge auf dem Dach eines der Torhäuser leuchten im Gegenlicht. Der Blick auf das Tor ist unverstellt. Ein gerade mal brusthohes, grau angestrichenes Geländer aus vierkantigen Eisenprofilen mit dichten, senkrechten Streben hindert einen, den Platz vor dem Tor zu betreten. Wahrscheinlich kann ein gewöhnlicher DDR-Bürger an keiner Stelle näher an die Westgrenze seines Landes, ohne auf Sichtblenden oder Mauern zu blicken. Nirgendwo sonst darf die Westgrenze fotografiert werden. Die Mauer verläuft von hier aus gesehen hinter dem Brandenburger Tor. Sie soll harmlos aussehen, deshalb ist sie an dieser Stelle deutlich niedriger als anderswo. Dafür ist die Mauerkrone viel breiter – was nur derjenige weiß, der von Westen gucken kann. Auch hier ist es also unmöglich, schnell über die Mauer zu springen.

An der Ecke vor uns steht ein gusseiserner Pfahl, hübsch verziert in der Art des Jugendstils. Daran angebracht ist ein weißes Schild mit der Aufschrift: „Pariser Platz". Im Westen, hinter dem Brandenburger Tor türmen sich die noch dunkelgrünen Baumkronen des Tiergartens.

GRENZGEBIET
Betreten verboten

ist auf deutsch und in den drei Sprachen der Alliierten Besatzungsmächte auf einem weißen Schild am Geländer zu lesen. Drei dicke Frauen posieren abwechselnd am Geländer lehnend und fotografieren sich gegenseitig vor dem Brandenburger Tor. Alles sieht aus, als müssten die zahlreichen Touristen nur aus Gründen des Denkmalschutzes davon abgehalten werden, näher heranzutreten. Das Brandenburger Tor wirkt wie ein Ausstellungsstück im Museum. Bitte nicht berühren.

Der betonierte Platz leuchtet weiß. Zwischen den Blumenkübeln mit rot blühenden Geranien zeichnen sich die umher schreitenden Wachposten der Grenztruppen scharf ab. In diesem Bereich sind junge Soldaten eingesetzt. Ihre Schirmmützen tragen sie unvorschriftsmäßig weit in den Nacken geschoben – Wehrpflichtige. Wucherndes volles Haar quillt unter den Mützen hervor, deutlich zu sehen im harten Gegenlicht. Ein älterer Soldat führt einen Schäferhund neben sich. Lässig gehen die jungen Soldaten auf und ab. Manchmal bleibt einer stehen. Die ganze Zeit beobachten sie die Touristen am Geländer, als erwarteten sie, dass jemand einen Farbbeutel wirft. Ein entfernt von mir stehender Soldat bemerkt, dass ich ihn filme. Geschickt stellt er sich so, dass der Laternenmast, welcher auf halber Strecke zwischen ihm und mir steht, sein Gesicht verdeckt.

Im Schatten zwischen den Sandsteinkolonnaden patrouillieren zwei Soldaten: ein langer dünner und ein kleinerer untersetzter. Sie schreiten gemütlich nebeneinander und schwatzen. Mit dem Teleobjektiv der Kamera folge ich ihnen. Haarschnitt, Gang und Schulterklappen lassen vermuten, dass die beiden junge Offiziere sind. Da fasst der Lange den Kleineren am Arm. Er hat mich und die Kamera entdeckt. Sie halten inne. Der Kleinere tut einen flüchtigen Blick auf die Uhr, dann machen sie beide kehrt und gehen zurück zum Torhaus. Der Längere nimmt das unförmige Funkgerät, das an einem Lederriemen von seiner linken Schulter baumelt, in die Hand.

Ich hätte die Offiziere nicht so offensiv ins Bild nehmen sollen. Vielleicht habe ich damit eine Grenze überschritten. Ich weiß, dass die Behörden in der Lage sind, uns überall ausfindig zu machen. Wenn es ihnen wichtig genug erscheint, schmeißen sie uns einfach aus ihrem Land. Meine Arbeit hier wäre beendet, Bertrands vermutlich auch. Ich fühle mich wie vor der Rückgabe einer Lateinarbeit, für die ich nicht genug gelernt habe.

5. Oktober 1989 – Ost-Berlin will feiern

West-Berlin kommt mir vor wie eine ältere, unternehmungslustige Tante. Sie lädt sich Gäste ein, geht nachmittags zum Kuchenessen ins Café Kranzler und abends ins Mommsen-Eck, um 'ne Weiße mit Schuss zu trinken. Sie trifft sich mit Leuten jeden Alters und hat nichts gegen Punker, solange sie nicht stinken. Sie hat zu allem und jedem eine Meinung und immer einen frechen Spruch auf der Zunge, besonders wenn sie mal Schnupfen hat. Plagt sie ein Zipperlein, lässt sie alle daran teilhaben – „dann is' det schnella weg, wa?"

Ost-Berlin scheint mir wie ein altes Ehepaar zu sein. Es ist keineswegs älter als die West-Berliner Tante. Aber das Ehepaar ist irgendwie stehen geblieben. Es geht nicht mit der Zeit. Zum Beispiel trägt das Ehepaar immer noch die Mode, von der man kurze Zeit dachte, so etwas trüge der neue Mensch, das wäre die Zukunft. Aber das ist lange her und längst überholt. Das Ehepaar ist verschlossen, trifft sich nur mit seinesgleichen und am liebsten auch nur zu Hause. Fremden Besuchern gegenüber bleibt das Paar skeptisch. Wenn das alte Ehepaar ausgeht, dann nur gemeinsam. Zu zweit gehen sie aufrecht und forsch voran. Dabei halten sie sich gegenseitig fest an den Händen, aber nicht wie Verliebte oder Vertraute, sondern wie zwei sehr, sehr ängstliche Menschen.

Ost-Berlin erweckt aber noch einen anderen Eindruck, ein Gefühl, das mich beschleicht, sobald ich das Gebiet dieser Stadt betrete. Wodurch wird dieses Gefühl verursacht? Ich sitze neben Robert auf einer schmalen Sitzbank aus Beton. Diese Bank ist auf dem Gehweg an der Karl-Liebknecht-Straße vor einem riesigen Häuserblock aufgestellt.

Bertrand hat uns gebeten, auf ihn zu warten. Dann ist er in einem der Eingänge des riesigen Blocks verschwunden. Wir haben nicht einmal die Kamera dabei. Wir sitzen da wie bestellt und nicht abgeholt. Der Gehweg vor dem Häuserblock ist breit wie eine Straße. In regelmäßigen Abständen stehen weitere Betonbänke. Alle anderen Bänke sind unbesetzt. Wir sehen uns die Menschen an, die vorübergehen. Viele laufen in hellgrauen Schuhen. Viele tragen diese seltsamen Jeans, die aus einem dünnen, fleckig verwaschenen Stoff genäht sind. Das sind keine Jeans, sie sehen nur aus wie Jeans. Richtige Jeans kommen aus Amerika. Doch das ist der Klassenfeind. So etwas will man den Leuten nicht liefern. Aber die Nachfrage ist groß. Man muss den Menschen einen Ersatz anbieten, um Unruhe zu vermeiden. Hat die Regierung, die Jeans nur von Bildern und mündlichen Beschreibungen kennt, jemanden beauftragt, eine sozialistische Jeansmode zu entwerfen? So sehen die Jeans in Ost-Berlin aus.

Dieser Block an der Karl-Liebknecht-Straße erstreckt sich von der Spandauer Straße bis zur S-Bahnbrücke gegenüber vom Alexanderplatz. Das sieht nach fast fünf Minuten Fußweg aus. Im Erdgeschoss sind Geschäfte untergebracht. An der Ecke Spandauer Straße ist ein Möbelgeschäft. Robert und ich warten vor einem Lebensmittelsupermarkt. Das Glas der Schaufensterscheiben ist wellig. Die Eingangstüren bestehen aus stumpfem, grauem Aluminium. Über der Ladenzeile, etwas zurückgesetzt, erhebt sich der Wohnblock. Die endlos langen Reihen der Balkone sind wie Linien auf einem Notenblatt. Wie viele Menschen wohnen dort? Eine ganze Kleinstadt.

Da wird dieses ungute Gefühl, das mich in Ost-Berlin beschleicht, fassbar: Ein Mann in grauem Blouson bleibt zwischen uns und dem Lebensmittelmarkt stehen. Er dreht uns seinen Rücken zu und zündet sich eine Zigarette an. Er steht und raucht. Er scheint auf nichts zu warten. Etwas weiter entfernt steht einer in dunkelbrauner Kunstlederjacke. Er hat seine Hände in die Jackentaschen geschoben und schaut ebenfalls auf den Eingang des Lebensmittelmarktes. Wir sehen ihn im Profil. „Ich steh' hier so", drückt seine Haltung aus.

Der vor uns, in dem grauen Blouson, hat seine Zigarette zu Ende geraucht, lässt die Kippe auf den Boden fallen und tritt sie mit seiner hellgrauen Schuhspitze aus. Dabei dreht er sich einmal um seine eigene Achse, sein Blick gleitet über uns hinweg, als folge er einem Auto auf der Straße. Am Ende seiner Drehung entfernt sich der Mann drei Schritte, schaut in die Luft und bleibt stehen, mit den Händen auf dem Rücken. „Ach, so ein schöner Tag. Ich bleib' hier noch ein bisschen stehen", scheint er zu denken.

Für mich sind diese beiden Männer Stasi-Spitzel. Sie wollen, dass wir sie bemerken. Wir sollen spüren, dass wir beobachtet werden, ohne dessen sicher zu sein. Diese Stadt wird von einer surrealen, schwelenden Verschwörung beherrscht, die jeden erfasst.

Bertrand taucht auf. „Kommt", ruft er, „ich habe die richtige Entrance gefunden." Versteckt zwischen den Läden, gibt es einen Eingang zu den Wohnungen. Wir steigen in einen engen Aufzug.

„Es ist in der achten Etage", sagt Bertrand und sucht den passenden Druckknopf. Die Tür der engen Kabine schließt sich. Bertrands Gesichtshaut reflektiert die blaugrüne Farbe der Neonbeleuchtung. Die Plastikwände um uns sind mit seltsam glänzendem Holzdekor bedruckt. Es riecht ölig. An der Schalttafel gibt es je einen Knopf für die dritte, die sechste und die neunte Etage. Eine Sekunde lang blikken wir uns verdattert an, dann drücke ich den Knopf für die neunte Etage.

„Genau. Da muss es eine Treppe geben", spricht Robert fachmännisch. Der Aufzug ächzt hoch.

In der neunten Etage schiebt sich die Aufzugstür rumpelnd zur Seite. Quer vor uns verläuft ein langer Gang mit braunem PVC-Fußboden. Matt spiegelt sich das Licht der schmalen Fenster, die knapp unterhalb der Decke in die Seitenwand eingelassen sind. Es sieht so aus, als könnte man die gesamte Länge des Hauses über diesen einen Gang ablaufen.

Wir entscheiden uns, den Gang nach links zu nehmen. Unser Blick fällt in einen quadratischen, neun Stockwerke tiefen Treppenschacht ohne Tageslicht. Wir steigen hinab. Die Wände sind speckig gelb. Über den Treppenabsätzen schimmert trübes Neonlicht. In der achten Etage gibt es drei graue Türen. Bertrand betätigt den Klingelknopf neben der linken Tür.

Eine Frau mit einer riesigen, weiß gefassten, runden Brille öffnet uns. Sie lächelt nicht, sie sagt nichts. Bertrand sagt nichts. Wir sagen nichts. Die Frau verschwindet wortlos in einem der Büros, die vom Flur abgehen. Wir treten ein. Zielstrebig huscht Bertrand in ein anderes Büro, weiter hinten, am Ende des Flures. In allen Büros sitzen Leute an Schreibtischen. Niemand spricht. Robert und ich warten. Bertrand kommt aus dem Büro: „Bon. Geh'n wir."

Ich ziehe die Tür hinter uns zu.

Auf dem schwarzen Schild neben dem Klingelknopf lese ich die Buchstaben:

„A.F.P.“ – „Agence France Presse“. Warum reden die nichts?

***

Unter den Linden, gegenüber der Staatsoper, wird die Kulisse für die Festumzüge zum Geburtstag der DDR gebaut. Auf einer Straßenseite steht eine große, weiß verkleidete Ehrentribüne. Zahlreiche schmale, weiße Wandelemente bilden einen haushohen Hintergrund. In dessen Mitte prangt das Emblem der DDR, fast zwei Stockwerke hoch. Links daneben ist eine unverkleidete Tribüne aufgebaut. Über ihr flattern, in dichter Reihe nebeneinander, zwei Dutzend blaue Fahnen. Jede trägt ein gelb-schwarzes Wappen mit einer stilisierten, strahlend aufgehenden Sonne und darüber die Buchstaben FDJ. Auf der gegenüber liegenden Straßenseite stehen schmucklose Zuschauerränge aus Stahlrohrgerüsten und Holzbalken. Dort warten auch große Fernsehkameras, unter schweren Nylonplanen geschützt, auf ihren Einsatz. An hohen Masten sind Filmscheinwerfer installiert, überall am Boden liegen dicke Kabel. Zur Straße hin sind Absperrgitter aufgestellt worden. Ein junger Bausoldat im olivgrünen Drillich fegt ungeschickt am Fuße der Zuschauertribüne. Zwei andere stehen daneben und reden miteinander. Zwischendurch bieten sie sich gegenseitig Zigaretten und Feuer an. Ein Unteroffizier im Dienstanzug lehnt mit dem Rücken an einem Absperrgitter. Missmutig beaufsichtigt er die Bausoldaten. Vielleicht würde er lieber fegen. Beaufsichtigen ist langweilig.

Bertrand ist erst zufrieden, wenn wir ihm so viele Aufnahmen liefern, dass er genug für einen abendfüllenden

Dokumentarfilm hat. Seine Beiträge sind aber selten länger als drei Minuten.

Neben der Ehrentribüne schwatzen und rauchen genüsslich zwei Zimmerleute. Nach einer Weile machen sie sich daran, die letzte Sitzbank in der obersten Reihe zu montieren. Sie drehen die Sitzbank fast eine halbe Stunde lang hin und her, bis sie endlich in die entsprechende Aufnahme des Tribünengerüstes passt.

Zwischen gähnenden Unteroffizieren, die hier und da postiert sind, schludrig fegenden Bausoldaten, gemütlich werkelnden Zimmerleuten, Elektrikern und Gerüstbauern spazieren auch noch zwei Männer in schlecht sitzenden Anzügen herum. Ich drehe ein Bild von den beiden, just in dem Augenblick, da der Jüngere den grauhaarigen Älteren mit der dicken Hornbrille per Handschlag begrüßt. Weil zwischen uns die breite Straße liegt, merken sie nicht, dass ich meine Kamera auf sie gerichtet habe. Ich sehe, wie der Jüngere zum Älteren etwas sagt, woraufhin der Ältere seinen Kopf zu uns herüberdreht und mir direkt in die Frontlinse guckt. Schnell blickt er wieder seinen Kollegen an und nickt kurz. Die haben über uns gesprochen. Die sind von der Stasi. Die wollen uns observieren.

Scheinbar ahnungslos versenke ich mich zunächst in eine Studie der beiden NVA-Wachsoldaten, die stumm, wie Zinnsoldaten in Paradeuniform mit weißem Hemdkragen, schwarzer Krawatte, Stahlhelm und weißen Handschuhen, einen alten Karabiner balancierend, vor der Neuen Wache, dem Mahnmal für die Opfer des Faschismus und Militarismus, stehen müssen. Ich drehe vom Stativ, mit ganz ausgefahrenem Teleobjektiv. Ein Auge habe ich am Sucher, mit dem anderen beobachte ich, wie der junge Mann im Anzug uns observiert. Nach einem kurzen Schwenk habe ich ihn im Visier. Er geht ein paar Schritte. Ich folge seiner Bewegung mit einem Kameraschwenk. Da bemerkt der junge Mann im Anzug, dass auch ich ihn beobachte. Er dreht sich weg und schaut die Neue Wache an, als stünde er in Athen vor der Akropolis. Ich behalte ihn im Sucher. Vorsichtig lauert er über die Schulter. Ich lasse die Kamera laufen. Er spaziert ein wenig umher, bis es ihm endlich gelingt, so stehen zu bleiben, dass sein Gesicht in bewährter Manier weitgehend von einem Beleuchtungsmast verdeckt ist. Ich schalte den Brennweitenverdoppler in den Strahlengang des Objektivs und sehe im Sucher, wie der Mann im Anzug mit einem Auge durch einen Spalt zwischen dem Mast und einem daran herabführenden Kabel hindurch späht. Er behält uns im Blick. Und wir ihn. Bis er auf die Uhr schaut und tut, als ginge er in den Feierabend.

Gleichzeitig, wie angetrieben von einem Uhrwerk, übergeben die beiden Wachsoldaten ihre schweren Karabiner von der rechten in die linke Hand.

Die Sonne ist weiter gewandert. Sie wärmt die Terrasse des Operncafés. Die meisten Gäste sitzen in kleinen Gruppen rund um kleine Bistrotische aus Metall. Sie unterhalten sich zurückgelehnt und gut gelaunt, trinken Kaffee mit Sahne, Jus, Bier oder Margon-Cola.

Spatzen schwirren in kurzen Flügen umher. Unbekümmert picken sie Kuchenkrümel auf, die am Boden liegen, im Gewirr der Füße unter den Tischen. Spatzen sind Spatzen und Kuchenkrümel sind Kuchenkrümel.

Für die Spatzen einerlei, wie die Mauer, über die sie jederzeit hinweg fliegen können.

***

Dort, wo die Friedrichstraße vom Bahnhof kommend auf die „Linden" stößt, ist ein kleiner Platz. In dessen Mitte befindet sich ein eckiger Kiosk. Auf dem Dach des Kioskes steht in schlichten Lettern NOWOSTI. Hier kann man internationale Zeitungen kaufen. Das heißt, man kann sozialistische Zeitungen in verschiedenen Sprachen kaufen. Natürlich werden auch Postkarten, Fahrkarten und Süßigkeiten angeboten. Hinter dem Fenster mit der kleinen Durchreiche steht ein Mann in graublau glänzendem Nylonkittel. Bertrand bückt sich vor dem Fenster und ruft in die Durchreiche:

„Haben Sie *Neues Deutschland*?"

„Ausvakooft! Ne *BeZett am Ahm'd* ha'ick noch."

„Was? Ja. So ich kaufe die."

„Wat?"

„Ich kaufe die Zeitung."

„Welche?"

„BeZett!"

„Sajen Se det doch. Da bekomm' ick zehn Pfennige, wa?"

Die Ausgabe der *Berliner Zeitung am Abend* hat vielleicht acht Seiten. Laut lachend hält Bertrand die Schlagzeile vor der Kamera in die Herbstsonne:

Gehäusefertigung in steten Takt gebracht
VEB Berlinplast rationalisiert Produktion für Kaffeeautomaten

In der Tagesschau habe ich Bilder vom Dresdener Hauptbahnhof gesehen, die ein Team der BBC gedreht haben soll. Man hörte Scheiben klirren, Rufe und Schreie. Man sah, dass etwas brannte.

Es hieß, Züge mit weiteren Flüchtlingen aus der Prager Botschaft seien durch Dresden gerollt. Demonstranten hätten versucht, den Zug aufzuhalten, um mitfahren zu können. Die Volkspolizei hätte den Bahnhof gewaltsam geräumt.

***

Bertrand hinterlässt uns eine West-Berliner Telefonnummer, unter der wir ihn erreichen können. Er will spätestens um neun Uhr zurück sein. Für zehn Uhr hat er einen Interviewtermin in der Gethsemane-Kirche in Ost-Berlin vereinbart.

Robert und ich haben gut zu Abend gegessen. Im Hotel sind mittlerweile noch andere Kollegen aus Bonn eingetrudelt. Sie sitzen schon an der Hotelbar auf der Empore im ersten Stock. Henning will seine Zeche mit Kreditkarte bezahlen. Das ginge nicht, bedauert der Barmann, der Betrag sei zu gering. „Darum heißt die Bar *Bar*“, schmunzelt Henning und legt einen Zehnmarkschein hin, „weil man bar bezahlt – sonst hieße sie ja *Postscheckamt*.“

Um halb zehn ist Bertrand immer noch nicht da. Neben der Rezeption ist eine Telefonzentrale. Ich schreibe die West-Berliner Telefonnummer auf einen Zettel und reiche sie der älteren Dame mit Dauerwelle, die hinter dem kleinen Tresen sitzt.

„Das ist West-Berlin, ja? Kann’n Moment dauern. Zelle Nummer drei. Wenn’s klingelt, bitte abnehmen.“

Ich gehe zur gegenüberliegenden Wand und betrete die holzgetäfelte Telefonkabine. So viel Aufwand für ein Ortsgespräch.

Es klingelt, ich nehme den Hörer ab.

„Ihre Leitung, bitte”, sagt die Telefonistin. Ich höre das Freizeichen. Niemand hebt ab.

Um Viertel vor zehn entscheiden wir, auf eigene Faust loszufahren. Vielleicht ist Bertrand schon vor Ort.

Der breite Treppenabsatz vor dem Hauptportal der Kirche ist voller Leute. Hunderte Kerzen tropfen und kleben auf den Simsen neben der Treppe. Im Wider-schein ihres warmen Lichtes sieht man viele junge Gesichter, manche verstecken sich hinter Vollbärten. An einer ausgefransten Jeansjacke sehe ich zum ersten Male einen gestickten Aufnäher mit dem Schriftzug „Schwerter zu Pflugscharen". Einer der jungen Leute holt jemanden, der etwas von einem Interviewtermin mit dem französischen Fernsehen weiß. Zwei junge Männer führen Robert und mich in die Kirche. In den Bänken sitzen Betende. Rechts vor dem Altar, in einer Ecke, lehnt ein Transparent. Es ist zu dunkel, um es lesen zu können. Daneben, am Boden, liegen Menschen in Schlafsäcken. „Die befinden sich im Hungerstreik", erklärt einer unserer beiden Begleiter. Über eine enge Treppe gelangen wir auf die Empore. Wir setzen uns neben die Orgel. Eine kleine Lampe spendet gerade genug Licht, um Aufnahmen zu machen. Robert und ich sind nicht vorbereitet. Aber es kommt oft vor, dass Bertrand nicht rechtzeitig zum Dreh erscheint.

Die Vorstellungen der jungen Bürgerrechtler von Meinungs-, Pressefreiheit und Freizügigkeit sind ohne Träume. Die beiden erklären uns, dass die Mahnwachen bestehen bleiben, „bis die Regierung bereit ist, mit uns auf gleicher Augenhöhe zu verhandeln."

Neues Deutschland erinnerte vor wenigen Tagen daran, dass die Regierung der DDR den chinesischen Umgang mit demonstrierenden Studenten vorbildlich fand: Es sei „etwas getan worden, um die Ordnung wiederherzustellen."

„Das war eine offene Drohung", erklärt uns einer der jungen Männer trocken. „Wir versuchen, die gewaltsame Konfrontation zu umgehen. Am siebten Oktober werden wir demonstrieren. Auf dem Alexanderplatz. Um siebzehn Uhr. Unter der Weltzeituhr werden wir uns treffen und lachen. Zum Geburtstag der DDR. Das kann ja nicht verboten sein."

Zu spät. Viel zu spät.

„Tut mir leid! Der Zugang zur Pressetribüne ist aus Sicherheitsgründen geschlossen!"

„Wir sind vom französischen Fernsehen, wir..."

„Sie sind zu spät. Sie hätten vor einer halben Stunde hier sein sollen." Die offiziellen Sicherheitsleute gleichen denen in Bonn: Sportliche Figur im Anzug, aber mit Tennissocken.

Ich habe Bertrand gesagt, dass wir mindestens eine Stunde vor dem Termin auf der Pressetribüne neben der Neuen Wache sein sollten. Oder lieber noch früher.

„Aber dann steht ihr 'rum..."

„Dafür können wir uns den besten Platz aussuchen."

Bertrand wollte, dass wir auf ihn warten. Gestern Abend waren Uwe und Danielle, die Redaktionsassistentin, samt Schnittplatz angereist. Bertrand wollte heute Vormittag noch schnell einen Beitrag schneiden. Aber es ging nicht gut voran. Schließlich schickte Bertrand uns doch alleine vor.

Jetzt dürfen wir sein Problem ausbaden. Uns bleibt nichts anderes übrig, als einen weiten Bogen zu machen, die Straße zu überqueren und uns dort einen Platz zu suchen, wo das Volk steht.

Aber so viel Volk ist gar nicht da. Jedenfalls nicht halb so viel wie im Juni auf dem Bonner Marktplatz.

Genau gegenüber der Neuen Wache ist ein provisorischer Lichtmast aufgebaut. Dessen Fuß ist mit einem Stapel Betonplatten beschwert. Dieser Sockel ist bereits voll besetzt mit Schaulustigen. Doch die Leute machen bereitwillig Platz für unser massives Stativ, die Kamera und mich. Von hier aus kann ich zwischen den Köpfen zweier vor mir stehender Männer hindurch die quer vor uns verlaufende, vierspurige Straße und die Neue Wache sehen. In der dunklen Tiefe hinter ihrem Eingang kann ich die brennende Flamme des Mahnmals erkennen.

Wir erwarten den höchsten Staatsgast, den die DDR zu ihrem Geburtstag geladen hat. Zum Gedenken soll er einen Kranz niederlegen: Am Mahnmal für die Opfer von Faschismus und Militarismus, Unter den Linden in Berlin, Hauptstadt der DDR. Wir warten auf den sowjetischen Staats- und Parteichef Michail Gorbatschow. Je länger wir warten, desto ruhiger wird es.

Links von der Neuen Wache drängt sich die Presse hinter einer Absperrung aus roter Kordel. Von einer Tribüne kann keine Rede sein. In der vordersten Reihe stehen dicht nebeneinander etwa zwei Dutzend Kollegen mit der Kamera auf dem Stativ. Wenn einer schwenken würde, müssten die anderen es ihm gleichtun, so eng stehen sie zusammen. Die Kollegen hinter ihnen haben keine Chance, weil es kein erhöhtes Podest gibt, von dem aus sie über die Köpfe ihrer Vorderleute hinweg fotografieren könnten.

Rechts von der Neuen Wache sind halbhohe Drängelgitter aus Stahlrohr als Absperrung aufgebaut. Dort wartet gewöhnliches Publikum, jedenfalls sieht es so aus. Unter ihnen sind auch ein paar junge Soldaten.

Und dann gibt es noch uns, die auf der falschen Straßenseite. Auch wir werden durch Stahlrohrgitter auf Abstand gehalten. Um uns herum drängen sich Frauen und Männer, junge und alte Leute, schicke und nachlässig gekleidete. Manche sehen aus wie Touristen. Schussbereite Fotoapparate baumeln vor ihren Bäuchen. Einige Meter hinter uns, am Rande des Gehsteigs, haben sich Schaulustige nebeneinander auf eine kleine Mauer gestellt. Der erhöhte Standpunkt ermöglicht ihnen einen guten Überblick. Eine junge Frau mit kurzen Haaren und schwarzer Röhrenhose raucht. Neben ihr wippt jemand unruhig mit den Füßen. Wer mit seinem Nachbarn spricht, tut es leise. Vereinzelt hört man Gelächter.

Hier und da stehen Männer, die sich weder an der Absperrung drängen, noch ein freies Stück auf der kleinen Mauer gesucht haben. Sie stehen lässig herum. Nur so. Einer von ihnen glotzt meine Kamera an, als erwarte er jeden Augenblick, dass Gorbatschow aus dem Kassettenfach springt.

Wir warten mitten in einer Millionenstadt, aber es ist ungewöhnlich still.

Auf der breiten Straße patrouillieren zwei oder drei Volkspolizisten. In der Nähe der Zuschauerabsperrungen sind zivile Sicherheitsbeamte postiert. Zwei Soldaten im großen Dienstanzug mit Schlips und Kragen sowie Helm halten einen Kranz, der mit roten Bändern geschmückt ist.

Drei lange schwarze Limousinen rollen fast lautlos heran. Sie halten vor der Neuen Wache. Männer in dunklen Anzügen öffnen die Wagentüren.

Wir stehen total falsch.

Die mittlere Limousine trägt Stander. Knapp über dem glänzenden Wagendach, auf der uns abgewandten Seite, taucht ein Hinterkopf mit Halbglatze und grauem Haarkranz auf. Ich sehe das Gesicht eines Generals, der vor der Halbglatze salutiert. Kein Zweifel, der graue Haarkranz gehört Michail Gorbatschow. Einige Menschen hinter den Absperrungen applaudieren.

Gorbatschow steht mit dem Rücken zum Volk. Zwischen dem Volk und seinem Rücken parkt die schwere, gepanzerte Limousine. Vor ihm läuft die offizielle Begrüßung durch Vertreter der DDR-Regierung. Dann steigen Gorbatschow, seine Frau, der stellvertretende Vorsitzende des Staatsrats Günter Mittag, der General, sein Adjutant, ein zahlreiches Gefolge und einige auserwählte Journalisten die Stufen zur Neuen Wache hinauf. Die Zuschauer recken die Hälse. Auf einmal gibt es viele lachende Gesichter.

Gedämpfte Unruhe. Wieder abwarten.

An den vorderen Kotflügeln der Limousine sind zwei Stander befestigt. An der linken Seite ein Stander mit der Flagge der DDR, an der rechten Seite ein Stander mit der roten Flagge der Sowjetunion. Ein schwacher Windzug streift über die Motorhaube der Limousine. Der sowjetische Stander dreht sich ein wenig hin und her. Der DDR-Stander bleibt fest. Was für ein Bild.

An der Spitze der Entourage tritt Gorbatschow wieder ins Freie. Erneuter Jubel. Applaus brandet auf, jetzt aber richtig. Michail Gorbatschow, im grauen Mantel, tritt vor die Presse.

„Ach, Gorbi macht wieder außer Protokoll“, kommentiert eine männliche Stimme hinter mir. Gorbatschow verschwindet in einem schwarzen Gewühle aus Journalisten, Kameras, Mikrofonangeln und Kabeln. Viele Fotografen und Kameraleute balancieren ihre Apparate mit den Händen auf hoch ausgestreckten Armen. Sie hoffen, über die Köpfe ihrer Kollegen hinweg ein Bild von Gorbatschow zu bekommen. Die Meute wogt, schiebt mit Ellenbogen, jeder will hören, was Gorbatschow sagt. Es ist das übliche „Hauen und Stechen“.

Dann fällt dieses Knäuel auseinander. Gorbatschow geht auf seine Limousine zu. Ich habe ihn wieder im Sucher. Der General und der weißhaarige Staatsratssekretär Günter Mittag gehen hinter ihm.

Applaus und Pfiffe.

Gorbatschow winkt unserer Straßenseite zu.

„Gorbi!“ brüllt einer, „Gorbii!!“

Es klingt wie „Hilfe! Hilfe!!“

Aufmerksame Sicherheitsleute und Polizisten schieben sich im Vordergrund durch mein Bild. Gorbatschow ist stehen geblieben. Er spricht mit Günter Mittag. Um die beiden herum herrscht Gedränge. Zwischen unscharfen Hinterköpfen, Schultern und Rücken hindurch sehe ich abwechselnd die strahlende Raissa Gorbatschowa, Günter Mittag und Michail Gorbatschow. Die Grüne Uniform eines Vopos verdeckt sie alle, gibt sie wieder frei, Gorbatschow zeigt mit der Hand – in meine Richtung! Einen Augenblick lang ist er verdeckt, dann steht er wieder frei, er schaut auf seine Armbanduhr und dann fragend dem Staatsratssekretär ins Gesicht – ein dunkler Rücken verdeckt alles. Plötzlich ist Gorbatschow schon ganz nah. Er kommt auf uns zu, seine Frau Raissa geht lächelnd neben ihm. Leute drängen sich vor meine Kamera, ich löse sie vom Stativ, stemme die dreizehn Kilo hoch über meinen Kopf und peile „blind“ auf Gorbatschow. Er bleibt zwei Meter vor uns stehen. Er lächelt.

Seine Stimme ist freundlich und warm.

„Ja, ich wollte jetzt ’mal nach der Presse hier zu euch vorstoßen“, übersetzt der Dolmetscher. Er steht, aufmerksam zuhörend, dicht hinter dem sowjetischen Staatsoberhaupt.

Gorbatschow strahlt eine Frau an, die direkt vor ihm steht: *„Kak djelá?“* Sie sagt „Grüß dich“ zu ihm. Er schüttelt ihre Hand, als wäre sie eine alte Bekannte.

„Wie geht's?" übersetzt der Dolmetscher. Sein schwarzer Ledermantel wirkt wie ein Klischee.

Gorbatschow wendet sich den Umstehenden zu. Auf *Russisch* fragt er: *„Na, was wollt ihr mir sagen?"*

„Nun, was wolltet ihr mir sagen", sächselt der Dolmetscher.

Stimmengewirr. „Sie grüßen..." hört man heraus. Der Dolmetscher übersetzt simultan ins *Russische.*

***„Ich** grüße euch",* erwidert Gorbatschow.

„...alles Gute wünschen", sagt eine klare ruhige Stimme neben mir. Alle reden durcheinander. Der Dolmetscher kommt kaum nach. Er hat eine kleine Lücke zwischen den Schneidezähnen. Über seiner hohen Stirn wächst dunkelblondes Haar.

„Spassiba", bedankt sich Gorbatschow artig.

„Gorbi! Gorbi, helf' uns!" rufen mehrere nahe Stimmen. Im Hintergrund steht der Staatsratssekretär Günter Mittag. Sein Gesicht ist puterrot. Man sieht, dass ihm die Situation nicht passt.

Jemand ruft Gorbatschow zu: „Weiter so! Weiter so!"

„Mach' weiter so!" feuert ein anderer an. Es klingt wie eine Mischung aus Bitte und Aufforderung.

„Tak djerschát, tak djerschát", übersetzt der Dolmetscher.

Gorbatschow nickt strahlend. Dann wird er ernst. Er senkt den Kopf und hebt den Zeigefinger. Die Menschen verstummen. Der Dolmetscher lauscht angespannt. Später werden wir uns diese Szene noch einmal anschauen, zusammen mit einer Übersetzerin.

Ruhig und bestimmt sagt Gorbatschow auf *Russisch*: *„Wir machen das zusammen. Wir machen das zusammen. Wir machen das zusammen."* Er klingt ernst aber freundlich. Er ist jetzt fast privat mit den Menschen, die unmittelbar vor ihm stehen.

Der Dolmetscher ruft: „Wir werden weiter gemeinsam zusammen vorangeh'n!"

Gorbatschow nickt, dann spricht er weiter: *„Wir halten die DDR, den Staat, die Völker dieses Landes, für enge Partner und Verbündete."*

Er macht eine Pause für den Dolmetscher. Der übersetzt: „Wir betrachten die DDR, diesen Staat, sein Volk, als unsere engsten Verbündeten und Kampfgefährten!"

Schweigen. Gorbatschow schaut in die Runde. Zwei oder drei Leute klatschen. Einer ruft: „Gorbi, weiter so!"

Gorbatschow nickt lächelnd. Dann sagt er: *„Und die Hauptsache..."* Zurufe unterbrechen ihn. Mit einer kurzen Handbewegung gebietet er Schweigen: *„Und die Hauptsache..."*

Ein Passant ruft bittend: *„Michail! Towarisch Michail!"* Gorbatschow beugt sich zu ihm herüber. *„Pomoz mnie* [Hilf mir], *towarisch* [Genosse] *Michail...!"*

Gorbatschow wendet sich wieder der Menge zu: *„Und das Wichtigste ist... Und alles, was entsteht auf dem Weg der Entwicklung – insbesondere jetzt, auf der Etappe der tiefen Veränderungen der sozialistischen Welt – damit werden wir schon fertig werden."*

Der Dolmetscher jedoch übersetzt: „Das ist das Wichtigste. Und alles, was auf dem weiteren sozialistischen Wege sich... äh..., aufgeben wird, das werden wir gemeinsam meistern!"

Die *„Etappe der tiefen Veränderungen"* hat er hinter einem „äh" versteckt. Dicht bei ihm stehen Sicherheitsleute, die genau zuhören.

Applaus.

„Wir bleiben hier!!" rufen welche.

Gorbatschow ballt lächelnd die Faust, als hielte er darin die Hände der Menschen vor ihm: *„Nicht jammern"*, ermuntert er die Umstehenden brüderlich, wie ein großer Bruder, ein guter großer Bruder. *„Nicht in Panik geraten!"*

Auch der Dolmetscher spricht in ermutigendem Ton: „Man darf nicht in Panik verfallen! Und nicht Trübsal blasen."

Langsam wendet sich Gorbatschow zum Gehen. *„Hart vorwärts!"* ruft er.

„Fest, unbeirrt vorangehen!" ruft der Dolmetscher, sich entfernend.

Frau Gorbatschowa winkt. In der Hand hält sie eine leuchtende, sozialistisch rote Rose.

Applaus.

„Gorbi! Gorbi! Gorbi!" skandiert die Menge, als wäre er eine Eishockeymannschaft.

„Gorbi! Gorbi! Gorbi!"

Ein russisches Filmteam nimmt die Rufenden auf. Der Tontechniker blickt auf die Pegelanzeige seines Gerätes und regelt nach.

„Gorbi! Gorbi! Gorbi!"

Michail Gorbatschow und seine Frau, der Staatsratssekretär und der Übersetzer steigen in die Limousine.

Ein Ruf, wie von einem Ertrinkenden: „Gorbiii!!"

Der Applaus verebbt.

„Viel zu kurz", stellt einer fest.

Die Limousinen gleiten davon. Die Zuschauer winken ihnen hinterher. Die Frau, deren Hand Gorbatschow gehalten hat, beginnt zu schluchzen.

„Schnell! Bevor die Leuten weg sind!“ Bertrand steht plötzlich hinter mir. Er hat Robert schon das Mikrofon abgenommen. Zwei ganz junge Männer in blauen Jeansjacken fallen uns auf. Beide haben am Kragenaufschlag einen kleinen viereckigen Anstecker mit dem Portrait Gorbatschows.

„Warum sind Sie hier für Gorbi gekommen?“ formuliert Bertrand in seinem eigenartigen Deutsch. Die zwei Jungs können den Faden nicht aufnehmen. Bertrand macht einen neuen Anlauf: „Sie wollten nur Gorbi sehen, oder?“

Der junge Mann mit den kurzen Haaren macht zuerst den Mund auf, aber es kommt nichts heraus. Da antwortet der andere. Er spricht langsam, in sächsischem Tonfall: „In der Hoffnung, das eventuell auch Gespräche zustande kommen – ähm... Man muss auch dazu sagen, die ganze DDR-Bevölkerung hat *nicht* gewusst, dass er jetzt *hierher* kommt. Darum erklär’ ich auch, dass so wenig’ Leute da sind... Schäm’ ich mich ’n bisschen für mein Land, das so wenig’ Leute jetzt hier sind. Und es weiß auch keiner, wann er wieder auftritt, wann er auf den Flugplatz gekommen ist... Das wird alles, mehr oder weniger...“ Er schüttelt leise den Kopf, hebt seine Schultern.

„Haben Sie mit ihm gesprochen, oder du?“ fragt Bertrand.

„Mit ihm gesprochen?“ fragt der Langhaarige, „nein, ich hab ihn kaum verstanden, bin nur dicht ’ran und...“

„Aber was kann er bringen?“

„Dialog. Friedlichen Dialog. Ohne Gewalt. – Auf’m Dresdner Hauptbahnhof hat es vorgestern Gewalt gegeben – war’n wir dabei, wir sind aus Dresden, extra nach Berlin hier angereist – äh, hat es Gewalt gegeben... und das bringt nichts... Ich glaub, Gorbatschow kann auch auf unsere Regierung Druck ausüben. Man weiß nur nicht, was im

Vier-Augen-Gespräch 'rauskommt, morgen. So viel wissen wir: Dass morgen ein Vier-Augen-Gespräch stattfinden soll. Aber es weiß zum Beispiel keiner, ob der heut' Abend hier auftritt oder... Ich weiß nicht..." Wieder hebt er ratlos seine Schultern und schüttelt verständnislos den Kopf. „Das wird alles 'n bisschen billig gehandhabt."

***

Ich kann schlecht schätzen, wie alt das Mädchen ist. Vielleicht zwölf oder dreizehn. Sie hat sich mir in den Weg gestellt. Ihr blasses Gesicht sieht aus wie ein großes „O". Das ganze Mädchen sieht aus wie ein „O". Sie hat eine rote Mütze über ihre kurzen, schwarzen Haare gestülpt. Sie hat dunkle Hosen an und eine weiße Bluse unter ihrer offenen, dunkelblauen Jacke. Sie hat ein rotes Halstuch umgebunden. Sehr autoritär sagt sie zu mir: „Sie dürfen die Straße nicht überqueren."

Ich trage die schwere *BETACAM*-Kamera am langen Arm. Robert steht hinter mir. Er trägt das Stativ, die Tonausrüstung und die Tasche mit den Ersatzakkus und Kassetten. Diesmal wollen wir rechtzeitig sein. Es geht um den Fackelzug der FDJ, der beginnen soll, sobald es dunkel geworden ist. Ich will den Fackelzug und die Ehrentribüne in einem Bild haben. Also müssen wir auf die gegenüberliegende Seite der bereits vollständig für den Autoverkehr gesperrten Straße.

„Wir sind vom französischen Fernsehen", sage ich und tippe mit dem Finger auf das Pressekärtchen, das an der Brusttasche meiner Jacke hängt.

Ihre großen, dunklen Augen schauen auf den Ausweis. „Da muss ein D, ein R und ein O drauf sein", erklärt sie mir, „sonst darf ich Sie nicht 'rüberlassen."

Wer hat in diesem Land was zu sagen? Ich kann nicht einschätzen, welche Folgen es für mich oder das Mädchen hat, wenn ich einfach an ihr vorbeigehe. Ich werde versuchen, ihre Genehmigung zu bekommen.

„Ein D, ein R und ein O?“ Ich stelle die Kamera auf dem Boden ab, nehme meinen Presseanhänger in die Hand und schaue ihn an.

„Also Moment. Hier ist ein D“, sage ich und zeige auf das erste D in dem Schriftzug ‚40 Jahre DDR’, „da ist ein R“, ich zeige ihr das R in dem Aufdruck ‚PRESSE’, „und da hinter der Nummer 00690, also das letzte, das sieht nur aus wie eine Null, das ist aber ein O, nullnullsechsneun-O, das ist meine Personalnummer bei den Franzosen, ich...“

Ohne eine Miene zu verziehen, tritt das Mädchen beiseite und lässt uns passieren.

***

Es ist dunkel. Wir stehen auf der Tribüne gleich neben der Stelle, wo wir heute Morgen Gorbatschow getroffen haben. Es gibt eine Lasershow, aus den Lautsprecherboxen dröhnt amerikanische Popmusik. Die Straßenränder sind voller Menschen, wie zum Rosen-montag in Köln. Jugendliche in blauen FDJ-Hemden erwarten fröhlich den Fackelzug ihrer Organisation.

Trotz Fanfarenmärschen und einheitlichen Hemden wirkt der Umzug zivil. Unendlich viele Blauhemden ziehen an der Ehrentribüne vorbei, aber nicht im Gleichschritt und auch nicht in Formation. Im Umzug sehe ich viele Mädchen, die auf den Schultern eines Freundes sitzen und winken.

Wir suchen uns eine Position gegenüber der weißen Ehrentribüne. Jetzt erstrahlt sie in rotem Licht. Die Tribüne ist voll besetzt. Manche der vorbeiziehenden Jugendlichen skandieren „Gorbi! Gorbi!“ Ihre Rufe liegen wie ein Rhythmus unter dem tosenden Lärm der Menge und der Musik des Blasorchesters.

„Ah! Ecco Collega!“ Plötzlich steht hinter mir Valerio. In einem früheren Leben war er Carabiniere. Jetzt ist er Assistent von Massimilano, dem kleinen grauhaarigen Kameramann vom italienischen Fernsehen. Wir kennen uns aus Bonn. „Collega, siehste du da drübe die ’onecker oder die Gorbatschow?“ fragt Valerio mich. „Die Massimiliano kanne nicht so gut sehe, aber ich kenne nicht.“

Ich nehme meine Kamera vom Stativ und lasse stattdessen Massimilianos Kamera darauf einrasten. Ich stelle das Bild ein: In der Mitte der ersten Reihe auf der Ehrentribüne steht stocksteif Erich Honecker mit Hut und Mantel. Er ist ein alter Mann. Abwechselnd winkt er und hebt die Faust zum sozialistischen Gruß. Neben ihm steht Michail Gorbatschow, lächelt und winkt gelegentlich ganz entspannt. Ich will Massimiliano an seine Kamera lassen, damit er wenigstens selbst auf den Auslöser drückt. Massimiliano lächelt vornehm.

Valerio winkt ab: „Danke, danke, kannste du mache selber.“

***

Bertrand, Danielle, Uwe, Robert und ich sitzen im Hotelrestaurant. Die scharf gebügelte, weiße Tischdecke leuchtet im Lichtkegel der niedrigen Deckenlampe. In der Mitte des Tisches steht eine kleine Vase mit bunten Blumen. Wir warten auf unser Essen. Robert und ich trinken Bier, die drei anderen Wein.

„So, was 'aben die Deutschen mit Gorbi? Er ist kein Sänger, kein Schauspieler – er ist nur ein Politiker. Aber es gibt ein' regelrecht' *Gorbimania*", fragt Bertrand in die Runde.

Robert nimmt einen langen Zug aus seinem Bierglas. Uwe nickt stumm. Danielle taucht gedanklich in ihr Weinglas. Mir fällt etwas ein: „Naja..."

„Vorsichtig!" unterbricht Bertrand, „Du weißt: Sie 'aben Mikrofone – überall! Auch unter dem Tisch."

Alle lachen. Ich auch. Danielle hebt die Tischdecke vorsichtig an und versucht, unter den Tisch zu gucken.

„Bei mir klebt nur ein Kaugummi unter dem Stuhl", grinst Uwe und rückt näher an den Tisch.

Aber Bertrand meint seine Frage ernst: „In anderen sozialistischen Staaten niemand ruft ‚Gorbi, Gorbi'."

Ich versuche, den fast verlorenen Gedanken wieder zusammen zu klauben: Andere sozialistische Staaten, die von der Sowjetunion besetzt sind, müssen sich für nichts entschuldigen, purzelt es mir durch den Kopf. Aber wir hatten den Krieg begonnen. Die Alliierten bombten daraufhin unser Land kurz und klein, besetzten es, teilten unsere Überheblichkeit und zwangen sie buchstäblich in enge Grenzen. Aus der sowjetischen Besatzungszone wurde ein Land, das organisiert war wie ein riesiges, selbst verwaltetes Kriegsgefangenenlager. Deutschland – die Landkarte des schlechten Gewissens. Gorbatschow ist ein neuer Lagerkommandant, der auf einmal nett und freundlich ist und auch noch vorschlägt zu überlegen, ob man nicht den Stacheldraht vom Zaun entfernen sollte...

Die Wirkung des ersten Glases Radeberger Pilsener auf leeren Magen lässt meine ungeordneten Gedanken verschwimmen.

Wir werden herrlich albern. Bertrand zieht eine Blume aus dem Gesteck in der Mitte des Tisches: „Zum Glück! Es ist kein Kabel dran!“

„Wer weiß“, wirft Robert ein, „vielleicht benutzen sie Funkmikrofone.“

Am Rande des Alexanderplatzes wurden Markstände aufgebaut. Sie sind aus dunklem Holz konstruiert. Über jedem Stand ist ein weißes Stoffdach gespannt. Auf den Auslagen der Marktstände türmen sich Früchte, so hoch, dass man sieht: Es ist genug für alle da. Jeder kann sich nehmen. Doch das Angebot bleibt unberührt.

Auf den Auslagen der Marktstände türmen sich Bananen. Sie sind alle dunkelbraun – vollständig, kein gelbes Fleckchen ist zu sehen. Dieser Staat ist nicht einmal in der Lage, zum eigenen Geburtstag seinen Bürgern etwas von dem zu bieten, was sie begehren: frische Südfrüchte. Stattdessen stellt man ihnen endgültig vergammeltes, matschiges Zeug hin.

Nein, dieses Bild drehe ich nicht – das würde die Bürger der DDR im Westen zum Gespött machen: „Die lassen sich ja für dumm verkaufen."

Die Luft ist milde. Ab und zu nieselt feiner Regen vom weißgrauen Himmel herab, gerade so, dass es sich nicht lohnt, einen Schirm aufzuspannen. An einer Seite des Platzes gibt es eine Tanzfläche. Sie ist aus Holzplanken gezimmert. Bunte Scheinwerfer blinken, man hört „Lambada", einige Besucherinnen des Festes tanzen.

Vom Rande des Geschehens aus beobachtet eine lockere Gruppe junger Volkspolizisten das Getümmel auf dem Platz. Wenige Schritte neben den Vopos steht ein kleiner älterer Mann mit Brille und hellgrauer Windjacke. Auch er beobachtet das Geschehen. Breitbeinig steht er da, seine Hände auf dem Rücken haltend, wie ein Türsteher, nein, wie ein Aufseher. Neben ihm wirken die Vopos harmlos wie ein paar Gymnasiasten in Schuluniform.

Robert und ich schieben uns durch die Menge hindurch zur Weltzeituhr. Es ist zwei Minuten vor 17 Uhr. Ich trage die Kamera auf der Schulter und lasse sie aufzeichnen, aber ich schaue nicht durch den Sucher. Rechts von uns stehen die Menschen sehr dicht beieinander. Sie scheinen sich entspannt zu unterhalten. Es ist 17 Uhr. Ich drehe einen Schwenk von der Weltzeituhr zum Bahnhof Alexanderplatz. Da ragt eine einzelne Hand über die Köpfe. Zwei Finger bilden das Victory-Zeichen. Jemand reckt eine Faust. Viele Stimmen skandieren „Neues Forum! Neues Forum!“. Um uns herum und vor uns nur Zuschauer. Sie drängen sich so dicht aneinander, dass niemand zu den Demonstranten vordringen kann. Absicht? Ich stemme die Kamera hoch. Im Sucher erkenne ich, wie sich einige Meter von mir entfernt zwei Dutzend Fäuste über die Köpfe der zähen und unbeweglichen Zuschauermenge recken.

„Stasi raus! Stasi raus! Stasi raus!“

Einige Zuschauer schließen sich an. Die Menge bildet einen Zug, der rund um die Weltzeituhr wandert, wie die Pilger um die heilige Kaaba. Wir lassen uns mitziehen, sind mittendrin. Hier und da in unserer Nähe entdecke ich Fotografen mit modernen, westlichen Kameras. Sind das Kollegen? Ist die westliche Presse ein Schutz für die Demonstranten im Osten?

„Freiheit! Wir wollen Freiheit!“

„Demokratie! Demokratie!“

„Keine Gewalt! Keine Gewalt!“

„Freiheit für die Inhaftierten! Freiheit für die Inhaftierten!“

Der Alexanderplatz ist so voller Menschen, dass es weite Bereiche gibt, in denen sich das Publikum friedlich und ohne Eile aneinander vorbeischiebt wie die Besucher einer

Festwiese, die von einem Fahrgeschäft zum nächsten gehen. Die etwa hundert Demonstranten bewegen sich darin wie ein Schwarm Fische im Wasser. Die Volkspolizei kann oder will nicht einschreiten. Die Demonstration breitet sich aus wie ein Feuer in trockenem Gebüsch.

Die Demonstranten lösen sich von den Festbesuchern. Unter der schwarzen Stahlkonstruktion der Eisenbahnbrücke hallen gellende Pfiffe und Rufe laut wider. Es sind Hunderte, die den Boulevard zum Roten Rathaus nehmen.

„Wir wollen kei-ne Sta-si-schwei-ne!"

Die Pressefotografen und Kameraleute wollen ein Bild von der voranschreitenden Front des Volkes haben. Deshalb lassen sie sich rückwärts stolpernd vor den Demonstranten her treiben.

„Wir bleiben hier! Wir bleiben hier!"

„Gorbi hilf uns! Gorbi hilf uns! Gorbi hilf uns!"

Einem jungen Verkehrspolizisten in langem weißem Regenmantel bleibt der Mund offen stehen, während er zuschaut, wie die Demonstration vorbeizieht.

Der Abend dämmert.

An der Brücke zur Spreeinsel riegelt eine Kette grün uniformierter Bereitschaftspolizisten die Straße ab. Jeder Polizist hält sich an den Koppeln seiner beiden Nebenmänner fest. Sie tragen keine Schutzkleidung, keine Helme und keine Schilde. Sie haben noch nie eine unkontrollierte Demonstration erlebt. In Bonn sähen diese Polizisten jetzt martialischer aus.

Auf der anderen Seite des schmalen Spreearmes leuchtet der Palast der Republik. Dort feiert die Regierung der DDR mit ihren Staatsgästen.

Die Demonstranten bleiben einen Meter vor der Polizeikette stehen. Sie brüllen den jungen Polizisten ins Gesicht:

„Demokratie – jetzt oder nie! Demokratie – jetzt oder nie!" Die Polizisten haben ihre Schirmmützen fest auf den Kopf gezogen und versuchen ein gleichgültiges Gesicht zu machen.

„Neues Forum! Neues Forum!"

Neben den Brückengeländern haben sich einige junge Männer in Zivil in die Polizeikette eingehakt. Sie schauen unglücklich aus. Einer versucht, sein Gesicht zu verbergen, indem er sein Kinn an die Brust drückt.

Hinter der Kette nehmen weitere Polizisten Aufstellung. Sie tragen schwarze Schlagstöcke.

„Du siehst ja nischt! Willste ma' wat seh'n!" Zwei Männer packen mich an den Oberschenkeln. Sie heben mich mitsamt der *BETACAM* hoch. Ich lasse die Kamera laufen. Die beiden Männer drehen sich unter mir. So ergibt sich ein Schwenk. Die Menge der Demonstranten ist unüberschaubar. Es müssen Tausende sein. Sie singen, und es klingt wie ein Spottlied:

„Völker, hört die Signale
auf zum letzten Gefecht
Die Internationale
erkämpft das Menschenrecht!"

Von Wolken verdeckt, ist die Sonne untergegangen. Der graue Himmel färbt sich dunkelblau.

„Nieder mit dem Stalinismus! Nieder mit dem Stalinismus!"

Hinter den goldgelb leuchtenden Fenstern des Palastes der Republik stehen einige Orchestermusiker im Frack, mit Geige und Bogen unterm Arm. Sie glotzen herüber.

„Gorbi, Gorbi, Gorbi!" ruft die Menge.

Auf einer Galerie des Palastes versammelt sich ein Dutzend Schlipsträger. Mit vor der Brust verschränkten Armen beobachten sie das Geschehen.

Die Polizisten stehen in mehreren Reihen hintereinander. Und jetzt drängen sie die Demonstranten zurück. Ich gerate – ich weiß nicht wie – hinter die Polizeikette. Grün uniformierte Polizistenschultern schieben sich in den Vordergrund. Fluchend weichen die Demonstranten zurück. Es sind viele junge Leute unter ihnen. Ein Mädchen mit lila Haaren versucht, zu widerstehen: „Bullenschweine!" schimpft sie. Die Polizisten schieben sie vor sich her.

„Keine Gewalt!" brüllt jemand. Eine Freundin zieht das Mädchen mit den lilafarbenen Haaren an sich. Das Mädchen bespuckt die Polizisten und flucht deftig.

Ich stemme die *BETACAM* hoch über meinen Kopf. Nur gelegentlich kann ich durch den Sucher peilen, denn ich muss ja gucken, wo ich hintrete und wohin sich die Menschenmenge um mich herum bewegt. Die Polizisten drängen die Demonstranten von der breiten Straße in den sich anschließenden Park. Es gibt eine flache Bordsteinkante. Eine junge Frau in Jeans bleibt mit dem Absatz ihres Pumps an dieser Kante hängen und verliert ihn. „Mein Schuh!" ruft sie. Ein beleibter, grauhaariger Polizist bückt sich, hebt den schmalen Damenschuh auf und reicht ihn – ganz Kavalier alter Schule – der jungen Frau. Die nimmt ihren Schuh entgegen und bedankt sich artig – mitten im wilden Gedränge, als wäre es eine höfliche Begegnung am helllichten Tag, in einer Grünanlage, genannt Marx-Engels-Forum, in Berlin-Mitte.

„Polizeistaat! Polizeistaat! Polizeistaat!"

Die jungen Polizisten sind überfordert. Wiederholt werde ich aufgefordert, die Dreharbeiten einzustellen. Dubiose Zivilisten versuchen mit der Hand, meine Kameraoptik zu verdecken. Ich lasse mich in der Menge forttreiben von diesen Gestalten. Ich kenne mich aus mit Demos – die nicht. Die Überzahl der Demonstranten ist unkontrollierbar, zu viele der Polizisten lassen sich unmotiviert in der Polizeikette mitschleifen.

Der Himmel ist fast dunkel. Militärlaster mit ge-deckten Pritschen fahren in Kolonne über die Karl-Liebknecht-Allee. Transportieren die Verstärkung oder Verhaftete? Die Menge pfeift.

Die Luft ist ’raus. Die Polizisten haben die Demonstranten erfolgreich vom Palast der Republik ferngehalten. Und die Demonstranten haben unübersehbar und unüberhörbar ihrer Meinung Ausdruck verliehen. Jetzt wissen beide Seiten nicht mehr weiter.

Ein französischer Kameramann, den ich aus Bonn flüchtig kenne, erzählt mir, dass es in der Nähe der Gethsemane-Kirche Schlägereien zwischen der Polizei und Demonstranten gäbe. Einem Fernsehteam der BBC sollen sowohl die Kamera als auch die Nasen zerschlagen worden sein.

Wem nützt es, so etwas zu riskieren. Dann wären unsere Aufnahmen futsch. Man würde uns des Landes verweisen und nie wieder einreisen lassen. Wer, wenn nicht wir, soll die westliche Öffentlichkeit über die Vorgänge in der DDR informieren? Was unter unseren Augen geschieht, kann nicht verheimlicht werden. Wir können zum Schutz der mutigen Bürger beitragen. Wir wissen, dass sie das Westfernsehen zu ihrer eigenen Information nutzen. Aber die Regierung kann unsere Berichterstattung jederzeit verhindern. Wir müssen dort sein, wo ihre Organe die Kontrolle verlieren. Das ist eine Gratwanderung. Diese Geschichte ist noch nicht zu Ende erzählt. Wir schaden dem Ganzen, wenn wir die Konfrontation suchen und dadurch unsere Arbeit unmöglich machen.

Wenn wir jetzt ins Hotel zurückkehren, kann Bertrand vielleicht noch einen Beitrag für die Hauptnachrichten schneiden und absetzen. Um zum Metropol zu kommen, müssen Robert und ich am Palast der Republik vorbei. Ganz naiv nähern wir uns der Polizeikette, welche die Straße abriegelt. Inzwischen stehen die Polizisten wieder nur in einer Reihe. Aber sie lassen uns nicht durch. Sie schicken uns zur südlichen Spreebrücke. Auch da lässt man uns nicht durch. Wir sollen am Spreeufer entlang gehen, über die Gertraudenstraße und die Leipziger Straße zur Friedrichstraße. Das bedeutet einen riesigen Umweg und mindestens eine halbe Stunde Fußweg. Das machen wir nicht.

„Komm', wir geh'n noch mal zurück zur Liebknechtstraße", sage ich zu Robert, „ich habe eine Idee. Das ist doch hier der Arbeiter-und-Bauern-Staat."

Die Karl-Liebknecht-Straße ist breit genug, um in der Kette einen Polizisten zu finden, der nicht mitbekommen hat, dass wir eben schon einmal um Durchlass gebeten haben. „Guten Abend", begrüße ich den jungen Vopo, „wir sind vom französischen Fernsehen, wir haben schon zwei Überstunden und wollen Feierabend machen. Meine Kamera wiegt dreizehneinhalb Kilo und die Tasche von meinem Kollegen mit Akkus und Kassetten mindestens sechs Kilo. Wir wohnen da hinten im Hotel Metropol an der Friedrichstraße, können wir mal durch?"

Der Polizist lässt seinen Nebenmann los, tritt beiseite und sagt: „Bitteschön." Wir schlüpfen durch – schnell, bevor ein Vorgesetzter etwas merkt.

***

„Dafür gab's sicherlich 'ne lobende Erwähnung", meint Robert. Er weist auf das Außenhandelszentrum, dieses Hochhaus neben unserem Hotel. Dort hat jemand in mehreren Stockwerken und einigen Büros gezielt das Licht brennen lassen, und zwar so, dass die erleuchteten Fenster in der gläsernen Fassade drei riesige eckige Buchstaben bilden: D, D und R.

8. Oktober 1989 – Die Volkspolizei sperrt ab

Die Gethsemane-Kirche ist ein roter, neugotischer Backsteinbau mit einem hohen, spitzen Turm. Rund um die Kirche wuchert ein schmaler Garten, der wiederum von einem schmiedeeisernen Zaun umgeben ist. Es gibt mehrere Tore in dem Zaun, so dass man auch von den Seiten in den Kirchgarten kann. Eine breite Freitreppe führt zum Hauptportal der Kirche. Rund um die Kirche führt eine Straße, die mit Kopfstein gepflastert ist. Gründerzeitfassaden umschließen den Platz um die Kirche.

Die Sonne scheint. Weicher Dunst dämpft das Blau des Himmels und die Schatten am Boden. Mehrere Doppelstreifen der Volkspolizei beobachten die herbeiströmenden Besucher des Gottesdienstes. Viele Journalisten und Kamerateams aus verschiedenen Ländern sind unter ihnen.

In der Kirche sind die Wände voller Nachrichten über die Aktivitäten der Bürgerbewegung und über deren inhaftierte Mitglieder. Alles wirkt geordnet. Erstaunlicherweise respektieren die Vopos den Status der Kirche und betreten sie nicht. Würden die Hungerstreikenden nicht im Seitenschiff einer Kirche campieren, sondern in einer privaten Wohnung, wären sie längst verhaftet worden.

Der Gottesdienst ist brechend voll. Anschließend gibt es ein Pressegespräch im Pfarrbüro. Das befindet sich in einem der Gründerzeithäuser auf der anderen Straßenseite gegenüber der Kirche. In dem kleinen Saal wird die Luft schnell stickig. Es gibt keine Mikrofonanlage, aber der Raum ist klein genug, um den Redner an der Stirnwand auch ohne Verstärkung zu verstehen. Ich finde einen Platz, ganz hinten am Fenster, durch das die Sonne herein scheint. Ich stelle mich auf einen Stuhl und balanciere die *BETA*-

CAM mit beiden Händen haltend auf meinem Kopf. So erreicht die Kameraoptik einen Blickwinkel über meiner Augenhöhe. Den Redner da vorne kann ich nur im Sucher sehen. Er spricht eintönig und mindestens eine halbe Stunde lang. Neben mir steht ein amerikanischer Journalist mit Notizblock. Irgendwann zieht er eine Tafel Schokolade aus seiner Manteltasche und bricht sich ein Stück ab. Weil das Schokoladenpapier so laut knistert, drehe ich vorsichtig meinen Kopf unter dem Schulterpolster der Kamera und schaue zu dem Kollegen hinunter. Unsere Blicke treffen sich. Er bricht ein weiteres Stück von seiner Schokolade ab und schiebt es mir in den Mund. Ich habe ja keine Hand frei.

Nach dem Pressegespräch will Bertrand noch einige Aufnahmen in der Kirche drehen. Aber die Volkspolizei hat an allen Toren zum Kirchgarten und vor dem Haupteingang Posten aufgestellt, die keinen auf das Gelände der Kirche lassen. Im Kirchgarten stapft ein Kamerateam des amerikanischen Senders ABC herum. Zusammen mit einigen anderen Journalisten kommt Bertrand auf die Idee, mit den beiden Posten vor dem Gartentor über einen „Austausch“ zu verhandeln. Wenn das amerikanische Team das Kirchengelände verlässt, soll dafür eine entsprechende Anzahl anderer Journalisten auf das Gelände dürfen. Aber die beiden jungen Vopos vor uns verziehen keine Miene. Ich halte diese Verhandlung für eine Schnapsidee und stehe abwartend daneben.

„Los dreh das!“ fordert Bertrand mich unwirsch auf.

„Das wird sowieso nicht gesendet“, denke ich. Aber Bertrand bezahlt mich und also drehe ich. Ich beginne mit einem Blick zum Kirchturm: Die Gethsemane-Kirche in Ost-Berlin. Davor steht ein Grüppchen Männer. Sie diskutieren. Bei näherem Hinsehen erkennt man, dass vier der Männer Zivilisten mit Notizblöcken sind. Sie reden auf die zwei Übrigen ein. Diese zwei sind grün uniformierte Polizisten. Stur bewachen sie das mannshohe, eiserne Tor zum Kirchgarten. Sie stehen breitbeinig und scheinen unbeweglich zu sein wie die Mauersockel, welche die Scharniere des Tores halten. Ihre Mützen haben die Polizisten tief ins Gesicht gezogen. Der links Stehende hat ein junges, rosiges Gesicht mit Pausbacken. Unter seinem Mützenschirm ragt der Rand eines großen, silberfarbenen Brillengestelles hervor. Die Augen sind hinter dem Mützenschirm verborgen. Der junge Mann hat seine schmalen Lippen nach unten gebogen, um seinem weichen Gesicht einen strengen Ausdruck zu geben. Die Uniformjacke spannt ein wenig über seinem runden Bauch, vor dem sich seine rosigen, kindlichen Hände aneinander halten. Nach längerem Hinsehen bemerke ich, dass seine Hände sich ganz sachte bewegen. Seine linke Hand hält die rechte umschlossen. Die Fingernägel der linken Hand krallen sich ins Fleisch der rechten Handfläche und lassen wieder locker, krallen sich wieder fest. Es ist eine leise, pumpende Bewegung wie gegen einen pulsierenden Schmerz. Danach mache ich erneut eine Großaufnahme von seinem Gesicht. Es bleibt reglos wie das einer Wachspuppe. Aber ich kann einen Gedanken förmlich heraushören: „Ich will nach Hause!“

***

Nach dem Mittagessen wollen wir auf unsere Zimmer gehen. Da bleibt Bertrand mitten auf dem Gang stehen: „So was machen wir?“ fragt er leise, „Fahren wir nach Dresde’?“

„Aber Bertrand, unser Visum gilt nur für Ost-Berlin."

„Das macht nix. Wir mieten an der Rezeption einen Wagen und sagen, wir wollen nach Postdam. Sanssouci und so." Bertrand sagt immer „*Post*dam".

„Und da laden wir unsere *BETACAM* ein und alle denken, wir machen ein paar Urlaubsbilder."

„Non. Kein' Betacam. Ich habe mein' neuen Kamera mitgebracht. Ich habe sie extra gekauft, um meine Tochter aufzunehmen. Sie ist absolut klein – ich meine, die Kamera."

Das Hotel vermietet uns einen dunkelblauen Fiat-Uno mit Ost-Berliner Kennzeichen. Mit diesem modernen Westauto fallen wir garantiert überall auf.

Aber niemand behelligt uns auf unserer Fahrt über die trübe Autobahn nach Dresden. Die Straßen sind sonntäglich leer. Der Himmel hat sich wieder zugezogen.

Wir verlassen die Autobahn an der Abfahrt Dresden-Altstadt. Eine holprig gepflasterte Straße führt uns zu Tal. Straßenbahngleise zerschneiden die vielfach geflickte Fahrbahndecke. Wir haben keinen Stadtplan und folgen der Beschilderung. An einer Straßengabelung ist der Weg ins Zentrum mit rotweiß gestreiften Plastikkegeln gesperrt. Ein Verkehrspolizist im langen weißen Regenmantel bewacht die Sperre. Robert verzögert die Fahrt. Sollen wir den Polizisten fragen, welchen Weg wir fahren sollen? Besser nicht.

„Ich tu' mal so, als wäre ich ortskundig", murmelt Robert und biegt einfach nach halblinks ab. Die Straße ist breit und uneben. Sie führt zwischen grauen Fabrikmauern und trostlosen Lagerhallen hindurch, vorbei an einzelnen, kahlen Bäumen, rostigen Metallzäunen und schiefen Laternenmasten. Es gibt keine Werbung, nur verblasste Firmenschilder. Die wenigen Verkehrszeichen bringen kaum Farbe in die Umgebung. Sie sind ausgeblichen. Ihre Oberflächen blättern ab. Der Himmel ist grau, die Straßen sind feucht. Alles wirkt verlassen und kaputt.

Und dann steht da jenseits einer Straßenkreuzung eine riesige Moschee, ebenso grau und verrottet wie alles andere. Sie ist sechs oder mehr Stockwerke hoch. Auf ihrem Dach trägt sie eine wuchtige Kuppel. YENIDZE steht in eigenartigen Lettern am Fuß der Kuppel. Ein schlankes Minarett ragt hinter dem hohen Gebäude empor. Vorne flankieren zwei kleinere Minarette den Dachaufbau. Die Fassade ist von unzähligen hohen und schmalen Fenstern durchbrochen. Ihre Scheiben sind blind. Die mächtigen Eingangsportale an der Straßenseite sind mit aufwändigen orientalischen Mosaiken verziert. Dunkelblaue Muster schimmern unter mattem Staub hervor. In der Vorbeifahrt erkenne ich irgendwo an der Fassade den Schriftzug „Tabak-Kontor“.

Die Straße führt auf eine Brücke über die Elbe. In dunstiger Entfernung sehen wir die nächste Elbbrücke. Gerade wird sie von einer Kolonne aus Militärlastern befahren.

Wir parken vor dem Hotel Bellevue. Das Hotel ist für Westtouristen. Von hier hat man einen wunderschönen Blick über die Elbe auf die Umrisse der Dresdner Altstadt.

Bertrands „kleine“ Videokamera passt zwar in einen Aktenkoffer. Andererseits ist sie für eine Amateurkamera doch ziemlich groß. Außerdem hat sie einen pistolenartigen Handgriff unter dem Objektiv. Um eine ruhige Handkamera zu führen, ist das bei so einem leichten Gerät schon sinnvoll. Für unser Vorhaben ist es aber eher hinderlich. Um die Kamera unter der Jacke verstecken zu können, muss ich mir Bertrands Designer-Outdoorjacke leihen, weil sie weiter geschnitten ist als meine. Bertrand und ich sind beide etwa gleich groß und schlank. Aber offenbar hat er breitere Schultern. Während ich mir in seiner Jacke etwas verloren vorkomme, sieht Bertrand in meiner Jacke aus, als wäre er aus seinen Kleidern herausgewachsen. Wir lachen. Unter dem Saum der Jacke, die ich trage, ragt der Griff der Kamera hervor – wie das Magazin einer Maschinenpistole. Eigentlich ist unsere Tarnung überflüssig. Wir betreten eine alte Brücke aus schwarz gewordenem Sandstein. Viele Leute gehen über die Brücke bis zum Altstadtufer oder kommen von dort. Am Ende der Brücke, vor der Kulisse der Altstadt, postieren sich Soldaten, einer neben dem anderen. Ihre Kette wird immer dichter. Schließlich steht auf jedem Meter ein Soldat. Die Menschen auf der Brücke sprechen wenig. Es ist still wie auf einem Friedhof. Die Altstadt ist abgeriegelt.

„Man hört das Messer in der Luft", raunt Bertrand.

In einem Abstand, der so gewählt ist, dass die Umrisse der Dresdener Altstadt gut zu erkennen sind, lehne ich mich gegen die Sandsteinbrüstung und stütze die Kamera auf. Bertrand und Robert entfernen sich.

Na, danke schön. Feine Kollegen seid ihr.

Ich ahne, dass ich nicht viel Zeit habe. Ich filme die Soldaten vor den Brühl'schen Terrassen. Ich schwenke über die Reihe der Soldaten am Elbufer vor der Semperoper. Der reale Anblick der Stadt ist kaum farbiger als das schwarz-weiße Sucherbild.

„Tschulligen Sie bidde, was is'n das hier, hä?" fragt mich eine dunkle Männerstimme von links.

„Wofür soll'n das gut sein, hä?" fragt ein zweiter Mann mit heller Stimme. Er steht rechts von mir. Beide haben einen Tonfall, als wäre ich dabei, gegen ein ehrwürdiges

Denkmal zu pinkeln. Leider hat Bertrands Kamera auch ein Rotlicht, das leuchtet, wenn die Aufnahme läuft. Also schalte ich sofort ab, um die beiden Männer in den grauen Jacken nicht zu provozieren. Wahrscheinlich sind die von der Stasi. Ich will meine Aufnahmen behalten. Es sollen alle sehen, was keiner sehen soll. Und ich bin doch nur ein Tourist! „Naja", säusele ich blöde, „das ist doch ein wunderschöner Anblick von hier, dieses Zuckerbäckerbauwerk..."

„Gomm' Se morgen wiedor. Da scheint die Sonne. Dann sieht das viel schöner aus."

„Ach, morgen fahre ich schon wieder weg", bedauere ich naiv, „ich muss das jetzt aufnehmen. Das da ist doch die Semperoper, nicht? Gibt's denn da nicht noch andere interessante Sachen zu sehen? Was machen denn die Soldaten da? Ist das ein Manöver?"

„Da gibt's gor nichts", droht der Mann mit der hellen Stimme und zeigt auf die Altstadt, „aber dort." Er weist mit ausgestrecktem Arm in entgegen gesetzter Richtung auf die Neustadt.

„Ach so, danke. Dann gehe ich gleich mal gucken. Auf Wiedersehen." Ich versuche, mich ohne Hast zu entfernen. Auf der Wiese vor dem Hotel Bellevue steht ein amerikanischer Opa in schlabberigen Jeans und kariertem Hemd. Er filmt mit einer winzigen Kamera, die in seine Handfläche passt, das Elbufer mit der Dresdner Altstadt und den Soldaten davor. Niemand hindert ihn.

Auf der Autobahn nach Berlin schaue ich mich immer wieder um. Aber wozu sollte uns jemand folgen? Sie haben unser Autokennzeichen. Sie wissen längst, welches Hotel den dunkelblauen Fiat-Uno an seine Gäste vermietet hat, und wer diese Gäste sind. Sie können uns in jedem Grenzübergang abfangen. Auch wenn wir da mit unserem eigenen Auto vorfahren werden. Sie haben unsere persönlichen Daten. Im Grenzübergang können sie uns festnehmen. Kein ungebetener Zeuge wird etwas mitbekommen.

Bertrands Videokamera ist bei der Einreise registriert worden. Er muss sie bei der Ausreise wieder vorzeigen. Deshalb möchte Bertrand die Kassette mit den Aufnahmen aus Dresden nicht bei sich haben. Er überlässt sie uns. Wir setzen Bertrand in der Nähe des Checkpoint Charlie ab, wo er von Ost- nach West-Berlin wechselt.

Auf dem Weg zum Hotel, vor einer großen Kreuzung auf der Friedrichstraße, würgt Robert den Fiat ab. Es gelingt ihm nicht, den Motor wieder zu starten. Wir blockieren die Fahrspur. Aber niemand hupt.

„Lass' mich mal als alten Fiat-Fahrer“, schlage ich vor. Wir tauschen die Plätze. Ich kriege den Wagen tatsächlich wieder in Gang.

Im Hotel tauschen wir den gemieteten Fiat gegen unseren eigenen Teamwagen. Robert und ich müssen über den Grenzübergang Heinrich-Heine-Straße ausreisen. Wir halten auf der betonierten Fläche, zwischen barackenartigen Gebäuden, Betonhindernissen und Sperrgittern. Unser Teamwagen steht eingeklemmt zwischen einem Schlagbaum und dem nachfolgenden Fahrzeug. Wir müssen alle Klappen und Türen öffnen. Ein Grenzsoldat will das Reserverad sehen. Weil das Ersatzrad unter dem Boden des Kofferraumes liegt, müssen Robert und ich die Kamerakiste, das Stativ, den Koffer mit der Akkulampe und unsere Reisetaschen ausladen. Ein Grenzer klappt die Rückbank um. Ein anderer schaut mit einem Spiegel unter das Auto. Sie arbeiten schnell und routiniert. Zwei Grenzer kontrollieren, was unter den Fußmatten, den Sitzen und im Handschuhfach ist. Natürlich finden sie die Kassette mit den Aufnahmen aus Dresden. Sie liegt zwischen dem anderen Ramsch im Handschuhfach. Wir haben sie nicht richtig versteckt, weil das erst recht verdächtig wäre.

„Dürfen wir 'mal gucken, was da drauf ist?" fragt der Grenzer, der die Kassette gefunden hat.

„Ja, natürlich." Was haben wir schon mit dieser Kassette zu tun, die da unbeschriftet im Handschuhfach herumliegt? Die Grenzer verschwinden zu dritt mit unserer Kassette in einer Baracke. Sie lassen uns etwa zehn Minuten warten. Danach kommt einer der Grenzsoldaten zurück. Er gibt uns die Kassette wieder und wünscht uns eine gute Fahrt.

Erst als wir wieder auf West-Berliner Boden fahren, sagt Robert: „Ich wette, die konnten unsere Aufnahmen gar nicht ansehen. Die haben überhaupt kein Abspielgerät für so 'ne Kassette. Das ist Hi-8."

„Genau", bestätige ich, „das ist viel zu modern für die."

Es ist ihnen gelungen, unsere Aufnahmen zu unterbrechen. Jetzt sind sie uns los. Vielleicht lassen sie uns bei der nächsten Gelegenheit einfach nicht mehr einreisen.

19. Oktober 1989 – Zwei Anrufe

Ich bin zu Hause. Vormittags klingelt das Telefon. Regine meldet sich. Sie ist Disponentin bei EC. „Kai, der Dr. Rauchfenger vom ORF will dich sprechen. Von uns aus kannst du den Job annehmen. Ich verbinde."

Dr. Helmut Rauchfenger ist Studioleiter vom Österreichischen Fernsehen in Bonn: „Grüß Gott. Ich möcht' a' G'schichtn üba d'Montagsdemo in Leipzig dreh'n. Würd'n Sie mit mir nach Leipzig fahr'n? Es gibt natürlich keine Drehgenehmigung. Sie dreh'n mit einer Amateurkamera, dennoch bleibt a' g'wisses Risiko der möglichen Verhaftung. Würd'n Sie des machen?"

Klar. Meine Regierung wird mich schon 'rausholen, wenn mir etwas passiert. Alle Welt weiß, dass die Bürger in Leipzig seit einiger Zeit regelmäßig am Montagabend vor der Nikolaikirche demonstrieren. Aber keiner hat davon Fernsehbilder in professioneller Qualität. Das kitzelt den Ehrgeiz der Fernsehkorrespondenten.

Am Nachmittag ruft Regine wieder an: „Kai, Bertrand hat angerufen. Du fliegst heute Abend nach Berlin. Ihr bleibt mindestens bis Dienstag dort. Ich habe dem Rauchfenger schon abgesagt."

Spätabends fahren wir in einem Mietwagen durch West-Berlin und suchen einen Straßenzug, der aussieht wie Ost-Berlin. Vor diesem Hintergrund will Bertrand einen Aufsager drehen, weil Erich Honecker zurückgetreten ist. Bertrand hält in der Hand eine Zeitung. Darauf ist ein Bild von Honeckers Nachfolger abgedruckt. Der Mann lächelt mit großen Schneidezähnen. Er hat dunkle Ringe unter seinen tief liegenden Augen. Sein Gesicht erinnert mich an einen Wolf. Er heißt Egon Krenz.

20. Oktober 1989 – Ost-Berlin bei Dunkelheit

Wie eine fette schwarze Stricknadel sticht der Ost-Berliner Fernsehturm in den dämmrigen Nachmittagshimmel. Unten, auf dem betonierten Platz, steht die hellgraue Weltzeituhr. Ihre Form erinnert mich an eine tibetische Gebetsmühle. Auf der Weltzeituhr dreht sich gemächlich ein Metallgebilde. Es sieht aus wie der wirre Rest einer Rolle dicken Silberdrahtes. Goldene Ziffern von eins bis vierundzwanzig prangen rund um den Bauch der trommelförmigen Uhr. Ich verstehe nicht, sie abzulesen.

Über die Gleisbrücke mit der dunklen Aufschrift NEUES DEUTSCHLAND fährt ein S-Bahn-Zug. Hinter seinen Fenstern schimmert grünliches Licht. Der Anstrich der Waggons wirkt matt – oben beige und unten dunkelrot. Bremsend rollt der Zug in die hohe Halle unter dem gewölbten Dach aus schwarzem Stahl und Glas. Eine weiße Neonschrift leuchtet über dem niedrigen Portal an der Seitenwand des Bahnhofes:

ALEXANDERPLATZ.

Ich schwenke die kleine Videokamera in meiner Hand wie ein Amateurfilmer einmal rund. Um den Platz herum stehen blockförmige graue Hochhäuser, auf deren Dächern vereinzelt Leuchtreklamen blinken. Sie nennen Namen, aber sie werben für nichts, sie dienen nur zur Dekoration der städtischen Kulisse. Wozu leuchtet der Schriftzug NARVA, wenn es Glühlampen einer anderen Marke nicht zu kaufen gibt?

Die Menschen schlendern langsam über den weiten, grauen Platz, als wandelten sie in einem duftenden Park unter alten Bäumen. Da und dort stehen einzelne Personen mitten auf dem Platz. Sie wirken ebenso unmotiviert wie die Neonwerbung auf den Hochhausdächern. Nur die wenigsten Passanten scheinen irgendwo her zu kommen oder gezielt irgendwo hin zu gehen. Vielleicht können wir deshalb so unbehelligt filmen, weil auch wir nur einfach so da sind, stehen, gucken, ein bisschen herum gehen, stehen bleiben...

Wilhelm, der mich dieses Mal als Assistent begleitet, könnte mein wesentlich älterer Bruder sein. Allerdings ist offensichtlich, dass wir nicht verwandt sind: Wilhelms Erscheinung ist eher mit der eines stabilen Schrankkoffers zu vergleichen, wogegen ich vielleicht wie eine grazile, bewegliche Stehlampe wirke. Wilhelms tiefe, tragende Bassstimme verleiht ihm Selbstbewusstsein, er macht häufig kleine Witzchen und gibt sich gerne leutselig. Sein Gesicht trägt den wehmütig-freundlichen Ausdruck eines alten, abgeliebten Teddybären. Tontechnik und Kameraassistenz sind nicht sein Beruf, er macht das nur nebenbei. Eine andere Arbeit hat er jedoch nicht. Hinter Wilhelms heiterer Freundlichkeit spielt immer ein klein wenig Herablassung.

Bertrand schlendert in Sichtweite auf dem Platz herum. Wir sind als Tagestouristen in Ost-Berlin. Es gibt keine Arbeitsgenehmigung für Journalisten aus dem Westen. Wir haben Ost-Berlin im Laufe des Abends zu verlassen.

„Schauen wir, ob es ein' Demo gibt am Alexanderplatz", hat Bertrand gesagt. Daher stehen wir jetzt hier und filmen wie interessierte Touristen mit einer winzigen Amateurkamera. Es ist zwischen fünf und sechs Uhr Nachmittags. Wir trauen uns nicht, auf die Uhr zu schauen. Das würde einem Beobachter signalisieren, dass wir etwas erwarten. Irgendjemand beobachtet uns bestimmt. Es wird dunkel.

Immer mehr Menschen stehen nahe der Weltzeituhr herum. Manche dicht beieinander, andere einzeln, mit den

Händen in den Hosentaschen, entspannt rauchend. Jeder scheint nur zufällig anwesend zu sein. Man unterhält sich. Inzwischen gibt es ein Stimmengewirr wie vor der Aufführung in einem sich füllenden Kinosaal. Wenn die Polizei käme, um eine unerlaubte Versammlung aufzulösen, könnte jeder sagen, er hätte gerade einen Bekannten getroffen und wollte sowieso gleich weiter. So unverbindlich erscheint diese Zusammenkunft.

Der Himmel über Berlin ist schwarz. Die kleine Kamera in meiner Hand sieht von den Häuserblocks nur deren schwach leuchtende Fenster. Die Straßenbeleuchtung dagegen sticht gleißende Löcher in mein Bild. Ein weißer Neonschriftzug EINRICHTUNGSHAUS brennt über den Köpfen der Menschen, die gerade noch als Schatten zu erkennen sind.

Kann ich überhaupt noch brauchbare Bilder einfangen? Die Menge vor mir sieht im Sucher aus wie ein atmender schwärzlicher Klumpen.

„Naja..." hört mich das Kameramikrofon zweifeln. Und dann Wilhelms sonore Stimme, beiläufig, leise: „Links. Die Kette."

Ohne ihn anzusehen, weiß ich, dass er die Hände in den Taschen behält und tut, als sähe er gar nicht richtig hin. Ich höre es förmlich.

„Mhm", quittiere ich und schwenke langsam nach links. Aus dem Dunkel im Kamerasucher taucht wie im Schattentheater eine Reihe Menschen auf, die sich an den Händen halten. Sie nähern sich. Wie eine lebende Kette umschließen sie diejenigen, die dicht gedrängt neben der Weltzeituhr beieinander stehen. Das Ende der Menschenkette verschwimmt am Horizont des Platzes, irgendwo im Dunklen. Die Vorstellung hat begonnen. Man hört keine Parolen. Die

Kette scheint unendlich lang zu sein. Scherzhaft schwatzend halten sich die Teilnehmer an den Händen und ziehen in mehreren Schleifen über den großen Platz. Die Stimmung ist beinahe heiter, aber auch gespenstisch. Meine Blicke forschen nach gegnerischen Beobachtern. Sie suchen nach Schatten auf Hausdächern und in schwach erleuchteten Fenstern. Sehe ich dort neugieriges Volk oder sind das staatliche Spione? Wo bleibt die Volkspolizei? Wartet die schon in den Seitenstraßen?

„Na dann wechseln wir 'mal das Kassettchen", informiere ich Wilhelm. Das ist unser Trick: Sobald wir einige aussagekräftige Bilder aufgezeichnet haben, spulen wir die bespielte Kassette auf Anfang und nehmen sie aus der Kamera. Wilhelm legt sie unbeschriftet in eine jungfräuliche Kassettenhülle und steckt sie in seine linke Jackentasche. In der rechten Jackentasche hat er nur unbespielte Kassetten, eine davon ist vorgespult und mit Datum und dem Produktionstitel *„Demo Alexanderplatz"* beschriftet. Die würden wir bei einer Kontrolle durch Staatssicherheit oder Polizei unter Protest herausgeben. Die „unbelichteten" würden wir behalten. So stellen wir uns das vor.

Wie auf das Kommando eines geheimen Regisseurs, löst sich die Menschenkette und verdichtet sich zu einem geschlossenen Demonstrationszug. Mehrere hundert Menschen ziehen rhythmisch klatschend unter der Gleisbrücke hindurch. „Reiht euch ein! Reiht euch ein!" hallt es unter dem Brückenbogen. Sie gehen entlang an modernen Arkaden mit beleuchteten Geschäften: HELENA SCHUHMODEN, SCHMUCK, POST, HO-GASTSTÄTTE „ALEX-TREFF". Hinter den hellen Schaufenstern zeichnen sich die Schatten der Angestellten ab. Sie drücken sich an den Scheiben die Nasen platt, um den Zug der demonstrierenden Bürger zu beobachten. Es geht vorbei am hell beleuchteten Roten Rathaus – da steht die Volkspolizei, an der Einmündung zu einer Seitenstraße. Mit einem Lada als Streifenwagen und zwei Mann Besatzung sind sie da. Das reicht, um hunderte Bürger aufzuhalten.

Der Demonstrationszug nimmt die gesamte Breite der Rathausstraße ein. Die Demonstranten verhalten sich wie Theaterbesucher in der Pause zwischen zwei Akten: Sie schwatzen laut und rühren sich nicht vom Fleck.

Einer der beiden Volkspolizisten steht an der Beifahrertür seines Lada. In der Hand hält er ein kleines Mikrofon, von dem aus ein Spiralkabel ins Innere des Wagens führt. Jetzt spricht der Polizist. Aus den Lautsprechern auf dem Wagendach krächzt es laut:

„MÄÄPONG!! MÄÄPONG!! ÄH MÄHT NÄ MOBBIMAI!“ Es klingt, als hätte sich die Befestigung der Anlage gelöst und ließe das ganze Wagendach mitscheppern. Es ist anzunehmen, das es „Achtung! Achtung! Hier spricht die Polizei!“ heißen sollte.

„Ich versteh’ kein Wort“, raune ich Wilhelm zu.

„Komm’, lass’ mal näher ’rangehen“, antwortet er murmelnd. Meine Kamera kann gerade so die rot glimmenden Rücklichter des Lada erkennen. In meiner Verzweiflung nehme ich das beleuchtete Nummernschild des Streifenwagens auf. Um die Aufnahme zu verifizieren, schwenke ich auf das weiß strahlende Zifferblatt der Uhr am Rathausturm: Es ist achtzehn Uhr und zehn Minuten.

Unruhe unter den Demonstranten. Einzelne Rufe: „Ruhe!“ Laute Diskussionen. „Schweigen!!“ brüllt einer aus ihrer Mitte, „Einigkeit macht stark!“ und wieder ein anderer: „Ruhe!!“

Wir stellen uns möglichst dicht hinter den Polizisten, um

seine Stimme besser verstehen zu können.

„ÖRE BOBLÄME UNÖR ANLIEDEN ZÄ DÄMONZION SINUM BEKANN!“ verlautbart der Polizist durchs Megafon auf dem Wagendach.

Applaus von den Demonstranten. Offenbar haben einige trotz der Lautsprecheranlage verstanden, was der Polizist gesagt hat. Er antwortet leise, weshalb man ihn gleich besser versteht:

„NANKE FÜR DEN MEIFALL!“

Wieder lauter legt er nach:

„ÖRE BOBLÄME ORDEN MI NEILKRÄHTEN ON ÖCH MI DÄ MENOSSEN FABOWKI GEZÄÄT!!“

Die Polizei versucht, mit den Bürgern zu reden, aber scheitert an ihrem eigenen technischen Apparat. Der ist nur für kurze, autoritäre Befehle eingerichtet. In der Dunkelheit gerät diese Szene zu einem hintergründigen Hörspiel.

„Red' doch 'mal frei!“ ruft einer der Demonstranten, „red' normal, ohne so...“ und dann fällt ihm ein, dass er ja mit einem Polizisten spricht: „'tschulligung... – Ruhe!!“

Aber der Volkspolizist legt tatsächlich das Mikrofon beiseite und versucht es mit seiner an laute Kommandos gewöhnten Stimme: „Eure Probleme und euer Anliegen zur Demonstration sind uns bekannt!“

Gelächter aus den Reihen der Demonstranten: „Seit wann denn?“

Blitzlichter leuchten vereinzelt auf. Sind das Pressefotografen? Man sieht, dass der Polizist seine Hände hinter dem Rücken hält. Er holt tief Luft und ruft: „Alle Probleme wurden mit dem Genossen Schabowski durch Teilkräfte von euch vorm Palast bereits geklärt!“

„Was erst!?“ spottet eine schrille Frauenstimme aus der Dunkelheit. Die übrigen Demonstranten brechen in Gelächter aus. Es gibt Gejohle. „Lüge!“ ruft einer.

Neben mir steht ein Mann, ein Typ, wie es ihn in Westdeutschland nicht gibt: Seine Augen blicken durch eine riesige, braun gerahmte Plastikbrille. Deren dicke, spiegelnde Gläser haben eine annähernd viereckige Form. Sein übriges Gesicht verbirgt der Mann hinter einem langen braunen Vollbart. Er hat eine hohe Stirn. Scheinbar selbst geschnittene Haare bedecken seine Ohren. Seine Hände stecken in den Taschen seines kurzen grauen Anoraks. Jetzt schaltet er sich ein. Er hat eine gute, klare Stimme und spricht wie jemand, der sehr viele Bücher liest: „Sag’ lieber, dass die Probleme be-sprochen werden. Das ist nicht ganz so schamlos, das ist besser. Aber zu tun, als ob die Probleme gelöst wären, ist Quatsch. Damit heizt du die Stimmung bloß an.“

Sein Nebenmann stößt ihn mit dem Ellenbogen in die Rippen: „Lass’ ma’ausreden.“

Der Polizist hat wieder Luft geholt und ruft: „Während ihr hier eure Demonstration durchführt und nicht vorm Palast der Republik gewesen seid, könnt ihr auch nicht wissen, welche Probleme geklärt worden sind!“

„Na, sag’ doch mal!“ ruft ein Demonstrant aus der Dunkelheit zurück.

„Ich gebe daher bekannt: Eure Probleme wurden diskutiert und geklärt“, ruft der Polizist, als wäre das eine Kleinigkeit gewesen. Er erntet spöttisches Gelächter. Neben mir, der Mann mit dem Vollbart, ist fassungslos: „Mein Gott, hast du denn kein taktisches Gefühl? Das ist doch Wahnsinn, was du machst!“ Der Mann ist so entsetzt, dass er sogar anfängt zu berlinern: „Damit schaukelst du die Sache noch uff!“

„Sei doch mal ruhig!“ raunzt sein Nebenmann ungeduldig.

Da dreht sich der Polizist kurz zu dem Vollbärtigen um und sagt gereizt: „Ich kann doch auch nich' aus meiner Haut 'raus."

„Ruhe!!" brüllt ein anderer.

„Wenn ihr Ergebnisse... über eure Probleme haben wollt", ruft der Polizist, wieder mit Kommandostimme, „müsst ihr euch in eure Einrichtungen zurückbegeben und euch an eure Funktionäre oder sonst was richten."

Er erntet lautes Gejohle wie von einer Schulklasse, die einen dummen Mitschüler auslacht.

„Au Mann!" Der Vollbart schlägt sich die flache Hand vor die Stirn.

Die Frau mit der schrillen Stimme meldet sich zu Wort: „Vor der Volkskammer wurde über Wohnungsproblematik und so weiter diskutiert, aber wir woll'n Demokratie!"

Eine ruhige, offenbar an lange Diskussionen gewöhnte Männerstimme sagt: „Sie ha'm gesagt, dass die Probleme geklärt sind. Legen Sie mal die Lösung der Probleme dar."

„Was is' mit'm ‚Neuen Forum'?" ruft ein anderer lispelnd dazwischen. Der Vollbart schüttelt immer noch sein Haupt: „Die Problemklärung beginnt doch erst, Mensch, wie kannst du sagen, die sind geklärt."

Der in der Dunkelheit verborgene Mann mit der ruhigen Stimme insistiert: „Er hat gesagt, die Probleme sind geklärt – wir möchten jetzt die Lösung hören."

Die Fenster des Staatsratsgebäudes sind dunkel. Als wäre niemand im Hause. Zwei Polizisten sind vor dem Haupteingang postiert. Sie erhalten Verstärkung, als sich die Demonstranten nähern. Der Lada mit dem Polizisten, der beauftragt wurde, mit den Bürgern zu diskutieren, hält ebenfalls vor dem Gebäude. Einige Demonstranten setzen sich vor dem Staatsratsgebäude auf den Boden.

Gegenüber leuchtet weiß der Palast der Republik. Auf einer Galerie unterhalb seines Daches zeichnen sich die Schatten zweier männlicher Gestalten ab. Ich nehme sie mit dem Teleobjektiv ins Visier, hauptsächlich deshalb, weil sie endlich ein Motiv darstellen, das meine Kamera ausreichend belichtet darstellen kann. Man sieht nur ihre Oberkörper mit den breiten Schultern hinter einer hüfthohen Brüstung. Von dort oben beobachten die beiden Gestalten das Geschehen. Einer der Männer stützt sich mit den Händen auf der Brüstung ab. Der zweite steht ein paar Meter vom ersten entfernt. Er hat die Hände lässig in die Hosentaschen gesteckt. Die beiden Beobachter wirken entspannt. Sie werden mich hier unten kaum ausmachen können. Ich weiß nicht, welche Aufgabe sie haben. Aber ihr Bild ist Ausdruck für die unklare Situation: Hier unten schickt die Staatsmacht einen ungeübten Sprecher vor und lässt Mitteilung an das Volk machen, um zu probieren, ob die Demonstration aufgelöst werden kann, indem man das Volk anlügen lässt. Da oben schauen sie sich das Treiben ganz in Ruhe an. Von dort sieht die Geschichte so übersichtlich aus wie ein Spiel. Sollte es aus dem Ruder laufen, dann wissen hier unten alle, dass die Teilnahme an dieser Demonstration Grund genug ist, um von Polizisten gewaltsam auf einen Laster verladen zu werden, in irgendwelchen Hinterhöfen peinlich durchsucht zu werden und sogar mehr oder weniger lange in einer engen Zelle zu verschwinden.

Sie wissen das. Und alle hier unten wissen, dass es ihr einziger Schutz ist, viele zu sein. Sie müssen mehr sein, als es Laster bei der Polizei gibt, mehr als Gefängniszellen, mehr, als Staatssicherheit und Volkspolizei erfassen können.

Solange wir keine Aufenthaltsgenehmigung für Ost-Berlin haben, wohnen wir in West-Berlin. Das Grand Hotel Esplanade ist ein hochmoderner eckiger Bau aus poliertem, graublauem Granit. Die Rezeption, der Frühstückssaal, die Restaurants – alles ist nagelneu. Im Westen habe ich nie zuvor in einem Hotel gewohnt, dessen architektonische Absicht man spürt. Es ist die westliche Entsprechung der Hotels in Ost-Berlin. Das Haus soll „Modernität“ darstellen: Nichts ist gewachsen, kein Zimmer ist abgewohnt. Selbst die scharfen Falten der gebügelten Bettwäsche scheinen mit dem Innenarchitekten abgestimmt zu sein. Der Gipfel ist Harry's New York Bar: Abend für Abend sitzen wir in dem hohen schmalen Raum und lauschen dem Barpianisten, wenn er am polierten Flügel „Piano Man“ von Billy Joel spielt. Der Bartresen erstreckt sich über die gesamte Länge des Raumes. Ein halbes Dutzend Kellner bedient die Gäste. Wir probieren alle möglichen Cocktails und lassen die Rechnung aufs Zimmer schreiben. Unsere Überstunden werden bezahlt, wir berechnen satte Zuschläge für Wochenendarbeit, für die Aufenthalte in Ost-Berlin erhalten wir den Auslandsspesensatz. Wir sind Junggesellen: Es ist genug Geld da.

Bertrand hat einen Spezialauftrag für Wilhelm und mich: „Fahrt als Tagestouristen nach Ost-Berlin. Schaut euch um. Geht zu dem Palast'otel und sagt, ihr wollt länger bleiben. Sie werden sagen ‚Dankeschön', eure Passeportes nehmen und die Visa verlängern. Ihr dürft keine Gepäcke mitnehmen, ihr seid nur Touristen. Am Sonntag geht ihr in eine Museum oder was, macht eine Spazier' – egal, ihr seid Touristen. Am Nachmittag, sagen wir siebzehn Uhr, kom-

me ich zu euch. Lasst mir eure Zimmerschlüssel, ich werde euch Sachen zum Wechseln bringen. So, und was machen wir? Am Sonn-tagabend 'aben wir ein' Verabredung zum Essen mit eine Dame von der Pressestelle der französischen Botschaft", jetzt grinst Bertrand, „Ihr seid auch eingeladen."
„Die Dame bringt uns im Diplomatengepäck ein' *BETA-CAM*-Kamera – die Diplomaten werden an der Grenze nicht kontrolliert – normalerweise. Damit fahren wir am Montag nach Leipzig, um die Montagsdemo aufzunehmen. Es gibt kein' Genehmigung. Nicht für die Fahrt von Berlin nach Leipzig, nicht für die Drehaufnahmen von der Demo. So, wenn wir ver'aftet werden, es ist unser Risiko. Am Montag kann Uwe mit einem Schnittplatz nach Ost-Berlin einreisen, weil es am Dienstag ein' Volkskammersitzung gibt. Dafür 'aben wir ein' Genehmigung. Uwe und ich werden in der Nacht von Montag auf Dienstag schneiden und ihr werdet die Kassette mit unserem Bericht aus Leipzig nach West-Berlin bringen, zum SFB. Von dort 'aben wir am Dienstagmorgen ein' Leitung zum Überspielen nach Paris. Ich bleibe mit Uwe in Ost-Berlin für die Volkskammersitzung."

Das ist genau der Auftrag, für den Dr. Rauchfenger vom ORF mich buchen wollte.

An mich gewandt sagt Bertrand: „So, du 'ast die Vergnügung während der Überspielung mit den Technikern bei unserem Fernsehsender in Paris zu sprechen. Am Mittag kommen Sie beide wieder nach Ost-Berlin und dann se'en wir weiter, was es gibt zu tun oder so. Sind irgendwelche Fragen?"

„Nein, nicht direkt..."

„So. Dann gute Fahrt und: *Auf Wieder-se-hen*."

Wilhelm holt den grünen Anorak aus seinem Zimmer und ich ziehe meine beige Outdoor-Jacke über. Mit der U-

Bahn fahren wir zum Bahnhof Friedrichstraße. In dessen unübersichtlichen, gelblich gekachelten Gängen folgen wir der Beschilderung „Einreise in die DDR“.

Wir genießen es, unbeschwert von Kamera, Stativ, Akkus und Kassetten im Dienst zu sein. Gemütlich schlendern wir Unter den Linden und die Karl-Liebknecht-Straße entlang. Um fünf betreten wir das Palasthotel.

„...jetzt sind wir ’mal hier und wollten uns noch einiges angucken. Wir würden gerne noch ein bisschen bleiben. Gibt’s denn bei Ihnen die Möglichkeit einige Tage zu übernachten?“ fragt Wilhelm mit tiefer Stimme in seiner leutseligen Art an der Rezeption.

„Wir können gerne Ihre Visa verlängern“, antwortet der junge Rezeptionist, „dazu müssten Sie uns Ihre Reisepässe überlassen. Bis wann möchten Sie bleiben?“

Wilhelm und ich schauen uns an: „Tja...“

„Am liebsten bis Dienstag einschließlich“, schlage ich vor.

„Ginge das?“ fragt Wilhelm.

„Ja, natürlich. Ihren Umtausch können Sie gleich hier tätigen. Das macht dann 75 DM pro Person für drei Tage.“

Als Journalisten hätten wir kostenlos einreisen können, sind aber nicht willkommen. Als Touristen sind wir eine wichtige Einnahmequelle für diesen Staat und das Hotel.

22. Oktober 1989 – Kameraschmuggel

Wilhelm und ich stehen vor dem Palasthotel. Wir zählen die Stockwerke. Im oberen Drittel des Gebäudes scheint es eine Etage ohne Fenster zu geben. Im Lift von der Rezeption zu den Zimmern gibt es einen Etagenknopf weniger, als das Haus Stockwerke hat.

„Wahrscheinlich sind in dieser Etage die Klimaanlagen untergebracht und das Wäschelager und so“, vermute ich.

„Oder die Stasi“, flachst Wilhelm.

***

Bertrand bringt leider kein Duschgel mit. Wir treffen uns auf seinem Zimmer, das genauso aussieht wie Wilhelms Zimmer oder mein Zimmer hier im Palasthotel: Die Möbel aus dunkelbraunem Ebenholzimitat, ein orange und beige gemusterter Teppich, dessen Farben sich im Vorhang, der Tagesdecke auf dem Bett, den Sesselpolstern und Lampenschirmen wiederholen. Die Wände sind mit einer feinen Tapete beklebt, deren Struktur und Farbe an Bast erinnert.

Auch Bertrand ist als Tagestourist mit Verlängerung eingereist. Er hat nur eine flache Mappe bei sich. Er überreicht jedem von uns seine Zahnbürste, Wilhelm seinen Nassrasierer und mir einen Kamm. Grinsend schaut er auf mein dünn behaartes Haupt.

„Ich ’abe auch deine Rasier’ mitgebracht, aber ich finde ihn nicht“, sagt Bertrand, während er in seiner Mappe wühlt.

„Ich habe einen Elektrorasierer, Bertrand. Der kann sich in dieser Tasche doch nicht verstecken“, erkläre ich ärgerlich.

„Er ist weg. Ich weiß hüber'aupt nicht...“, Bertrand hebt bedauernd seine Schultern.

Das Duschgel fehlt mir mehr. Heute Morgen habe ich das dunkelgrüne Zeug benutzt, welches, eingeschweißt in ein durchsichtiges Plastikbeutelchen, neben dem Waschbecken gelegen hatte: Die klebrige Flüssigseife mit „Fichtennadelgeschmack“ ließ sich nur schlecht abspülen. Meine Haut fühlt sich an, wie in altem Schweiß gebadet. Ich möchte Abstand halten, weil ich das Gefühl habe, für Andere eine seifige Geruchsbelästigung zu sein. Ich bin verwöhnt.

***

„Reden Sie am Tisch nicht über die Kamera“, weist Bertrand uns an, „es muss alles sehr unauffällig sein.“

Am Abend um halb acht sitzen wir zu dritt um einen etwas zu großen runden Tisch im Hotelrestaurant „Rotisserie“. Die sanft orange gefärbte Tischdecke ist mit glänzenden Bestecken, verschiedenen Gläsern, riesigen, aufwändig gefalteten Servietten aus gestärktem Leinen und einem Leuchter beladen. Der Kellner überreicht jedem von uns eine großformatige, in dunkelbraunes Kunstleder gebundene Speisekarte und zündet die Kerzen auf dem Leuchter an. Wir warten auf Madame Kuck von der Pressestelle der Französischen Botschaft.

„Darf es schon ein Apéritif sein?“ fragt der Kellner vornehm.

„Nein, wir warten noch auf jemanden.“

Der Kellner hinterlässt eine vierte Speisekarte und die Weinkarte. Bertrand läuft hinaus, um zu schauen, wo Madame Kuck bleibt.

Nach einer Weile legen Wilhelm und ich die Speisekarten beiseite. Der Kellner kommt und fragt, ob er uns schon ein Getränk bringen darf. Wir bestellen.

Gleichzeitig mit einem Martini und einem Sherry kommen Madame Kuck und Bertrand. Die Dame von der Pressestelle ist klein, hat kurze dunkle Haare und Augen wie schwarze Knöpfe. Sie trägt ein herbstliches Kostüm in weinrot und dunkelblau. Auch Bertrand und Madame Kuck bestellen sich Getränke. Dann halten wir wieder die Speisekarten in den Händen. Aber die beiden Franzosen kommen nicht dazu, sich etwas auszusuchen, weil sie ununterbrochen miteinander parlieren.

Endlich legen wir die Speisekarten aus den Händen. Madame Kuck geht schnell noch einmal hinaus. Der Kellner kommt. Bertrand ordert Weißwein.

Der Kellner bringt den Wein. Er öffnet die Flasche mit dem Werkzeug, das er aus seiner Hosentasche zieht. An seinem rechten Handgelenk blitzt eine Uhr mit Edelstahlarmband. Das Glas über dem Zifferblatt ist vergilbt, sieht aber trotzdem edel aus. Es ist Viertel nach acht. Madame Kuck setzt sich wieder an den Tisch. Wir be-stellen unsere Speisen.

Halb neun, der Kellner bringt die Suppe. Bertrand ist an der Rezeption, um ein Auto zu mieten. Er muss seine Suppe kalt löffeln.

Der Kellner räumt die Suppenteller ab, anschließend serviert er den Salat. Bertrand sagt: „Ich 'abe eine Wagen. Gehen wir."

Madame Kuck, Bertrand und ich lassen unsere Salate unberührt. Wilhelm bleibt alleine am Tisch zurück. Alles ganz unauffällig. Vor dem Hotel parkt ein dunkelroter VW-Golf, in billigster Grundausstattung. Bertrand fährt uns zur Karl-Marx-Allee, einer sehr breiten, vierspurigen Straße. Die große Fläche zwischen den Spuren für die jeweilige Fahrtrichtung wird als Parkplatz genutzt.

„Voilà!“ ruft Madame Kuck. Sie zeigt auf einen alten Peugeot, der mitten zwischen den parkenden Trabants und Wartburgs steht. Bertrand kann direkt daneben in einer freien Parktasche anhalten. Wir steigen aus. Der Platz ist übersichtlich. Im Licht der hohen Straßenlaternen glänzen matt die Autodächer. Es ist weit und breit kein Mensch zu sehen.

Wortlos öffnet Madame Kuck die Kofferraumklappe des Peugeots. Darin liegt eine alte braune Reisetasche aus Stoff mit zwei Lederhenkeln. Ich hebe die Tasche an und spüre, dass in ihr drei lose, ungepolsterte Einzelteile liegen. Zusammen sind sie so schwer wie eine Profikamera. Vorsichtig versenke ich die Reisetasche im dunklen Kofferraum unseres VW-Golf.

„Ich hab’ ihm gesagt, dass er das Essen warm halten soll.“ Wilhelm lächelt müde. Er ist beim dritten Radeberger, als wir zurückkommen. Der Kellner trägt unser Essen auf. Er wirkt leicht genervt, obwohl er so tut, als wäre nichts geschehen.

23. Oktober 1989 – Demo in Leipzig

Gleich nach dem Frühstück haben wir an der Rezeption unsere Pässe abgeholt, ausgecheckt und sind losgefahren. In unserem dunkelroten VW-Golf rumpeln wir über die Autobahn nach Leipzig, vorbei an einer riesigen Schriftskulptur

Plaste
und Elaste
aus Schkopau,

hindurch unter Brücken mit einem Werbeschriftzug des staatlichen Versicherungsunternehmens

...bewährt und begehrt...

oder des Reifenherstellers „Pneumant".

Wilhelm lenkt, ich sitze auf dem Beifahrersitz, und Bertrand schweigt still auf der Rückbank. Der Straßenbelag sieht graubeige aus. Die Landschaft ist kahl, der Himmel verhangen. Der Verkehr ist flüssig. Alle fahren die gleichen Autos in ähnlichen Farben und mit gleicher Geschwindigkeit. Nur wir sitzen in einem Westauto, allerdings mit Ost-Berliner Nummernschild: IA-...

Mein Zeigefinger folgt auf der Landkarte unserer Strekke: Von Dessau habe ich schon gehört: Da war das Bauhaus. Aber Raguhn und Bobbau sind mir fremd. Aus Wolfen kommt das farbstichige Filmmaterial der DDR. Bitterfeld klingt komisch. In der grauen Ferne rauchen Schornsteine. Ramsin, Zscherndorf, Glebitzsch – kein Zweifel: Wir fahren durch ein fremdes Land. Halle ist mir ein Begriff, aber ich bin unsicher, ob ich Kyhna, Sietzsch und Klitschmar richtig aussprechen kann.

„Mann, das ist auch Deutschland."

Das Schkeuditzer Kreuz ist ein typisch deutsch angelegtes Autobahnkreuz. Belgische oder niederländische Autobahnknoten sind für uns ungewohnter. Der Ausbau der Fahrbahn mit den geteerten Fugen zwischen den schiefen Betonplatten ist wie früher bei uns im Westen. Über solche Straßen fuhr uns unser Vater längs durch die Bundesrepublik zu den Großeltern. Da wird mir diese alte schmale Autobahn hier ganz heimatlich.

Wir biegen ab in Richtung Dresden. Bertrand erwacht aus seiner Starre: „Es erinnert mich an Grenada..."

„In Leipzig-Nord musst du 'rausfahren", informiere ich Wilhelm.

„...ich war dort während der Invasion der amerikanischen Truppen..."

„Wiederitzsch", grummelt Wilhelm und setzt den Blinker. Wiederitzsch ist der zweite Ort, der auf dem dunkelblauen Autobahnschild unter Leipzig-Nord angeschlagen ist.

„Der Friederitsch, der Friederitsch,
das war ein arger Wiederitzsch", versuche ich zu reimen.

„...wir waren am Meer, in ein' kleine' Bucht, hinter uns wurde geschießt – wie sagt man? – Geschossen! Das waren die Rebellen."

Der Stadtrand von Leipzig. Durch die Lüftung gelangt ein bitterer Geruch ins Auto. Aus dem Augenwinkel erkenne ich am Straßenrand einen dunklen Gedenkstein mit fünfzackigem Sowjetstern.

„Ich war für Radio France und musste die ganze Zeit eine *STELLAVOX* schleppen, aber ich hatte die Mikrofon schon verloren. Wir sind in ein offenes Boot gesprungen, aber unser Guide hat den Moteur nicht an- an- es ging nicht..."

Die Straße ist holprig, die Asphaltdecke hat Löcher, darunter ist Kopfsteinpflaster. Die dunklen hohen Häuser links und rechts wirken unbewohnt, wie düstere Filmkulissen. Am Himmel schimmert die Sonne durch den grauen Dunst.

„...schließlich er hat geschafft und wir sind aufs Wasser, um zu fahren auf die anderen Seite der Buchten. Es hat so gespritzt. Wir versteckten uns unter eine Zeltplane, die im Boot lag. Ich 'abe geschaut durch eine kleine Spalt über die Wand vom Boot..."

Unser Weg endet an einer Querstraße.

„Links oder rechts?" fragt Wilhelm.

„Zentrum. Links", antworte ich.

„...dann 'abe ich gesehen die andere Ufer. Dort 'aben sie gelauncht eine kleine Rakete! Mon Dieu! Es war viel gefährlicher als hier."

Wir stellen unseren dunkelroten VW-Golf mit Ost-Berliner Nummernschild auf dem Parkplatz vor dem Gewandhaus ab. Es ist später Vormittag. Die Herbstsonne hat sich durchgesetzt. Sie taucht die graue Stadt in freundliches Licht. Wir entfernen uns von unserem verdächtigen Auto und spielen Touristen. Selbst als solche dürften wir nicht hier sein, genauso wenig wie der Herr im beigefarbenen Anzug, der uns jetzt im Gedränge der Grimmaischen Straße begegnet. Erstaunt guckt er mich an – und dann erkennt er seinen Kollegen Bertrand, auf den er einen grimmigen Blick abschießt. Der Herr ist Dr. Helmut Rauchfenger, der Bonner Studioleiter vom ORF. Wir grüßen uns unwillkürlich, allerdings nur mit kleinem Kopfnicken. Wir gehen aneinander vorbei, als würden wir uns nicht kennen. Herrn Rauchfenger bleibt der Mund offen stehen. Er hatte doch schon meine Zusage. Da hat Bertrand ihm einfach den Kameramann abgeluchst – für den gleichen Auftrag. Vermutlich ist Herr Rauchfenger jetzt alleine hier. Ohne Kamera.

Wir steigen hinab in Auerbachs Keller, um Mittag zu essen. Der Laden ist voll, aber wir finden noch Platz.

Das Duschgel aus dem Berliner Palasthotel klebt immer noch auf meiner Haut, als hätte ich heute morgen in einer dicken Limonade gebadet. Mir ist, als würde ich einen giftig-süßen Geruch verströmen, wie ein offenes Fass mit künstlichem Fichtennadelaroma. Vielleicht war das in dem Beutelchen neben dem Waschbecken kein Duschgel, sondern Badeöl. Wie man sich in einem fremden Land fühlt, ist auch eine Frage der eigenen Unzulänglichkeit.

Die Herrentoilette in Auerbachs Keller ist so schlecht beleuchtet, dass ich nicht treffe und versehentlich gegen mein linkes Hosenbein pinkele. Das graue DDR-Klopapier saugt schlecht. Es ist ungeeignet, um den dunklen Fleck an meiner Jeans abzutupfen. Glücklicherweise ist das Lokal eng und so schummrig beleuchtet, dass niemand den Fleck sehen wird, wenn ich mich schnell genug zu meinem Platz zurückbewege.

Bis in den späten Nachmittag spazieren wir kreuz und quer durch die herbstliche Innenstadt. Leipzig ist wie jemand, der einmal viel Geld hatte, doch jetzt ist ihm nur noch die großzügige Wohnung mit den schönen alten Möbeln geblieben. Gelegentlich leistet er sich ein neues Stück, aber renoviert werden kann nichts, auch der abgelaufene Teppich nicht.

Bertrand möchte weder in der Nähe unseres Autos noch an der Nikolaikirche vorbeigehen. Aber irgendwann schauen wir doch, ob die Menschenmenge auf dem Platz neben der Nikolaikirche dicht genug ist.

Die Sonne ist untergegangen. Noch leuchtet der Himmel blau. Hinter den Fenstern brennt schon Licht. In den Straßen ist es dunkel. Wir gehen zum Parkplatz vor dem Gewandhaus. Unser Golf steht noch da. Wilhelm öffnet den Kofferraum. Ich hebe die schwere Reisetasche heraus. Ich wage nicht, sie zu öffnen, um zu überprüfen, ob alles komplett ist. Vielleicht beobachtet uns jemand.

„Vielleicht geht nur ihr zwei. Das ist unauffälliger. Ich warte hier für euch.“ Bertrand kann seine Angst nicht verbergen.

„Leute, seid nicht feige – lasst mich hintern Baum“, spotte ich, „Neenee, du kommst mal schön mit uns.“ Ich klemme mir die braune Reisetasche unter den Arm. Zu dritt gehen wir los. Auf dem Platz vor der Nikolaikirche stehen die Menschen so dicht beieinander wie das Publikum vor der Bühne einer Rockmusikband. Manche halten selbst geschriebene Transparente über ihren Köpfen. Wir drängeln uns mitten zwischen die Leute, dorthin, wo man sich schon gegenseitig auf die Füße tritt. Ich kann gerade so über die Köpfe der anderen hinwegsehen und schaue mich um. Wir stehen in der Mitte des Platzes, um uns bis an den Rand nur Gedränge. Ein Greiftrupp der Volkspolizei hätte einen weiten Weg bis hier. Auf dem Balkon an einem der Häuser hat jemand ein zierliches Stativ aufgebaut, auf dem eine kleine Kamera sitzt, die genau auf uns gerichtet zu sein scheint. Ein filmender Bürgerrechtler? Ein Team der Staatssicherheit?

Wilhelm und ich knien uns hin. Im Schein der Straßenlaternen und von Wilhelms Feuerzeug öffne ich den Reißverschluss der Tasche. Ich hebe den Kamerakopf heraus und stelle ihn auf dem Boden ab. Wilhelm reicht mir vorsichtig die Optik, die so groß und so schwer ist wie eine volle Bierflasche. Jetzt bloß nichts fallen lassen. Langsam machen. Ich lasse die Schutzdeckel in meiner Jackentasche verschwinden, stecke das Objektiv in die Fassung am Kamerakopf und verriegele den Bajonettverschluss. Es gibt keine Möglichkeit, das Auflagemaß zu überprüfen. Schon reicht mir Wilhelm den Recorder, den ich hinten an den Kamerakopf stecke und mit zwei Schrauben sichere. Ich spüre die Blicke einiger Demonstranten, zu deren Füßen wir unsere Kamera zusammensetzen. Ihnen ist klar, dass wir so genannte „westliche Medienvertreter" sind. Im Recorder steckt eine Kassette, ein Akkupaar ist im Batteriefach, ich schalte die Kamera ein. Es ist eine brandneue *BETACAM* mit neuartigen Bildsensoren – unsere einzige Chance im Lichte von Straßenlaternen sendefähige Bilder zu bekommen. Und sie funktioniert.

Wir bleiben mitten zwischen den Demonstranten. Ich kann mich auf einen kleinen Mauersockel stellen. Ich nehme die Kamera auf die Schulter. Jetzt können alle sehen, dass hier einer mit professionellem Equipment dreht – einer aus dem Westen. Die Zeit läuft. Noch hebt sich die Silhouette der Nikolaikirche deutlich gegen den dunkelblauen Himmel ab, ideal als Wahrzeichen unseres Aufnahmeortes. Ich beginne sofort zu drehen. Der charakteristische, achteckige Kirchturm ist gut zu erkennen. Hinter den schmalen, hohen Fenstern leuchtet der helle Innenraum des Kirchenschiffes. Genug. Abschwenk auf die Menge auf dem Platz vor der Kirche. Man sieht ein Meer von Köpfen im Lichte der gelben Straßenbeleuchtung. Aus einer Seitenstraße hinter der Kirche nähert sich der massenhafte Ruf: „Wir sind das Volk! Wir sind das Volk! Wir sind das Volk!" – Ich erkenne Wilhelms Gesicht am unteren Rand meines Bildes. Er lacht, weil das wie inszeniert wirkt. Der Ruf kommt näher, wie eine La-Ola-Welle im Fußballstadion.

Die Demonstranten heben die Hände über ihre Köpfe und klatschen im Takt: „Wir sind das Volk! Wir sind das Volk! Wir sind das Volk!"

Wahrscheinlich sind dies die ersten Aufnahmen von einer Montagsdemonstration in Leipzig, die ein westliches Fernsehteam in professioneller Qualität aufnimmt. Ich muss sehr sparsam drehen. Wir haben nur drei Kassetten dabei. Jede reicht für zwanzig Minuten.

Auf einem Sims neben uns stehen einige jüngere Leute. Sie halten Kerzen. Der Himmel schimmert dunkelblau. Er spendet kaum noch Licht. Ein Bauzaun aus Wellblech teilt den Platz. An dem Blechzaun sind ovale Baustellenlaternen angebracht. Sie leuchten nur schwach. Ich muss mit dem Licht auskommen, das da ist. Ich setze kurz ab und schaue mich um. Die Demonstranten sind mit ihrer Sache beschäftigt. Niemand scheint mich zu beachten. Gut so. Ich drehe eine zweite Einstellung, ganz total. Man sieht den ganzen Platz an der Kirche, mit Bauzaun, Laternen, Kerzen und unendlich vielen Menschen. Sie fordern: „Freiheit für die DDR! Freiheit für die DDR!" Ich verdichte auf ein weißes Tuch, darauf hat jemand mit fetten Strichen gepinselt:

REFORMER AN DIE MACHT

Ein anderes, großes Transparent ermahnt:

EGON KRENZ, MACH DIR KEIN' LENZ!
CHINA, WAHL, POLIZEIEINSATZ –
VERGESSEN WIR NICHT

Auf dem Flachdach eines hohen Häuserblockes gegenüber der Kirche entdecke ich eine große Kamera. Sie steht auf einem schweren Metallstativ hart an der Ecke des Blocks.

„Wir wollen Freiheit! Wir wollen Freiheit...“

FREIE WAHLEN
STATT GEFÄLSCHTER
ZAHLEN

Hunderte Hände werden in die Luft gereckt. Sie winken im Takt „Neues Forum! Neues Forum!“

Der Platz ist umschlossen von hohen Fassaden. In den erleuchteten Fenstern sieht man Menschen stehen. Sie verfolgen das Geschehen auf dem Platz, während die Menschen um uns herum fordern: „Berufsverbot für Schnitzler! Berufsverbot für Schnitzler!“

Nach einer Weile fällt mir endlich ein, dass dieser Schnitzler der Chefkommentator des DDR-Fernsehens ist. Seine Polemik gegen den Westen ist sogar in der Bundesrepublik legendär.

„Freiheit für die Inhaftierten! Freiheit für die Inhaftierten!“ Diese Rufe nähern sich von irgendwoher, erfassen die Menge um uns und klingen langsam wieder ab. Dann stehen die Leute, schauen sich um, reden bis zur nächsten Parole.

„Stasi in die Volkswirtschaft! Stasi in die Volkswirtschaft!“

Die Kamera auf dem Dach über der hohen Hausecke schwenkt ferngesteuert über den Platz.

„Wir sind keine Rowdys! Wir sind keine Rowdys!“ quittiert die Menge einen Vorwurf der Regierung. Mittlerweile haben die Demonstranten uns wahrgenommen. Sie formen mit den Fingern ein Victory-Zeichen und halten es in die Kamera. „Barläh wuh frongsähs?!“ johlt einer. Offenbar hat Wilhelm ihm gesagt, in wessen Auftrag wir drehen. Im Hintergrund hebt jemand ein Transparent hoch, auf dem zu lesen steht:

VISAFREI BIS HAWAII.

Genug. Wir wechseln die Kassette. Bertrand will Interviews drehen. Vor uns steht ein Mann mit einem üppigen Schnauzbart unter einer großen Nase. Seine Gesichtshaut wirkt wettergegerbt. Seine Augen leuchten im Widerschein der Kerzen, die einige Leute um ihn und uns in den Händen halten. Aber für die Kamera ist er kaum zu sehen. Das Bild rauscht gewaltig. Egal. Er ist bereit, vor der Kamera zu sprechen.

„Okay dann, können Sie uns erklären, warum Sie sind hier heut' abend?“ fragt Bertrand.

„Ja, ich bin der Meinung, dass wir alle mal auf die Straße gehen müssen, damit sich in unserem Staat hier etwas ändert. Wir ha'm zuviel unter Druck gelitten, und das Volk muss einfach sich besinnen, dass es das Volk ist, dass wir die große Kraft sind...“ Der Mann unterbricht sich, denn wie zur Bestätigung seiner Worte rollt der Ruf heran: „Wir sind das Volk! Wir sind das Volk!“ Unser Interviewpartner wendet sich zur Seite, klatscht rhythmisch in die Hände und skandiert ebenfalls: „Wir sind das Volk!“ Dann ebbt die Parole ab.

Bertrand fragt den Mann: „Wie lang, glauben Sie, es wird weiter gehen?“

„Man kann es schwer voraussagen“, antwortet der Mann besonnen, „aber wir wollen's versuchen. Wir wollen's versuchen...“

„Und vertrauen Sie diese neue Regierung?“

„Sie hat noch nichts bewiesen, dass etwas Gutes herausgekommen ist. Man muss es sehen. Man muss es sehen.“

Um uns herum flammen Feuerzeuge auf. Jeder der Umstehenden versucht, uns ein wenig Licht zu spenden. Die Leipziger wollen, dass ihre Nachricht hinaus in alle Welt geht.

„Aber, seit einer Woche – sagen wir – es gibt schon Fortschritte, oder?"

Der Mann rollt unwillkürlich mit den Augen. „Ich hab' noch nichts gespürt. Noch keine Fortschritte – nur Ankündigungen in der Zeitung. Und ich habe solche Ankündigungen, ‚Neuen Kurs' und so 'was auch schon – ich bin etwas älter – 1954 erlebt, den ‚Neuen Kurs', und zum Schluss ist die Mauer gekommen. Man hat nichts erreicht."

„Aber das hunderttausend Leuten auf der Straße ohne Gewalt gehen können, das ist schon etwas, oder? Das war unvorstellbar vor drei Monaten!"

„Was will man gegen hunderttausend Menschen plötzlich machen, wenn keine Panzer fahr'n?" nickt der Mann, er wendet sich wieder zur Seite, die Feuerzeuge verlöschen, die Umrisse der Menschen verschwimmen im Dunklen.

„Jetzt oder nie – Demokratie! Jetzt oder nie – Demokratie!"

„Sind Sie auch so optimistisch?" fragt Bertrand einen kleinen Mann in Jeans. Schütteres Haar fällt ihm in langen Strähnen auf seine hohe Stirn, seine Augen funkeln hinter einer modisch-randlosen Brille mit bläulich getönten Gläsern. Wie fast alle Männer hier trägt auch er einen üppigen Schnauzbart.

„Also, wenn man das sieht hier...", antwortet der kleine Mann, „...und das erste Mal in der DDR seit vielen, vielen Jahren – Jahrzehnten – dann muss man einfach Optimist sein. Ja, wir... Wir dürfen wieder!" bricht es aus ihm heraus. Er sieht Bertrand fest in die Augen, als erwarte er eine Reaktion. „Und das ist erstmal wichtig!" jubelt der kleine Mann.

„Die Mauer muss weg! Die Mauer muss weg!" skandiert die Menge. Einen Augenblick lang hält der kleine Mann mit der modischen Brille inne. Er lauscht dem Ruf, als könnte er durch die Ohren eine frische Brise einatmen. Dann ruft auch er: „Die Mauer muss weg! Die Mauer muss weg!“ Er wirkt wie einer, der nach Jahren in einem stickigen Zimmer zum ersten Mal das Fenster aufmacht, zum ersten Mal wieder tief durchatmet und erleichtert feststellt, wie leicht das geht.

Alle Straßen und Wege rund um die Kirche sind verstopft mit Menschen. Sie bekunden: „Wir bleiben hier! Wir bleiben hier!“ und fordern: „Freie Wahlen! Freie Wahlen!“ Sie sitzen auf Baugerüsten und antiken Straßenlampen, sie rufen: „Schnitzler in den Tagebau! Schnitzler in den Tagebau!“ In den schmalen Gassen hallen diese Parolen zwischen den hohen Fassaden wider und mischen sich mit denjenigen, die hundert Meter entfernt gerufen werden. Die Menge setzt sich in Bewegung. Wir lassen uns mittreiben. Dann stockt die Bewegung wieder.

EGON WIR WOLLEN TATEN SEHEN

„Schließt euch an! Schließt euch an!“

„Los-lauf-en! Los-lauf-en! Los-lauf-en!“

„Braucht ihr ’mal ’ne gute Aussicht?“ Vor mir steht ein Mann mit einer einfachen Plüschfellmütze auf dem Kopf. Er zeigt auf die Balustrade um das Dach des fünf- oder sechsstöckigen alten Messehauses neben uns. Dort sieht man Kerzen brennen und etwa ein Dutzend Menschen stehen.

„Klar“, sage ich.

„Dann kommt mit!“ Der Mann führt uns durch die Menge. Er bewegt sich wie eine Forelle im rauschenden Gebirgsbach. Wir folgen ihm dichtauf. Er biegt in eine Seitengasse, die auch voller Menschen ist. Er führt uns in einen dunklen Hauseingang, durch einen gammeligen, trübe beleuchteten Flur, hinunter über eine enge Treppe in einen Keller und dort in einen uralten Aufzugkorb. Mit Schwung zieht der Mann ein rasselndes Scherengitter zu und verriegelt es.

Bertrands Gesicht wird grünlich. Er starrt mich an. Sein Blick sagt: „Jetzt 'aben sie uns!"

Der Mann mit der Plüschfellmütze betätigt einen Schalter. Mit einem Ruck setzt sich der Aufzug in Bewegung. Es geht aufwärts. Langsam, Stockwerk für Stockwerk. Abrupt bleibt der Aufzug stehen. Erst als das Scherengitter wieder geöffnet wird, löst Bertrand sich aus seiner Starre. Wir treten hinaus auf eine Galerie, die hinter einer dicken Sandsteinbalustrade rund um das ganze Hausdach zu führen scheint. Ganz nah, direkt vor uns, auf dem Nachbarhaus erkenne ich die ferngesteuerte Kamera, die ich von unten schon erspäht hatte. Der Mann mit der Plüschfellmütze gibt uns ein Zeichen: Wir sollen uns hinter die Balustrade ducken, damit uns die Kamera auf dem Nachbarhaus nicht sieht. Tief gebückt huschen wir um die Ecke, vorbei an der Stelle, wo die Kerzen auf der Balustrade kleben. Dann richten wir uns wieder auf und blicken hinab in die Gassen tief unter uns. Eine Geräuschkulisse wie im Fußballstadion dringt zu uns herauf. Von hier aus können wir mehrere kleine Straßen einsehen: alles voller Menschen, es müssen tatsächlich Hunderttausende sein.

Um wirklich den Menschen in der Straße direkt unter uns auf die Köpfe gucken zu können, muss ich mich weit über die breite und runde Steinbrüstung legen. Die schwere Kamera lässt meinen Körper noch kopflastiger werden. Wilhelm und ich kennen uns kaum. Er muss mich mit beiden Händen am Kragen und am Gürtel festhalten, damit ich nicht über die Brüstung rutsche und in die Tiefe stürze.

„Genug", raunt Bertrand, „fahren wir zurück."

Sonst kann er nie ein Ende finden.

Wie ein Scout führt uns der Mann mit der Plüschfellmütze durch die Menschenmassen. An einer Hauswand bleibt der Mann stehen. Auf niedrigen steinernen Fenstersimsen kleben tropfende Kerzen. Sie beleuchten einen Zettel, der auf der dunklen Sandsteinfläche liegt: eine Unterschriftenliste. Der Mann trägt sich mit Name und Anschrift ein, er unterschreibt, schaut sich um, ob wir noch da sind, dann führt er uns weiter, bis wir wieder wissen, wie wir zum Gewandhaus finden. Unsere Kamera haben wir wieder zerlegt und in die alte braune Reisetasche gepackt. Im Recorder steckt eine Kassette mit Etikett. Darauf hat Wilhelm mit Kugelschreiber „Demo Leipzig 23.10." notiert. Es sind aber nur die Aufnahmen darauf, die wir vom Dach des Messehauses gemacht haben. Die beiden zuvor belichteten, auf Anfang zurück gespulten und unbeschrifteten Kassetten trägt Bertrand in seinen Jackentaschen.

Der Straßenring um die Leipziger Innenstadt ist dicht. Überall drängen sich Demonstranten. Wir müssten vor dem Hauptbahnhof den Ring überqueren. Nichts zu machen. Die Demonstranten lassen uns nicht durch. Sie schlagen mit Fäusten auf das Dach unseres dunkelroten VW-Golf und beschimpfen uns laut:

„Scheißberlinergroßschnauzen!"

Sie halten uns für Verbündete der Stasi.

Wir kehren um und versuchen, die Innenstadt andersherum zu umfahren. Aber am Ende ist es dasselbe – mit dem Unterschied, dass es hier einen langhaarigen Demonstranten mit runder Nickelbrille gibt, der seine Mitmenschen so dirigiert, dass sie eine Gasse für uns bilden. Ist der Langhaarige ein heimlicher Mitarbeiter der Stasi? Denkt der auch, wir seien Verbündete?

Die übrigen Stadtteile sind still. Das stechende, orangefarbene Licht der Straßenlaternen und der bittere, irgendwie bräunliche Geruch der Kohleofenheizungen verschmelzen zu einem Sinneseindruck von Verfall und gleichzeitigem Aufbruch. Ich bin jung, ich verdiene gut, um mich herum herrscht eine gespannte Aufbruchstimmung, die sich mit meiner eigenen Gemütslage – so kurz nach dem Beginn der beruflichen Selbständigkeit – deckt. Deshalb wird der Geruch von Braunkohleabgasen in mir nicht nur den gelblichen Farbeindruck von Natriumdampflampen und ein Herbstgefühl hervorrufen, sondern auch – je älter ich werde, desto mehr – Wehmut.

Wir passieren ein Ortsschild am Ausgang der Stadt.

„Sagt mir, wenn wir fünfzig Kilometer von Leipzig entfernt sind", bittet Bertrand.

„Warum?" frage ich.

Wilhelm nullt den Kilometerzähler am Armaturenbrett. Ich drehe mich um zu Bertrand. Er lehnt aufrecht, starr und mit geschlossenen Augen, an der Rückbank. Er antwortet nicht.

Wir rumpeln durch die Nacht über die Autobahn nach Berlin. Die Fugen zwischen den Betonplatten der Fahrbahn erzeugen ein gleichmäßiges, tackerndes Geräusch.

„Bertrand?" ruft Wilhelm, „Bertrand!"

Bertrands Kopf und Schultern sind ein schwarzer Schatten vor der Heckscheibe. „Ah, oui – äh, ja?"

„Wir sind fünfzig Kilometer hinter Leipzig", informiert Wilhelm wie ein Flugbegleiter seine Passagiere. Ich habe

Bertrands Bitte schon längst wieder vergessen.

„Okay, erschreckt ihr nicht“, sagt Bertrand ruhig.

Ein Krankenwagen überholt uns mit Blaulicht und saust davon.

„AAAAAAH!!!“ Laut und anhaltend schreit Bertrand seine Angst heraus. Dann kippt er um. Schlafend liegt er auf der Rückbank, bis wir in der Garage des Palasthotels sind.

In Uwes Hotelzimmer sieht es aus wie in einem halbdunklen, engen Lagerraum für Fernsehbildschirme, Kabel und Magnetbandmaschinen. Er hat ein mobiles Schnittstudio aufgebaut. Wilhelm und ich grüßen kurz vom Gang aus: „Wir warten in der Pianobar!“ Unsere Zimmer haben wir ja nicht mehr.

„Trinkt nicht so viel. Um Mitternacht sind wir fertig“, ermahnt uns Bertrand. Er verschwindet in Uwes Zimmer, um mit ihm den Beitrag für die Nachrichtensendung morgen Mittag zu schneiden. Die Kassette mit dem fertigen Beitrag sollen Wilhelm und ich sofort nach West-Berlin bringen. Morgen früh um neun ist Überspieltermin beim SFB.

Der schwarze Bartresen ist wie ein Dreiviertelkreis gebogen. Dahinter arbeitet eine gertenschlanke junge Frau. Sie gehört zu den seltenen Mitarbeitern dieses Hotels, die weniger Distanz zu den Gästen zu halten haben. Sie mixt Cocktails, zapft Biere und plaudert freundlich mit den beleibten Anzugträgern, die um sie herum sitzen. Sie trägt ein dunkel gemustertes Kleid, dessen dünner Stoff ihre biegsame Figur umspielt wie ein Duft.

Wilhelm und ich finden Platz auf einer kleinen Bank, dort, wo der runde Tresen und die gerade Wand des Raumes einen schummrigen Winkel bilden.

Es ist spät. Bereits während unseres ersten Bieres melden sich die Schlipsträger ab, einer nach dem anderen. Wilhelm gibt sich sachverständig und studiert die Cocktailkarte. Er entspinnt ein leutselig höfliches Gespräch mit der Bedienung, wobei er sich geschickt auf seine tiefe, warme Stimme verlässt. Inhaltliches spielt eine untergeordnete Rolle. Sie heißt Sabine, ist sechsundzwanzig Jahre alt und Mitglied der SED. Ihr Verlobter heißt Werner und hat gerade seinen Doktor in Wirtschaftswissenschaften gemacht. Natürlich sind sie beide der Ansicht, dass die Zeit für politische Verände-rungen gekommen ist. „Gerade in der Wirtschaft." Es sei manchmal so schwierig, an die einfachsten Güter des Alltagsbedarfs zu kommen, klagt Sabine.

„Zu welchem Cocktail gehören denn die Bananen?" fragt Wilhelm. Hinter dem Tresen, auf der Arbeitsfläche neben der Saftpresse, steht eine große gläserne Schale mit Bananen – einem Dutzend reifer, gelber Bananen.

„Sidecar", antwortet Sabine.

„Was ist", fragt Wilhelm mich, „probieren wir einen Sidecar?"

Von Cocktails habe ich keine Ahnung: „Na klar."

Sabine mischt irgendetwas aus Rum, Wodka sowie einer pürierten Banane zusammen und verteilt die trübe Brühe auf zwei flache Gläser mit Stiel und Zuckerrand. Dazu serviert sie uns ein Schälchen mit gesalzenen Erdnüssen. Wir sind durstig und trinken viel zu schnell. Essen wollen wir sowieso erst im Westen. Bevor wir hier etwas bekommen, wird Bertrand mit den Kassetten erscheinen und uns losschicken. Das Getränk schmeckt.

„Noch ein' Sidecar, bitte."

Lächelnd püriert Sabine die nächste Banane. Ich nehme

mir vor, etwas langsamer zu trinken. Mir wird schon sehr warm. Am Grunde meines Glases ist nur noch eine Pfütze, ich nasche gerade von dem Zuckerrand, da steht plötzlich Bertrand in der Bar.

„Hallo Bertrand, geht's los? Wo ist das Band?"

Bertrand steht da, blass wie ein Geist, mit heruntergeklappter Kinnlade. Wortlos starrt er uns an. Dann verschwindet er wieder.

Meine Ohren beginnen zu glühen. Neben Wilhelm mit seiner warmen Stimme und dieser leutseligen Art zu reden, komme ich mir vor wie ein kleiner Junge. Vielleicht auch, weil sich während des dritten Sidecar Wilhelms freundlich herablassende Art einstellt. Sabine kann seiner angenehmen Stimme offenbar nicht lange genug zuhören: „Kommt ihr denn noch öfter nach Berlin?“

„Davon ist auszugehen“, brummt Wilhelm, als wäre er derjenige, der das zu entscheiden hat. „Wir müssen heute erstmal zurück, weil unser Visum abgelaufen ist, vermutlich kommen wir aber schon morgen Abend, spätestens übermorgen wieder. Sollen wir etwas für dich besorgen?“

Ich möchte im Boden versinken. Verlegen tunke ich mein Gesicht in das flache Cocktailglas. Mit einem Zug trinke ich das letzte Drittel Sidecar. Sabine lächelt mit gekonntem Charme über Wilhelms Peinlichkeit hinweg und fragt: „Ach... echt?“

Wilhelm, jovial grinsend: „Natürlich, soviel Zeit muss sein.“

Sabine räumt mein leeres Glas ab und stellt ein frisch befülltes Schälchen mit duftenden Erdnüssen hin. Ich habe Hunger und schaufele mit dem kleinen Löffel aus der Schale Erdnüsse in meine Hand. Wilhelm trinkt genüsslich langsam. Das gibt mir die Möglichkeit, etwas zu pausieren.

„Meint ihr das ernst?“ fragt Sabine.

„Jaja“, spiele ich das Spiel mit.

Während Sabine die Theke aufräumt, scheint sie laut nachzudenken: „Eine neue Jeanshose wär’ schon gut...“

„Welche Größe hast du denn?“ gurrt Wilhelm.

„36, det is’mir jetz’ aber unangenehm...“

„Ach was, wir gehen in einen Jeansladen und kaufen eine Jeans. Das ist doch kein Umstand“, assistiere ich.

„Ich nehm’ noch ’n Sidecar“, schiebt Wilhelm ein und hat damit im Handstreich die Verhältnisse wieder klargestellt. Ich schließe mich an. Jetzt ist es sowieso egal. Ich schwimme bereits in einer weichen, warmen Wolke. Sabine püriert die nächste Banane.

„Nee“, sagt Sabine plötzlich, „vergesst die Jeans für mich. Ich möchte lieber etwas für meinen Verlobten.“

„Wenn wir sowieso einkaufen geh’n, könn’ wir auch noch andere Sachen besorgen“, lässt Wilhelm wissen, „was wünscht er sich denn?“

„Also, ich bezahl’ das auch. Wir bekomm’ ja auch viel Trinkgeld in Valuta.“

„Jaja. Sag doch mal.“ Ich hätte am liebsten nicht gehört, was Sabine gesagt hat, aber jetzt muss man wirklich Nägel mit Köpfen machen, um der Peinlichkeit den Boden zu entziehen.

„Einen Binder, am besten weinrot – es gibt die aus so einem feinen, glänzenden Stoff – oder in lila.“

Wenn ich nicht bei der Bundeswehr gewesen wäre, wüsste ich heute noch nicht, was ein Binder ist. Ich kenne nur Schlips oder edler: Krawatte. Und eben: Binder, anthrazitgrau.

„Also, eine Jeans, Größe 36 und einen Binder in weinrot oder lila“, zählt Wilhelm auf, „beides gibt’s im KaDeWe. Was noch?“

„Gibt’s da auch Hemden?“

„Da gibt’s alles“, entfährt es mir mit der Inbrunst eines Kleinstädters, der überwältigt ist von der Fülle dieses mehrstöckigen Konsumtempels, in dem ich bisher nur als dreizehnjähriger Tourist gewesen bin.

„Kennt ihr diese Sektgläser, die gar keinen richtigen

Stiel haben, wo der Sekt bis unten in den Fuß fließt?“

„Ja klar, hab’ ich zu Hause“, entblöße ich mich.

„Davon könnt’ ich gut welche brauchen für die Bar.“

„Also, jetzt müssen wir aber mal einen Zettel machen“, bemerke ich, während Wilhelm schweigt und lächelnd seinen Sidecar schlürft. Er ist längst nicht mehr peinlich, aber ich bin es.

Sabine reißt ein Blatt von ihrem Quittungsblock ab.

„Schreib’ alles hin“, fordern wir sie auf. Sabine notiert auf der unbedruckten Rückseite des Zettels:

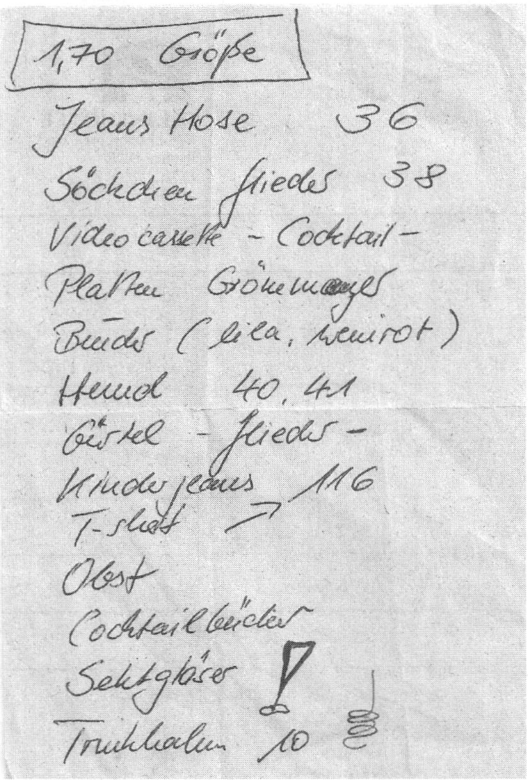
1,70 Größe
Jeans Hose 36
Söckchen flieder 38
Videocassette – Cocktail-
Platten Grönemeyer
Bücher (lila, weinrot)
Hemd 40, 41
Gürtel – flieder –
Kinderjeans 116
T-shirt
Obst
Cocktailbücher
Sektgläser
Trinkhalme 10

Mit dem Kuli zeichnet Sabine einen spiralförmigen Kringel. „Die seh'n so aus", sagt sie. „Von den Trinkhalmen und den Sektgläsern kann ich jeweils zehn Stück gebrauchen."

Von der Rezeption aus rufe ich auf Uwes Zimmer an.

„Es dauert noch. Wir haben noch 'was gedreht...", informiert mich Uwe.

„Was habt ihr denn jetzt noch gedreht?"

„Da war vorhin noch 'ne Demo vor dem Staatsratsgebäude – hat Bertrand euch nichts davon gesagt?"

„Nein, er war da, hat uns mit offenem Mund angestarrt und ist wieder gegangen. Hat Bertrand das selber gedreht?"

„Nee, ich. Bertrand hat gesagt, dass ihr zu besoffen seid", gluckst Uwe.

Es wird zwei Uhr nachts.

Es wird drei.

Vier.

Sabine hat Dienst, bis der letzte Gast geht. Die Bananen sind alle. Jeder von uns hat zwei gegessen. Bertrand und Uwe haben uns weitere Anrufe verboten, um nicht gestört zu werden. Sabine kocht uns Kaffee. Die Bar scheint sich langsam im Kreis zu drehen. In meinen Schläfen dämmert Kopfschmerz. Wilhelms Stimme ist noch tiefer geworden.

Um fünf steht Uwe in der Bar. Unter den Augen hat er tiefe, bläulich-graue Ringe. Die Rechnung lassen wir auf Uwes Zimmer schreiben. Uwe unterschreibt, Bertrand wird bezahlen. Der liegt wahrscheinlich schon im Bett. Währenddessen schieben wir uns auf Uwes Zimmer insgesamt sechs Kassetten in die Jackentaschen. Uwe hat alle drei Filme je einmal kopiert. Die Kassetten sind so groß wie ein sehr dickes Taschenbuch. Uwe hat sie nicht beschriftet, sondern nur unauffällig markiert: Jede Kassette trägt an der Oberseite den silbernen Aufdruck *BETACAM*. Uwe hat bei Kassette Nummer 1 mit schwarzem Filzstift einen winzigen Punkt in das silberne *B* gesetzt, was aussieht wie ein Fleck. Bei Kassette Nummer 2 hat er zwei Punkte in einen anderen Buchstaben des Schriftzuges gemacht und so weiter. Eigentlich beginnt jetzt der spannendste Teil unseres Auftrages. Wir müssen das unerlaubterweise gedrehte Material in den Westen bringen. Jeder von uns hat Kassetten mit einem Zweiminuten-Beitrag über die Montagsdemo in Leipzig, einer zehnminütigen Zusammenfassung unserer Aufnahmen für den Programmaustausch der European Broadcast Union sowie einem kurzen Nachrichtenfilm über diese nächtliche Demo. Um zehn haben wir eine Leitung beim Sender Freies Berlin.

Vor dem Hotel graut der Morgen. Der Himmel über uns hat die gleiche Farbe wie der stumpfe Lack des Taxis. Der Wagen erinnert an amerikanische Limousinen aus den sechziger Jahren. Der Innenraum ist geräumig, wirkt aber kahl. Er scheint auch ohne Heizung zu sein. Ich bin betrunken und müde. Es riecht nach kaltem Zigarettenrauch. Der Fahrer ist ein schlaksiger Jeansträger mit buschigem braunen Schnauzbart und ebensolcher Frisur. Wir reden kein Wort miteinander. Mühsam entziffere ich den kyrillischen Schriftzug am Armaturenbrett: Wolga. Unsere Fahrt zum Bahnhof Friedrichstraße dauert keine fünf Minuten. Es gibt noch keinen Berufsverkehr.

Als einzige Reisende betreten wir die graue Vorhalle im Anbau des Bahnhofs. Einzeln werden Wilhelm und ich durch die Grenzkontrolle geschleust. Ich stehe in der engen Kabine mit den bleichen Holzdekorwänden. Der uniformierte Beamte hinter der schmalen Glasscheibe studiert meinen Reisepass und drückt den Ausreisestempel hinein. Während er meinen Pass durch den schmalen Schlitz unter der Scheibe hindurch schiebt, blickt er kurz in den breiten Spiegel an der Wand über meinem Hinterkopf. Aber er will nur sehen, ob ich verdächtiges Handgepäck habe, meine prall gefüllten Jackentaschen interessieren ihn nicht.

Der einsame Fahrkartenautomat der West-Berliner Verkehrsbetriebe fordert für eine Fahrkarte zwei Deutsche Mark und siebzig Pfennige von jedem. In unseren Geldbörsen finden wir aber außer DDR-Geld nur Scheine und zwei Fünf-D-Markstücke. Der Fahrkartenautomat wechselt nicht. An der gelblich gekachelten Wand neben dem Fahrkartenautomaten hängen vier schmale, graue Kästen, an welchen sich oben Geldeinwurfschlitze und unten silberne Klappladen für die Kleingeldausgabe befinden. Ich stecke meine Fünf-D-Mark-Münze in den äußerst links angebrachten Automaten, woraufhin ein Markstück und zwei Zweimarkstücke klimpernd in die silberne Klapplade fallen. Den nächsten Automaten lasse ich aus, er wechselt nur Zweimarkstücke. Wie von außerhalb sieht mein betrunkenes Bewusstsein mich selbst und Wilhelm nebeneinander jeweils eine Münze in einen der Automaten stecken, Kleingeld entnehmen und sich mit einem seitlichen Schritt vor den nächsten Automaten stellen. Im dritten Automaten klikkern für mein eingeworfenes Markstück zwei Fünfzig-Pfennig-Stücke in den Auswurfschacht. Der äußerst rechte Automat schluckt klappernd eines der Fünfzig-Pfennig-Stücke, rumort elektrisch und zählt klingelnd nacheinander fünf Groschen in die Klapplade.

Wir lassen uns auf die kalten Kunstledersitze des leeren S-Bahn-Wagens fallen. Ich fröstele in der frischen Luft, die durchs Abteil zieht, bis sich endlich die Türen zischend schließen. Mit tiefem Brummen ruckelt die alte S-Bahn los, Richtung Westen.

Schrill zirpt das Telefon, ungeduldig.

„Es ist neun Uhr, Sie wollten geweckt werden“, sagt eine junge Männerstimme im Hörer.

„Ja.“ Mehr bringe ich nicht heraus. Knapp über meinen bleischweren Augenlidern singt ein bohrender Schmerz in höchsten Tönen. Das Telefon steht auf dem winzigen Nachttisch neben meinem erhitzten Kopfkissen. Mühsam tippe ich Wilhelms Zimmernummer in die Tastatur. Es dauert eine Weile, bis er abhebt. Ich höre ein kurzes Klappern und einen weichen Schlag – dann: Stille. Wilhelm hat im Tran oder mit Absicht sein Telefon von der Ablage gefegt. Ich muss ohne ihn auskommen.

Der Taxifahrer trägt eine schmierige braune Lederjacke und hört RIAS-2. Es riecht penetrant nach dem Wunderbaum, der unterm Rückspiegel pendelt, im Sprechfunk krächzt ein Berliner Weib teilnahmslos die Namen verschiedener Taxiposten. In den Lüftungsschlitzen über der Mittelkonsole stecken mehrere Kugelschreiber. Ich lehne matt im Beifahrersitz.

Auf der Kantstraße stauen sich die Autos. Der Taxifahrer flucht. Er weicht in die Seitenstraßen Charlottenburgs aus. Auch die sind noch wesentlich breiter als die Hauptstraße meines Heimatstädtchens. Die Gründerzeitfassaden links und rechts der Straße sind hoch und dunkel. Über ihnen blendet mich ein kaltgrauer Oktoberhimmel. Die Straßenbäume sind fast kahl. Wir rasseln über Kopfsteinpflaster. Eine Ampel zeigt rot. Unmittelbar vor uns hält eine junge Radlerin. Mein träger Blick landet auf ihrem runden Hintern. Hautnahe kurze Hosen aus dünnem schwarzem Stoff umschließen ihre Oberschenkel und ihr Gesäß wie eine glatte dunkle Schale. Zwei Hälften einer prallen Frucht. Die kurze, dunkelgrüne Jacke betont ihre weibliche Taille. Das ist die neueste Mode. Die Frau streicht sich ihre langen braunen Haare aus dem Gesicht. Mit geschickter Bewegung fasst sie die Haare im Nacken zusammen. Einen Augenblick lang halten sie. Es ist windstill.

Gelb – grün!

Geschmeidig hebt die junge Frau ihr schwarz schimmerndes Hinterteil hoch über den Sattel, ihr schmaler Rücken biegt sich ins Hohlkreuz. Mit ausgestreckten Armen stützt sie sich auf den tiefen Rennlenker. Sie tritt in die Pedale, anmutig und kräftig wie eine schwarze Katze. Ihre Hüften wiegen sich im runden Takt ihrer Beine. Warme Haut leuchtet durch ihre dunklen, durchsichtigen Strümpfe. Der Taxifahrer muss warten, bis er losfahren kann, weil die schöne Radlerin so dicht vor uns ist. Ihre Füße stecken in alten, abgewetzten Turnschuhen aus dunkelrotem Stoff. Friert die nicht? Sie fährt schnell. Mein Taxifahrer überholt ungerührt. Der Fahrtwind lässt den senfgelben Seidenschal und die Haare der jungen Frau wehen, er enthüllt ihre Kinnpartie und ihre feinen Ohren. Fast ohnmächtig kippe ich in die Rückenlehne. Ich werde diesen Anblick nie vergessen.

Das lange graue Pult mit den leuchtenden Knöpfen lässt den Raum wirken wie die Kommandobrücke eines

Frachtschiffes. Neben mir sitzt ein schweigsamer älterer Techniker. Für ihn ist das Routine, was wir machen. Ich kenne die Prozedur nur vom Hörensagen. Ich habe seit sechsundzwanzig Stunden kaum geschlafen und nicht gefrühstückt und rieche immer noch nach Fichtennadeln „aus Schkopau“.

Die Füße des Technikers stecken in Pantoffeln.

Wir haben ein Zeitfenster von fünfzehn Minuten, um die Beiträge für das französische Fernsehen von hier, dem SFB, via Fernsehsatellit nach Paris zu überspielen. Das kostet den Auftraggeber ein Heidengeld. Wenn es schief geht, muss erst bei der Post eine neue Leitung bestellt werden. Das dauert.

Der Techniker stellt eine Sprechverbindung mit Paris her. Per Vierdrahtleitung. Keine Ahnung, wie er das macht. Einen Computer gibt es nirgendwo. Der Techniker drückt ein paar Knöpfe. Über ein Mikrofon, das vor mir aus dem Pult ragt, kann ich mit dem Techniker in Paris sprechen. Danielle hat mir vorher am Telefon ein paar Tipps gegeben.

„’Allo, ’allo! C’est Paris“, meldet sich der Sendetechniker des französischen Fernsehstudios.

Ich kratze mühselig die Reste meines französischen Wortschatzes zusammen und kündige dem Kollegen am anderen Ende der Vierdrahtleitung unseren Beitrag über die Montagsdemo in Leipzig, den Nachrichtenfilm über die Demo vor dem Staatsratsgebäude in Ost-Berlin und den Rohschnitt für die EBU an.

Das Studio in Paris startet die Aufzeichnung: „Nous sommes prêtes! Enregistrement!“

Der Berliner Techniker neben mir fährt das Band mit der Montagsdemo ab.

Der französische Techniker bestätigt den Empfang von Bild und Ton, „mais c'est trop sombre! C'est trop sombre! C'est impossible!" – Er findet die Aufnahmen zu dunkel, er sagt, sie seien technisch nicht sendefähig. Typisch Techniker. Ihn interessieren nur Messwerte, der Inhalt ist nachrangig.

Natürlich sind Nachtaufnahmen dunkel! Ich ringe nach Worten, stammele „Naturellement c'est sombre! C'est la nuit. Et trop dramatique... Nous n'avons pas du permission... La manifestation est defendu..."

Der Techniker aus Paris antwortet: „C'est impossible!" Er kapiert gar nicht, was er da sieht.

Ich versuche, den Sachverhalt auf Englisch zu erklären. Damit fühle ich mich besser:

„Okay, our pictures are too dark, I know. First: It's night and the night is dark. Second: We hadn't any permission to take any pictures. We recorded these pictures in the German Democratic Republic, wich isn't democratic, as you may know. The story we're telling is about the people, who risk their lives for the right to demonstrate."

Kurzes Schweigen am französischen Ende der Leitung – dann, mit Akzent: „It is okää!" Das sagt der französische Sendetechniker im Verlauf der Überspielung noch einige Male, und sonst nichts mehr. Einer der Tipps von Danielle lautete:

„Wenn die Franzosen sich querstellen, sprich einfach Englisch mit denen – dann sind sie sofort ruhig."

***

Bertrand erwartet Wilhelm und mich am Nachmittag in Ost-Berlin. Es gibt eine Drehgenehmigung für die Volkskammersitzung. Immer noch müde und ohne für

Sabine eingekauft zu haben, fahren wir zum Grenzübergang Heinrich-Heine-Straße. Wilhelm lenkt unseren silbergrauen Mercedes-Kombi zwischen den Betonhindernissen und rot-weiß gestreiften Sperrgeländern hindurch.

Der „kleine dicke Ritter“ macht die Vorkontrolle. Seine Stimme ist hoch: „Reisepässe bitte!“ weist er uns an. Seine rosigen Wangen sind glatt. Der schwarze Lackschirm der Dienstmütze verdeckt seine Augen. So wirkt er weniger jungenhaft. Erst mustert er Wilhelms Gesicht: „Schauen Sie mal her.“ Anschließend prüft er meinen Reisepass: „Nehmen Sie mal die Brille ab und schauen Sie hierher“, sagt der Ritter. Stumm klappt er unsere Pässe zu und reicht sie zurück ins Auto. „Weiter“, befiehlt er.

Wilhelm lässt den Wagen langsam vorwärts rollen. Neben der Baracke, die auf der Beifahrerseite längs zur Fahrspur steht, hält er an. Ich steige aus und reiche unsere Pässe und die Zählkarten durch ein Fenster. Ein Grenzsoldat nimmt sie entgegen. Er sitzt an einem schmalen Pult. An der Wand hinter seinem Rücken sehe ich einen hellen viereckigen Fleck. Dort hing vor einigen Tagen noch das Porträt von Erich Honecker.

„Warten Sie bitte im Fahrzeug“, fordert der Grenzer mich auf.

Nach einigen Minuten erscheint ein älterer Grenzsoldat. Er reicht unsere Pässe zum Seitenfenster auf der Fahrerseite herein. Er fragt Wilhelm: „Können Sie Ihr Fahrzeug hier wenden? Der Grund für Ihre Einreisegenehmigung ist verfallen. Die Volkskammersitzung ist beendet.“

Das Regime funktioniert noch.

2. November 1989 – Vier Franzosen in Berlin

Die Zusammenkunft von Francois Mitterand und Helmut Kohl ist für uns normalerweise ein Pflichttermin. Der französische Staatspräsident und der Bundeskanzler treffen sich regelmäßig zu den Deutsch-Französischen Konsultationen, der riesige, dicke, immer eilige Kohl und der kleine, dürre, würdig schreitende Mitterand mit seiner elenden, grüngelben Gesichtsfarbe.

Die Journalisten in Mitterands Entourage nerven mich, jedenfalls die von meinem französischen Fernsehsender. Sie haben bestimmte Vorstellungen, wie ich ihren Präsidenten aufzunehmen habe („Le Président en face! En face!"). Sie zerren am Kamerastativ und an meinen Armen – ohne sich je bei mir vorgestellt zu haben. Sie erkennen mich an ihrem Senderlogo, das als Aufkleber an meiner Kamera pappt. Sie sind ehrgeizig, laufen in feinen Anzügen herum und wollen zum Kreis der Vertrauten des Präsidenten gehören oder dort bleiben. Einmal habe ich einen von ihnen – sein Name stellte sich als Jean-Loup heraus – vor 150 Vertretern von Presse, Funk und Fernsehen im Kanzleramt angeschrieen, nachdem er versucht hatte, mein Stativ samt Kamera zu packen, um es an den von ihm ausgewählten Ort zu stellen. Ich habe ihn laut und auf Englisch angeranzt wie einen ungehorsamen Soldaten. Die versammelte Presse verstummte schlagartig. Er ist dann zu sich gekommen – für den Moment. Diese Leute sind Bertrands Vorgesetzte.

Aber dieses Mal sind wir in West-Berlin, weil es hier Wichtigeres zu tun gibt. Leider sprechen Kohl und Mitterand in Bonn hauptsächlich über die Veränderungen in der DDR. Da merken auch Jean-Loup und sein Chefredakteur, dass es sich bei diesem Thema nicht um deutsche Innenpolitik handelt. Tatsächlich dämmert ihnen erst jetzt, dass es zwei deutsche Staaten gibt, die keineswegs freundschaftlich verbunden sind. Der Ehrgeiz diktiert dem Chefredakteur, sich vom Präsidenten zu trennen und nach West-Berlin zu fliegen, um allen zu zeigen, wovon Mitterand während der Pressekonferenz geredet hat. Ein reicher französischer Bauunternehmer leiht ihm sein Privatflugzeug. So gelangen die Herren Jean-Loup Paysan, Dominique Brégèr und der Chefredakteur Philippe-Antoine Defournier nach Berlin. Sie bringen ihr eigenes Kamerateam mit. Per Telefon kündigen sie sich bei uns an und bestellen Bertrand, Wilhelm und mich zum Checkpoint Charlie. Wir sollen uns ab acht Uhr abends dort bereithalten. Wahrscheinlich wollen sie nur nicht zugeben, dass sie jemanden, der sich auskennt, in ihrer Nähe brauchen.

Es ist längst dunkel und weit nach acht Uhr. Wir warten auf der erhöhten Aussichtsplattform am Checkpoint Charlie. Die Straße zum Grenzübergang liegt still wie eine Sackgasse. Über der lang gestreckten, weißen Flachdachbaracke, die zwischen den Fahrbahnen steht, hängt schlapp das amerikanische Sternenbanner.

Da kommen dicht hintereinander zwei Taxis angerauscht und stoppen nahe bei der weißen Baracke. Die Türen der Taxis fliegen auf. Aus dem vorderen Wagen springen drei Herren in dunkelblauen Lodenmänteln. Sie gestikulieren, laufen herum und rufen wie aufgeregte Kinder. Dann fotografieren sie sich gegenseitig vor der Stirnwand der weißen Baracke. Der Taxifahrer lädt ihre Koffer aus und erinnert sie daran zu bezahlen. Aus dem zweiten Wagen steigen drei Männer in Outdoorkleidung. Neben ihren kleinen Privatkoffern entladen sie einige schwere Kisten und stellen sie mitten auf der Fahrbahn ab. Das stört niemanden, es gibt kaum Verkehr. Die Taxis wenden und fahren ab. Einer der Männer aus dem zweiten Taxi sieht aus wie Jean-Paul Belmondo. Er trägt eine sandfarbene Jacke und eine Hose mit Beintaschen in der gleichen Farbe, als wäre er auf einer Safari. Mit schnellen, nervösen Bewegungen wälzt sein Kiefer ein Kaugummi im Mund herum. Währenddessen empfängt er von den drei Herren in Lodenmänteln unterschiedliche Anweisungen. Die übrigen beiden Männer öffnen die schweren Kisten und entnehmen ihnen Stativ und Kamera sowie eine alte Akkulampe, die aussieht wie ein hellblauer Kochtopf mit Stiel.

Aus der weißen Baracke tritt ein amerikanischer Soldat, ein stämmiger Kerl mit akkurat ausrasiertem Stiernacken. Seine Uniform aus dunkelgrüner Hose und khakifarbenem Hemd hat messerscharfe Bügelfalten. Über seinen schwarzen, polierten Stiefeln trägt der Soldat weiße Gamaschen. Um den Bauch geschnallt hat er ein weißes Koppel mit diagonal über Brust und Rücken verlaufendem Schultergurt. Am Koppel ist ein großes weißes Holster mit der Dienstpistole befestigt. Auf dem frisch rasierten Kopf des Soldaten sitzt eine weiße Tellermütze mit schwarzem Lackschirm. Mit scharfem Blick schaut sich der Soldat die Szene einen Atemzug lang an. Dann geht er fünf ruhige, gleichmäßige Schritte. Er bleibt dicht bei den palavernden Herren in den Lodenmänteln stehen. Seine Hände hält der Soldat im Rücken, was seine Brust noch breiter wirken lässt.

„Remove your cases!" übertönt er die Franzosen.

Stolpernd räumen die Männer in den Outdoorjacken die Kisten und Koffer von der Straße auf den Gehweg. Das ist nicht so einfach, weil der Gehweg an dieser Stelle durch ein Geländer von der Straße getrennt ist.

Der Mann im Safarianzug ist der Kameramann der Franzosen. Er hat inzwischen unmittelbar an der weißen Baracke Stativ und Kamera aufgebaut, guckt in den Sucher und zielt auf die Sperranlagen im Ostteil des Grenzüberganges.

Der Soldat tritt von hinten an den Kameramann heran. „Move your camera", befiehlt er.

Der Kameramann bewegt nur seinen Unterkiefer, der mit kurzen, schnellen Bewegungen den Kaugummi ausquetscht.

Obwohl der amerikanische Soldat sich jetzt zu dem kleinen französischen Kameramann herab beugt, sieht es aus, als würde er noch größer und breiter werden, als er sowieso ist. Zwischen Hemdkragen und Hinterkopf des Soldaten bildet sich ein dicker, fleischiger Nackenwulst.

„Move your camera!"

Der Kameramann arbeitet und kaut ungerührt weiter.

„I tell you: Move the camera!" dröhnt der Soldat. Der Wulst in seinem Nacken färbt sich rot.

„Äh, Jean-Claude, venez!" ruft einer der Herren. Und Jean-Claude, der kauende Kameramann, nimmt die Kamera und folgt seinen Herren.

Wir stützen uns grinsend auf die Balustrade der Aussichtsplattform. Noch haben sie uns nicht bemerkt. Eine Stunde lang veranstalten die sechs Herren ihren Zirkus. Sie drehen einen Aufsager mit ihrem Chefredakteur, der dabei einige Meter auf der Grasnarbe unterhalb der Mauer entlang geht. Er muss sich das Kabel des Ansteckmikrofons durchs Hosenbein schieben. Als alle bereit sind, nimmt der Assistent die Akkulampe, die aussieht wie ein hellblauer Kochtopf mit Stiel, und versucht, sie zu zünden, was misslingt. Wie ein aufgescheuchtes Huhn rennt der Assi zu den

Kisten mit der Ausrüstung. Dabei guckt er in den dunklen Lampentopf. Währenddessen drückt er immer wieder den Zündknopf an deren Unterseite. Die Lampe macht dabei „brrrrzzz – brrrzzz – brrrrzzz!“ und endlich „pizzz!!“ – blitzt die Lampe auf. Geblendet torkelt der Assistent zurück und nimmt Aufstellung neben der Kamera. „Attention!“ – „plup!“ – schon ist die Lampe wieder aus. Die Vorstellung beginnt von vorne. Dreimal hintereinander.

Danach lassen sich die Herren und ihr Team von uns vor den beleuchteten Reichstag bringen, wo sie den nächsten Aufsager drehen. Bertrand versucht, dem Chefredakteur zu erklären, dass er nicht in Ost-Berlin ist und vor dem Palast der Republik steht. Zwecklos. Der Chefredakteur reagiert ärgerlich, weil Bertrand ihn durcheinander bringt.

3. November 1989 – Risse im Beton

Ein lichtgrauer Nachmittag. Die betonierte Fläche des Grenzüberganges leuchtet hell. Die weißen Linien zur Markierung der Fahrspuren heben sich kaum ab. Im Hintergrund blockieren dunkelgraue Mauerplatten den Blick nach West-Berlin. Eine Barriere aus Stahlrohr versperrt unserem silbernen Mercedes den Weg nach Ost-Berlin. Ich habe unsere grünen Reisepässe und die Zählkarten durch das kleine Fenster in der Baracke gereicht. Ich öffne die Fahrertür, um einzusteigen. Ein Feldwebel der Grenztruppen in olivgrünem Dienstanzug mit Schirmmütze wirft einen Blick durch die Heckscheibe unseres Teamwagens. Er sieht die Kisten der Kameraausrüstung. Er kommt auf mich zu, bleibt vor mir stehen. Der Feldwebel hat ein gebräuntes Gesicht. Am Kinn und auf den Wangen zeichnet sich ein dunkler Bartschatten ab. „Na, kommt ihr auch wegen der Großveranstaltung morgen?" fragt er. Stolz schwingt in seiner Stimme.

„Ja", antworte ich. Wir sind in den vergangenen Wochen so oft über diesen Grenzübergang ein- und ausgereist, dass wir hier gut bekannt sein müssten. Trotzdem hat bisher niemand auch nur „Guten Tag" gesagt.

Der Feldwebel zeigt mit einer ausholenden Armbewegung auf die Anlagen um uns. „Nicht mehr lange, dann sieht das hier alles ganz anders aus."

4. November 1989 – Ein Schauspieler spricht

Das Volk auf dem Platz applaudiert verhalten. Der junge schlanke Mann auf dem Holzpodest tritt hinter das Mikrofon. Das Podest ist aus rohen Balken gezimmert. Es ragt über die Köpfe der unüberschaubaren Menge, die dicht gedrängt auf dem Alexanderplatz versammelt ist. Am helllichten Tag. Der Himmel über dem Platz ist weiß wie ein unbeschriebenes Blatt Papier.

Der junge Mann am Mikrofon rezitiert mit einer hellen, klaren Stimme:

„Artikel 27 der Verfassung der DDR:
Jeder Bürger der DDR hat das Recht,
den Grundsätzen dieser Verfassung gemäß,
seine Meinung frei und öffentlich zu äußern!
Dieses Recht wird durch kein Dienst-
oder Arbeitsverhältnis beschränkt!"

Wenn der junge Mann den Blick vom Blatt in seinen Händen hebt, sieht man seine dunklen Augen, die ein wenig traurig wirken. Dunkle Haare umrahmen seine hohe Stirn. Er holt kurz, aber tief Luft.

„Niemand darf benachteiligt werden,
wenn er von diesem Recht Gebrauch macht!
Die Freiheit der Presse, des Rundfunks und
des Fernsehens sind gewährleistet!"

Die Menge applaudiert. Der junge Mann ist Schauspieler an einer Ost-Berliner Bühne. Er wirkt aufgeregt. Wie einer, der zum ersten Male vor einer großen Menge Zuhörer spricht. Wie ein Prüfling, der noch nicht weiß, ob er mit seiner Aussage richtig liegt. Wie einer, der weiß, dass er für den Zusammenhang, in dem seine Rezitation steht, ins Gefängnis kommen kann. In diesem Land jedenfalls.

„Artikel 28:
Alle Bürger haben das Recht, sich im Rahmen
der Grundsätze und Ziele der Verfassung,
friedlich zu versammeln!
Die Nutzung der materiellen Voraussetzungen
zur unbehinderten Ausübung dieses Rechtes,
der Versammlungsgebäude,
Straßen und Kundgebungsplätze,
Druckereien und Nachrichtenmittel,
wird gewährleistet!"

Achtzehn Jahre später wird dieser Schauspieler tot sein. Vor seinem Tod wird er die Hauptrolle in einem Kinofilm spielen. Der Film wird darstellen, wie unnachgiebig die Regierung der DDR jeden Bürger zersetzt und vernichtet, der ihr nicht folgen will.

Der junge Schauspieler auf dem Podest aus rohen Holzbalken heißt Ulrich Mühe. Er spricht auf der ersten Demonstration, die von der Regierung der DDR genehmigt wurde, obwohl sie nicht von ihr angeordnet worden war. Das hat es in diesem Land noch nie gegeben.

Demonstrationen, die genehmigt sind, obwohl sie nicht im Sinne der Regierung sind, gibt es in Bonn mehrmals im Jahr. Deshalb ist das hier für uns eher langweilig.

Am späten Nachmittag durchbricht die Sonne den weißen Wolkenschleier. Bertrand hat uns beauftragt, Passanten zu befragen.

Wir begegnen einem alten Mann mit schmalem Kopf und weißen Haaren. Sein Gesicht ist leicht gerötet, eine hakenförmige, lange Nase sticht daraus hervor, wie der Schnabel eines freundlichen Vogels. Nur der Schirm seiner flachen steifen Schiebermütze ragt darüber hinaus. Der alte Mann hat leuchtende, kleine Augen mit scharfen Falten in den Augenwinkeln.

Wilhelm fragt: „Ähm, wie erleben Sie diese Demonstration hier und was erwarten Sie von dieser Demonstration?“

Der alte Mann sieht Wilhelm fest in die Augen. Dann sagt er: „Ich... warte seit 42 Jahren auf diesen Tag..., und ich bin glücklich, dass ich das in meinem Alter noch erleben kann. Damit glaube ich, alles gesagt zu haben.“

***

Auf der Demonstration gibt es schöne Transparente. Sie sind phantasievoll und von eigenartigem Humor. Das ist das Interessanteste für uns. Die Transparente auf Bonner Demos sind meistens fordernd und immer humorlos. Hier gibt es ein Transparent, auf dem steht nur:

HERR,
SCHMEISS
HIRN
VOM HIMMEL!

Ein anderes Transparent zeigt eine Karikatur des Staatsratsvorsitzenden Egon Krenz. Sein Gesicht hat einen grauen Wolfspelz. Um den Kopf trägt er eine altertümliche Schlafhaube mit Rüschenrand. Dazu steht geschrieben:

GROSSMUTTER,
WARUM HAST DU SO
GROSSE ZÄHNE?

***

Bertrand stößt zu uns: „Drehen wir eine Portrait von Besuchern der Demonstration.“

„Aha. Hast du schon jemanden ausgeguckt?"

„Nein. Ich dachte, ihr..."

„Ne, ne! Such' du dir jemanden aus. Das ist dein Beitrag..."

Bertrand pickt sich unter den Demonstranten ein Pärchen in hellblauen DDR-Jeans heraus. Die Frau ist dünn und vielleicht Anfang dreißig. Ihr langes Blondhaar kräuselt sich künstlich. Der Mann ist kaum älter als sie. Ein dichter dunkler Schnauzbart bedeckt seine Oberlippe, seine schwarze Frisur ist vorne kurz und im Nacken lang. Im linken Ohr trägt er einen kleinen Ohrring.

„Guten Tag. Wir sind vom französischen Fernsehen, äh, dürfen wir Sie aufnehmen für unseren Nachrichtensendung?"

Die beiden tun verlegen. „Wat müssen wir denn da machen?"

„Nichts, absolut nichts... äh..."

„Tun Sie einfach so, als ob wir gar nicht da wären. Wir wollen Sie einfach zeigen, während Sie an dieser Demonstration teilnehmen", assistiere ich Bertrand.

Hand in Hand schlendern die beiden vor unserer Kamera über den Alexanderplatz, bleiben stehen, lauschen einem Redner, der vorschlägt, Leipzig zur „Heldenstadt" zu ernennen. Sie applaudieren mit. Da rennt mir doch mitten in der Aufnahme ein anderes Fernsehteam durchs Bild. Der Kameramann dreht, wie ich das Ehepaar filme.

„Kollegen, hier sind hunderttausend Menschen, könnt ihr euch nicht eigene Demonstranten suchen?"

Der Redakteur des Teams, ein Mann in hellem Trenchcoat, entschuldigt sich: „Wir sind von *elf-neunundneunzig*, der Jugendsendung des DFF, wir haben noch nie eine Demonstration gedreht. Wir wissen gar nicht, was wir machen sollen. Dürfen wir euch einfach bei der Arbeit filmen?"

„Ach so, ja. Aber steht mir wenigstens nicht im Bild herum."

***

Der Abendhimmel verglimmt tintenblau. Zwischen den hohen Häuserblocks im Ost-Berliner Stadtviertel Hohenschönhausen gibt es schmale, rechtwinkelig angelegte Straßen. Ihre Ränder sind von Trabis und Wartburgs mit beschlagenen Fensterscheiben zugeparkt. Die kleinen Straßenlaternen passen nicht zu den klotzigen Plattenbauten. Hinter irgendeinem der unzähligen erleuchteten Fenster wohnen Frau und Herr Renner, unser Ehepaar von der Demonstration.

Sie sitzen im Wohnzimmer ihrer kleinen Neubauwohnung auf dem geerbten Sofa. Vor ihnen steht ein niedriger runder Tisch mit Häkeldecke. An der weißen Wand hinter ihren Köpfen hängt ein Setzkasten mit Miniaturen. Ihr jüngerer, vierjähriger Sohn zappelt hustend neben der Sofalehne auf dem Boden herum. Der Ältere ist fast zwölf. Er sitzt neben seinen Eltern und lauscht aufmerksam.

Sie erzählen, dass sie das erste Mal auf einer Demo waren, das erste Mal ohne Angst. Sie waren da, weil sie zeigen wollten, dass sie „auch die Wende wollen". Ihre Kinder haben sie zuhause gelassen. „Mit Kindern hätten wir mehr Angst gehabt, weil man eben nie weiß, was passiert", erklärt Frau Renner, „aber wir hätten sie getrost mitnehm' können."

„Aber warum haben Sie so lang gewartet, um sich deutlich zu äußern?" will Bertrand wissen.

Frau Renner antwortet weiter: „Dafür ist ja unser Staat

eigentlich bekannt gewesen und immer noch, dass wir det stärkste Sicherheitssystem der Welt haben und... Wir wissen, wir ha'm Familie und Kinder und da hat man eben Angst. Man hört zuviel und..." Frau Renner schüttelt den Kopf, „Det is' uns die Sache nie wert jewesen."

„Man hat ja die Aufnahmen aus China geseh'n", ergänzt Herr Renner, „da hat man doch'n bisschen Angst, weil die DDR das ja sehr begrüßt hatte, was damals in China passiert ist und... da weiß man ja..." Herr Renner macht eine unsichere Geste. Er traut dem Frieden einer gewaltlosen Demonstration nicht. Seine Frau schaltet sich wieder ein: „Ich bin noch nicht so überzeugt, dass sich was ändert. Wir haben die ganzen Jahre immer nur gesehen, det geredet wird. Und jetzt: Das erste Mal passiert wat Entscheidendes, aber im Grunde jenomm' sind da oben nur die Stellen gewechselt worden, man weeß nich', ob die wirklich was ändern – das sind Leute, die war'n vorher schon im Zentralkomitee."

Das erste, was sie überzeugen würde, wäre eine freie Wahl, bei der sich alle Parteien zur Wahl stellen, mit mehreren Kanditaten – „wie's in einer Demokra...tie eigentlich so üblich ist", sagt Herr Renner und stolpert mit der Zunge ausgerechnet über das Wort Demokratie, so als wäre das ein selten gebrauchtes Fremdwort.

„Hat die DDR ein' Zukunft?" fragt Bertrand.

„Naja", Herr Renner wiegt seinen Kopf, „wenn sich weiter wat ändert..."

„Also Sie könn' uns glauben, det Sie dieset...", fällt Frau Renner ihrem Mann ins Wort, „wat Sie jetz' hier machen, hätten Sie vor drei Wochen mit uns nicht machen dürfen. Dann hätt' es geheißen: Wer sind Sie? – Klappausweis aus der Tasche – Und dann steht da'n Rollkommando vor der

Tür, det uns abholt!“

Bertrand fragt: „Können Sie vielleicht sich vorstellen, eine DDR in ein, zwei, drei Jahren mit Reisefrei'eit, mit Demokratie und so weiter?“

Frau Renner schüttelt ihren blondgelockten Kopf: „Det is' so'n Riesenumwälzungsprozess, det dauert zehn, zwanzig Jahre mindestens, denn vierzig Jahre ist die so eingefahren die Kiste... Det kann wirklich zehn, zwanzig Jahre dauern...“

***

Kurz vor Mitternacht in West-Berlin: Wir lümmeln uns in den kleinen roten Ledersesseln, die um einen der niedrigen Tische mit Rauchglasplatte stehen. Wir schaufeln Erdnüsse in uns hinein und trinken viel. Das schummrige Licht im Raum ist farbig, die Cocktails sind bunt. Alles ist jederzeit verfügbar. Die Bar ist gut besucht. Am Tresen sitzen nicht nur Hotelgäste – es kann kommen und gehen, wer will.

Sonntags gibt es keine Live-Musik. Der Deckel des Flügels bleibt geschlossen. Spät in der Nacht löst sich ein müde wirkender Gast aus dem Gedränge an der Bar. In einer Hand hält der Mann in dem karierten Hemd ein Glas Bier, in der anderen eine glänzende Trompete. Gemächlich stellt er Bier und Trompete auf dem Flügel ab, klappt den Deckel der Tastatur hoch und beginnt zu klimpern, zunächst noch stehend. Schließlich setzt er sich. Er spielt eine Blues-Melodie, sehr gekonnt. Während seine linke Hand die wehmütige Melodie leicht weiterspielt, nimmt der Mann mit seiner Rechten zunächst das Glas Bier, trinkt einen Schluck und befeuchtet seine Lippen. Dann nimmt er die Trompete. Er setzt sie an. Leise und klar erklingt das melancholische Motiv. Der Mann spielt Trompete und begleitet sich selbst auf dem Klavier. Weil alle nicht nur zuhören, sondern auch fasziniert zuschauen, merkt keiner, aus welcher Ecke des Raumes der dunkelhäutige Musiker kommt, dessen Saxophon die Melodie mit warmer Stimme übernimmt. An dem niedrigen Tisch neben unserem Platz sitzt ein Schlagzeuger. In seinen Händen hält er ein Paar feiner Besen. Damit streicht er im schleppenden Takt der Musik über leere Cocktailgläser, einen großen Aschenbecher aus Edelstahl und eine Porzellanschale, in der Erdnüsse waren. In Berlin ist Jazzfest. Vielleicht hatten die drei schwermütigen Musiker heute Abend ein Konzert und entspannen sich jetzt.

Harry's New York Bar ist ein luxuriöses Schiff, auf das wir uns nach unseren Expeditionen in die DDR zurückziehen. Eine Parallelwelt. Das ganze Hotel sieht aus wie der Gegenentwurf zur sozialistischen Idee. Alle Gäste sind gleich – vorausgesetzt sie bezahlen.

Bertrand operiert im Hintergrund. Wir sollen uns bereithalten. Das nervt. Wir haben Zimmer im Palasthotel in Ost-Berlin. Gleichzeitig wohnen wir im Grand Hotel Esplanade am Landwehrkanal in West-Berlin. Langsam begreife ich, warum diese Hotels alle ähnlich eingerichtet sind: Man findet sofort vom Bett zum Klo, auch wenn man in unregelmäßigen Abständen abwechselnd in verschiedenen Hotels übernachtet.

Wir sollen jederzeit erreichbar bleiben.

So wird das Hotel für uns zu einer Art Freigehege. Die Zentrale unseres Senders in Paris hat die Bedeutung des Themas unserer Berichte erkannt. Sie übernimmt alle Kosten, die dem Team entstehen, damit wir vor Ort bleiben und nichts Wichtiges verpassen.

An einem dieser Tage haben wir Bertrand überhaupt nicht zu Gesicht bekommen. Abends haben wir an der Rezeption eine Nachricht für ihn hinterlassen:

„Bertrand,
morgen früh Live-Übertragung aus Dresden.
Ü-Wagen auf dem Weg. Jean-Loup ist schon dort.
Wir sind unterwegs.
Wilhelm, Uwe, Kai"

Wir waren unterwegs in der Stadt, um mal frische Luft zu schnappen und ein anderes Lokal zu sehen. Bertrand erschien am nächsten Morgen etwas graugesichtig beim Frühstück und sagte zur Begrüßung: „Haha." Seitdem versucht er, uns mit kleinen Aufträgen bei Laune zu halten. Er schickt uns in das Lager einer Berliner Teppichgroßhandlung. Die Halle stand leer. Nun ist sie voller Feldbetten, auf denen Menschen campieren, die über die Tschechoslowakei oder Ungarn aus der DDR geflohen sind.

Kurz vor dem Abendessen schickt er uns erneut los: „Dreht Bilder von der Mauer.“

„Aber Bertrand, draußen ist es stockdunkel... sollen wir nicht lieber morgen bei Tageslicht... außerdem regnet es.“

„Ich brauche die Bildern heute.“

Wir fahren zum Brandenburger Tor. Von hier, von Westen aus, wirkt es monumentaler, als von Osten besehen, weil man näher heran kann. Dafür steht die Mauer im Blickfeld. Im Osten steht man weiter entfernt vom Tor und näher an hohen Stadthäusern, und es gibt mehr Straßenverkehr.

Hier im Westen stehen links und rechts nur Bäume. Die Straße wird nur von denjenigen benutzt, die sich die Mauer und das Brandenburger Tor ansehen wollen. Jetzt gibt es keine Touristen. Der Asphalt ist spiegelnd nass. Feiner Regen nieselt. Der Himmel über Ost-Berlin leuchtet im Widerschein der Stadt. Davor steht das Brandenburger Tor wie ein grauer Scherenschnitt. Der schwarze Schatten der Mauer beschneidet den Blick auf die Sockel der Kolonnaden.

Es ist still. Der rauschende Lärm der Stadt wird übertönt vom Prasseln dicker Wassertropfen, die von den Bäumen fallen. Das Tor ist angestrahlt. Auf dem Dach glänzt die grünliche Quadriga.

Da bewegt sich etwas.

Vor dem rechten, übermannshohen Speichenrad stehen vier Soldaten in langen bräunlichen Regencapes. Durch das Teleobjektiv bekomme ich sie fast in voller Größe ins Bild. Einer von ihnen hält ein Fernglas vor die Augen. Er schaut nach Westen, die Achse der „Straße des 17. Juni“ entlang. Uns am Straßenrand entdeckt er nicht, obwohl ich eine helle Jacke anhabe. Die Beine des Kamerastatives glänzen alufarben. Auch die übrigen drei Soldaten schauen über uns hinweg in die Tiefe West-Berlins. Gelegentlich wenden sie sich einander zu, scheinen einige Worte zu wechseln.

Wir steigen auf die Besucherplattform rechts vor dem Brandenburger Tor. Die Fläche zwischen der Mauer und dem Tor glänzt wie der Wasserspiegel eines Sees. Gleißende Laternen an hohen Masten erhellen den Platz. Dieser Bereich gehört zum Todesstreifen. Das beleuchtete Tor scheint vor dem dunklen Hintergrund zu schweben wie vor einem nassen schwarzen Tuch.

Zwischen den Kolonnaden spaziert ein Wachsoldat in glänzenden Stiefeln herum. Er isst einen Apfel. Seine freie Hand verbirgt er äußerst unsoldatisch in der Manteltasche. Im Lichte eines tief stehenden Scheinwerfers wirft der Soldat einen überlebensgroßen Schatten an die Wand des Torhauses.

Die Soldaten bewachen eine Grenze, deren Übertretung lebensgefährlich ist. Kein Bürger darf dieses Land verlassen. Gegner der Regierung sitzen in Haft.

Ein zweiter Soldat taucht zwischen den Säulen auf. Er macht seinen Apfel kauenden Kameraden aufmerksam: „Du, Hans!“ zeichnet unser empfindliches Kameramikrofon seine Worte auf.

„Ja?“

„Guck ’mal nach drüben. Da sind welche.“

Der Soldat mit dem Apfel sieht sich in westlicher Richtung um, bis er direkt in unser Objektiv schaut. Er wendet sich ab. Nebeneinander verschwinden sein Kamerad und er zwischen den Säulen des Torhauses.

„Unser“ Grenzübergang ist ein schmaler Durchlass in der Mauer, gerade breit genug für einen PKW. Unmittelbar neben der Maueröffnung steht ein trutziger Wachturm. Hinter den kleinen Fenstern zeichnen sich die Köpfe des Wachpersonals wie Schatten ab. Der Wachturm und die Mauer erinnern an die Einfahrt zu einer engen Schleuse. Mit Sicherheit kann die Besatzung im Turm den Antrieb eines schweren Tores auslösen, um die schmale Lücke in der Mauer binnen Minuten zu verschließen. Neben dem Durchlass leuchtet eine grüne Ampel. Auch hier befindet sich auf unserer Seite eine Aussichtsplattform. Dadurch können wir über die Mauer hinweg in die Anlage des Grenzüberganges hinein und nach Ost-Berlin schauen.

Ein Fahrzeug nähert sich von Westen. Langsam fährt der Wagen durch die Maueröffnung hindurch. Seine Scheinwerfer erhellen kurz die Betonblöcke, die tief gestaffelt dicht neben der Fahrspur aufgestellt sind. Nach wenigen Metern muss der PKW scharf links abbiegen. Dazu zwingt ihn eine brusthohe Mauer aus Betonelementen, die mit Erde befüllt sind. Alles ist so eingerichtet, dass niemand mit einem Auto, einer Planierraupe und wahrscheinlich noch nicht einmal mit einem Panzer geradeaus durch die Grenze brechen kann. Die Korridore zwischen den Betonklötzen sind so lang, dass selbst ein guter Läufer eine Weile unterwegs wäre. Bevor er der unübersichtlichen Anlage entkommen könnte, stünden ihm die Grenzposten aus dem Wachturm gegenüber.

Der Abfertigungsbereich des Grenzüberganges ist überdacht und in kaltes Neonlicht getaucht. Es gibt jeweils zwei Fahrspuren für Ein- und Ausreise. Sie sind baulich so voneinander getrennt, dass es unmöglich ist, mit einem Fahrzeug die Spur zu wechseln. Außerdem sind die Bereiche durch eine lange, schmale Baracke voneinander getrennt, so dass über weite Bereiche kein Sichtkontakt zwischen Ein- und Ausreisenden besteht.

In einem weißen VW-Golf mit eingeschaltetem Standlicht wartet jemand auf die Ausreise. Ein rot-weißer Schlagbaum versperrt ihm den Weg.

Weiter rechts kurvt ein Tanklastzug in engen Schlangenlinien um die Hindernisse in der LKW-Zufahrt des Grenzüberganges. Jenseits der Abfertigungsgebäude glit-zern auf dem nassen Asphalt einer Kreuzung die Lichter des Ost-Berliner Straßenverkehrs.

„Guck 'mal am Wachturm. Da will uns einer fotografieren", raunt Wilhelm.

Der Wachturm hat auf Höhe der kleinen Fenster eine Galerie. Hinter der rechten Ecke des Turmes beugt sich der Schatten eines Soldaten über die Brüstung. Der Soldat hält einen Fotoapparat mit riesigem Blitzreflektor. Er löst aus. Für wenige Sekunden sind wir geblendet. Ein schönes Schlussbild.

„Komm' is' gut. Lass'mal ins Hotel fahr'n." Grinsend reicht Wilhelm mir die graue Plastikschachtel für die Kassette. Den Aufkleber hat er bereits beschriftet:

„6.11.1989 – Letzte Bilder von der Mauer"

9. November1989 – Maueröffnung

Seit zwei Tagen wohnen wir wieder in Ost-Berlin. Bertrand schickt Wilhelm und mich zum Ministerium für Bauwesen der DDR. Er will heute einen Beitrag über den Arbeitskräftemangel in diesem Land drehen. Selbst *Neues Deutschland* berichtet inzwischen offen über die Probleme, die sich aus der massenhaften Abwanderung von Bürgern aus der DDR ergeben. Soldaten werden zu Straßenbahnfahrern umgeschult oder auf Baustellen geschickt. Es fehlen Ärzte und Krankenhauspersonal. Bertrand möchte, dass wir auf einer Baustelle Aufnahmen von vietnamesischen Gastarbeitern machen. Er selbst hat Wichtigeres zu tun.

Am Empfang des Ministeriums arbeitet ein älterer Mann. Mit einigen Telefonaten fragt er sich durch bis zu einer Dame, die sich bereit erklärt, für die Presse zuständig zu sein. Sie bittet uns in ein kleines Besucherzimmer neben dem Empfang. Die Dame wirkt älter, als sie wahrscheinlich ist. Das liegt an ihrem graublauen Sechziger-Jahre-Kostüm und ihrem toupierten Haar. Freundlich forschend erkundigt sie sich, wer wir sind, woher wir kommen, in wessen Auftrag wir arbeiten und was wir wollen. Sie würde uns gerne eine Drehgenehmigung für eine Berliner Baustelle erteilen lassen. Aber zuerst muss sie herausfinden, wer dafür zuständig ist.

„Wann wollen Sie Ihre Aufnahmen denn machen?"

„Am besten, bevor es dunkel wird. Ein, zwei Stunden werden wir brauchen. Also spätestens ab zwei Uhr nachmittags."

„Heute?"

„Ja, der Beitrag soll heute Abend gesendet werden."

Die Dame lächelt und schluckt. Noch vor wenigen Tagen hätte unser Anliegen sicher eine mehrwöchige Genehmigungsprozedur in Gang gesetzt.

„Ich werde sehen, was ich für Sie tun kann, aber versprechen kann ich nichts", sagt die Dame. Dann verschwindet sie. Wir warten etwa eine Stunde lang.

Dann informiert uns die Dame vom Bauministerium über eine staatliche Baufirma, die mehrere Baustellen in Ost-Berlin betreut. Wo diese Firma sitzt und wer der Ansprechpartner ist, kann uns die Dame leider nicht sagen.

Nach dem Mittagessen dürfen wir uns gemeinsam mit Bertrand im Büro des Bauleiters der westdeutschen Baufirma Dyckerhoff & Widmann vorstellen. Am Gendarmenmarkt in Ost-Berlin wird ein neues Luxushotel erbaut. Die Baustelle umfasst einen ganzen Häuserblock in der Stadtmitte. Der Bau entsteht unter der Regie der westdeutschen Firma, die Arbeiter sind aus der DDR. Und einen Vietnamesen finden wir auch. Er hat als einziger Arbeiter keinen Helm auf dem Kopf. In einem langen Graben entlang der Straße bindet er dicke schwarze Kabelstränge mit rauen Hanfseilen zusammen.

Es ist spätnachmittags. Das Licht wird knapp.

Bertrand spricht den Vorarbeiter des Vietnamesen an. Der grauhaarige Mann mit dem orangefarbenen Helm trägt eine riesige Hornbrille. Ihre viereckigen Gläser erinnern an die Form von Fernsehbildschirmen. Der Vorarbeiter erklärt uns, dass seine Arbeiter und er nur für die Gräben und den Schutz der Leitungen und Rohre zuständig sind. Mit der Hotelbaustelle hat seine Arbeitsbrigade nichts zu tun.

Bertrand fragt ihn, ob man den Mangel an Arbeitskräften spürt, der durch die Massenabwanderung entstanden sein soll.

Der Vorarbeiter legt seinen rechten Zeigefinger an den Mund, wie jemand, der Schweigen andeuten will. Freundlich nuschelnd antwortet er: „Also hier, bei unserem Betrieb, ha'm wir's kaum bemerkt. Da sind grade... also, wieviel sind da weg'gangen? Fünf Mann... – also bei unserer Brigade schon gar nicht, und in unser'm Betrieb an und für sich auch nicht viele."

„Aber es gibt schon Problemen. Haben Sie das schon bemerkt in andere Brigaden oder so?"

Der Vorarbeiter winkt lächelnd ab. Dann legt er schnell wieder einen Zeigefinger an seinen Mund: „Ja, bei anderen Brigaden ja... Das is' klar... Da hört man ja... erstmal durchs Radio sowieso und durch die Zeitung, dass sie... vor allen Dingen im Raum Leipzig unten und Dresden, da ist es ja noch viel schlimmer, als jetzt bei uns hier, ne? Also direkt bei uns gibt es noch keene..."

„Wir haben bemerkt, es gibt Gastarbeiter..."

„Ja. Wir haben Vietnamesen zum Arbeiten hier. Die sind ja schon zwei Jahre bei uns."

Bertrand wendet sich an den Kollegen des Vorarbeiters, der neben ihm steht: „Aber Sie würden sagen, es gibt trotzdem Problemen auf der Baustelle – nicht bei Ihrer Brigade, aber bei anderen Brigaden schon?"

„In anderen Brigaden, ja. Da gibt's schon Probleme."

Der kleine Kollege schaut müde durch eine dünne Drahtbrille mit großen runden Gläsern. Sein Vollbart ist grau, seine dicke Nase schimmert bläulichrot. Ich muss an einen freundlichen Gartenzwerg denken.

„Und wann begann das?" drängt Bertrand, „Seit ein, zwei Monaten?"

Der kleine Kollege runzelt die Stirn: „Na ja, das kann man... Wir sind ja auch nicht von Berlin..."

„Wir sind schon elf Jahre in Berlin", fällt ihm der Vorarbeiter ins Wort, „aber wir sind auch nicht *von* Berlin. Wir sind alles Montageleute, die auch nur in Berlin arbeiten. Wir sind ständig unterwegs – in den letzten Jahren nur in Berlin."

„Ja aber, wenn man hört von diesen Problemen, dass es gibt weniger Arbeitskräfte – das ist spürbar seit ein, zwei Monaten, oder?"

„Nee, eigentlich nicht", antwortet der kleine Kollege, „ich kann Ihnen nur sagen, in unserem Betrieb ist es noch nicht spürbar."

Bertrand entscheidet sich für eine härtere Gangart: „Aber fünf Kollegen fehlen – wer sind diese fünf Kollegen? Warum sind sie weg? Sind es junge Kollegen?"

Der kleine Kollege legt seine Stirn in Falten und hebt die Schultern: „Also ick weeß es zum Beispiel noch nicht, dass welche weg sind."

Der Vorarbeiter murmelt: „Na, die fünfe, die weeßte doch."

„Na wer denn da?" fragt der Kleine, dann fällt es ihm wieder ein: „– Ach so, jetzt ja... aber jung, also so jung sind die ooch nich' mehr. Der Ebert ist doch auch schon über dreißig."

„Und eine letzte Frage: Man spricht in der letzten Zeit, gerade in der DDR, viel von einer Wende."

Der Vorarbeiter freut sich: „Na, das hoffen wir, dass da eine kommt. Das wird langsam Zeit sogar!" Er wird richtig überschwänglich. Trotzdem behält er die Hand am Kinn, „Dass man auch mal reisen kann, wohin man will!"

„Glauben Sie, es wird schnell kommen, diese neue Gesetz über Reisefrei'eit?"

„Na, das nehmen wir stark an", sagt der Vorarbeiter, „ich weiß nicht, was die heute Abend sagen werden, was da kommt, aber am Sonnabend treten ja die Rechtsanwälte zusammen, die machen ja auch ihre Vorschläge."

„Sind Sie auch optimistisch mit die wirtschaftliche Lage in die DDR?"

„Ja, das ist noch ein großes Problem, mit der wirtschaftlichen Lage, mit Material- mit Ersatzteilbeschaffung, das ist noch schwer – ist ja klar."

„Aber Sie sind 'offnungsvoll?"

„Jaa...", brummt der kleine Kollege, „das auf alle Fälle, seit vierzig Jahren... Wir machen weiter. Das muss ja was werden, ne? Besser, äh, schlechter kann's ja nich' mehr werden, nicht?"

„Die Alten müssen hier bleiben", ulkt der Vorarbeiter, „kann ja nicht jeder weg."

„Naja, wir hoffen", nuschelt der kleine Kollege.

***

Nach Drehschluss fragt mich Wilhelm: „Sollen wir Familie Renner besuchen?" Er spricht, als wären die Renners alte Freunde von uns.

Ich zweifele: „Meinst du, die freuen sich, wenn wir unerwartet bei denen vor der Tür stehen?"

„Sie müssen uns ja nicht 'reinlassen", versucht Wilhelm meine Bedenken wegzuwischen. Es gelingt ihm nicht. Aber ich habe auch nichts Besseres vor.

Also fahren wir. Die Stadt liegt in abendlicher Dunkelheit. Es ist gegen sieben Uhr. Um halb acht klingeln wir bei Renners. Sie sind zu Hause und bitten uns sogar herein.

„Nehmt Platz", fordert Herr Renner uns auf. Er und seine Frau sind dabei, ihr Wohnzimmer aufzuräumen. Zwischendurch verschwindet Frau Renner durch die schmale Küchentür nach nebenan. Auf dem niedrigen Wohnzimmertisch mit der Häkeldecke stehen Aschenbecher, Gläser und einige Bierflaschen bereit.

„Was können wir für euch tun?" fragt Herr Renner, „wo habt ihr denn eure Kamera gelassen und euren... Kollegen..., diesen Franzosen?" Herr Renner denkt, wir haben noch eine Frage.

„Och, wir wollten nur mal so vorbeischauen", teilt Wilhelm leutselig mit.

„Also", druckst Frau Renner, „also, ihr könnt gerne bleiben, solange die Gäste noch nicht da sind."

„Hat jemand Geburtstag?" kichert Wilhelm.

„Ja, der Gerd, äh, mein Mann", sagt Frau Renner.

Erleichtert ergreife ich die Gelegenheit und erhebe mich, bevor Wilhelm uns zu Herrn Renners Geburtstag einladen kann.

Wilhelm lässt den Motor an und schaltet die Scheinwerfer ein. Ich drehe das Autoradio lauter. Eine männliche Stimme rät: „...nutzen Sie unbedingt öffentliche Verkehrsmittel." Dann fragt der Moderator: „Mit wie vielen Schaulustigen rechnen sie denn?"

Es antwortet ein anderer Mann – unverkennbar – Walter Momper, der Regierende Bürgermeister von West-Berlin, offenbar ist er Studiogast bei RIAS-2: „Das kann man überhaupt nicht absehen..."

Gab es irgendwo einen Bombenanschlag oder findet ein Popkonzert statt? Es handelt sich um ein West-Berliner Ereignis. Trotzdem werden wir unruhig. Wir sind Nachrichtenleute. Warum erklärt der Moderator nicht, was passiert ist?

Wilhelm beschleunigt. Selbst er fährt in der DDR immer korrekt. Aber jetzt durchqueren wir in knapp zwanzig Minuten die abendliche Stadt.

Im Hotel an meiner Zimmertür klebt ein Zettel:

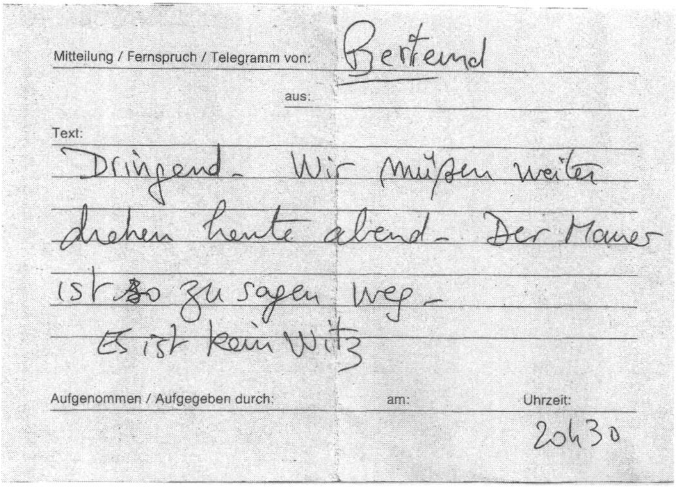

Mitteilung / Fernspruch / Telegramm von: Bertrand

aus:

Text:

Dringend. Wir müßen weiter drehen heute abend. Der Mauer ist so zu sagen weg –

Es ist kein Witz

Aufgenommen / Aufgegeben durch: am: Uhrzeit: 20h30

Wir laden die Kamera ins Auto und fahren los.

Es ist ein milder Abend. Am Brandenburger Tor stehen viel mehr Leute als um diese Zeit üblich. Sie starren in Richtung Westen. Sonst nichts.

„Es gab ein' Press'konferenz mit Schabowski", erzählt Bertrand atemlos, „er hat gesagt: Jeder kann sofort ausreisen!"

Wir fahren zu „unserem" Grenzübergang an der Heinrich-Heine-Straße. Alles ist ruhig. Wie immer.

„Die Leuten sind noch bei der Volkspolizei", erklärt Bertrand. Ihm fällt ein: „Man braucht ein Visum von der Volkspolizei."

„Wo ist denn die nächste VoPo-Dienststelle?“ fragt Wilhelm.

„Am Alexanderplatz!“ Ich bilde mir ein, neben dem Bahnhof ein entsprechendes Hinweisschild gesehen zu haben. Wir lassen das Auto stehen und irren zu Fuß über den dunklen, stillen Platz. Ich habe die Kamera auf der Schulter. Zwei junge VoPos auf Streife kommen uns entgegen.

„’allo, entschuldigen Sie! Französisches Fernsehen. Wir ’aben ge’ört, dass Bürgern der DDR bei der Volkspolizei sofort ein Visum bekommen, um auszureisen.“

„Bei uns nicht“, sagt der kleinere Polizist. Er trägt ein klobiges Funkgerät.

„Wo ist denn die nächste Polizeidienststelle?“

Die zwei VoPos schauen sich um.

„Hier nicht“, sagt der lange dünne.

„Det is’ bestimmt ’ne Ente“, grinst der kleinere.

Bertrand lächelt selbstsicher: „Entschuldigen Sie, wir sind französisches Fernsehen, wir ’aben unsere Quellen.“

Ein Stück weiter begegnet uns ein Paar mittleren Alters. Der Mann ist groß und schlaksig. Er trägt Jeans und ein dunkles Jackett und hat eine kleine Nickelbrille auf der Nase. Wie der Redakteur einer Designzeitschrift.

„’allo, wir sind vom französischen Fernsehen. Wir ’aben gehört, dass es gibt ab sofort Reisefrei’eit für alle Bürgern der DDR.“

Die Augen des Mannes beginnen erstaunt zu leuchten. „Davon haben wir noch nichts gehört“, sagt er, „komm’, vielleicht sollten wir mal Nachrichten gucken.“ Er hakt seine Frau unter. Sie eilen davon.

Bertrand ist ratlos: „So, was machen wir? Fahren wir bei die Familie Renner?“

Am Brandenburger Tor stehen inzwischen noch mehr Leute. Die Grenzposten auf dem Pariser Platz patrouillieren verstärkt, weil von Westen her Menschen auf die Mauerkrone klettern.

Da spricht mich ein Herr in einem fliederfarbenen Trenchcoat an. Ich habe schon oft mit ihm gearbeitet. Trotzdem stellt er sich vor: „Guten Abend. Mein Name ist Karl-Heinz Günther. Ich bin Redakteur beim ZDF-Studio in Bonn und zurzeit für ein Seminar in Berlin. Ich komme soeben aus dem Theater. Was ist hier eigentlich los?“

„Guten Abend, Herr Günther“, antworte ich, „angeblich ist die Mauer offen.“

Der nächste Grenzübergang ist an der Invalidenstraße. Einige Dutzend Bürger drängeln sich vor der geschlossenen Gittertür der Personensperre. Sie weisen den Grenzern den frischen Visumstempel in ihren blauen Reisepässen vor. Ein Offizier der Grenztruppen schaut sich die Reisepässe an, lässt aber niemanden durch. Er weiß nichts von einer neuen Regelung. Stetig kommen weitere Leute hinzu. Sechzig oder siebzig Personen drängen sich auf dem Gehsteig. Der Offizier verschwindet in der Wachstube.

Nach einer Weile kommt er zurück. Als wäre es tägliche Routine, öffnet er die schmale Gittertür und lässt jeden, der ein gültiges Visum im Pass hat, hindurch in den Westen.

Es ist nicht zu fassen.

In der Tiefe der Grenzkontrollstelle knallt der erste Sektkorken. Ein Jubelschrei. Die ersten Menschen im Grenzübergang gehen, als wären sie getrieben und gebremst zugleich: Getrieben von der Neugier, gebremst von der lebenslangen Erfahrung: Die Grenze ist gefährlich! Das muss sich anfühlen, wie der erste Schritt auf die Oberfläche des Mondes.

Auf der Invalidenstraße stauen sich die Trabis bereits bis zur Kreuzung Chausseestraße. Noch liegt der rotweiße Schlagbaum geschlossen über der Fahrbahn. Routiniert kontrolliert ein Grenzbeamter die Visa in den Reisepässen der Insassen. Dann hebt er den Schlagbaum. Der erste Trabi röhrt durch die Grenzanlage Richtung Westen.

Der Offizier hat sich von einem Untergebenen ablösen lassen und ist inzwischen schon wieder in der Wachstube. Er kommt heraus und informiert seine Mitarbeiter durch halblauten Zuruf, dass ein gültiger Reisepass zur Ausreise reicht.

In einem hellblauen Trabant sitzen ein junger Mann und seine Freundin. Die Papiere des Mannes sind in Ordnung, aber der Pass der Frau ist es nicht.

„Da wurden einige Seiten herausgerissen. Der Pass ist ungültig. Damit können Sie nicht ausreisen." Mit diesen Worten reicht er der jungen Frau ihren Pass. Sie weint bitterlich. Ihr Freund wendet seinen Trabi und fährt zurück.

Tapfer und um die Wahrung ihrer eigenen Würde bemüht, sogar freundlich, halten die Grenzer so etwas wie eine Ordnung aufrecht.

Irgendwann gelten überhaupt keine Beschränkungen mehr. Nur noch die Autofahrer werden kontrolliert. Jeder kann über die Grenze. Der Andrang der Menschen ist einfach zu groß. Wer soll die alle kontrollieren?

In einem gelben Wartburg sitzen zwei Männer und zwei Frauen. Die vier sind kaum zwanzig Jahre alt. Die Beifahrerin hält lachend eine dicke Flasche Rotkäppchensekt aus dem Seitenfenster: „Für den ersten netten Polizisten!" ruft sie zwischen Lachen und Weinen.

„Wie lange wollen Sie im Westen bleiben?“ fragt Bertrand. Das vielleicht siebzehnjährige Mädchen auf der Rückbank ruft: „Eene Stunde, zweie – nee! Die janze Nacht!“

Der Grenzer will die Sektflasche nicht annehmen: „Danke, wir sind im Dienst, wir dürfen nix trinken.“ Jenseits des Schlagbaumes hält der Wartburg an, die Beifahrerin stellt die Flasche auf die Fahrbahn.

„He, was seid ihr für'n Sender!? – Dreht euch grad' nochmal 'rum! Dreht euch zur Seite! Haltet eure Kamera nicht nur da drauf! Was ist'n nu' mit eurer Pressefreiheit? Wo ist'n die Pressefreiheit?!“

Hinter einem Absperrgitter neben der Personensperre stehen ein langer, großer Mann, ein kleinerer Mann und eine Frau. Sie haben mich als Medienvertreter des Westens identifiziert. Der Mann mit der Kamera ist der einzige im Team, der sich nicht verstecken kann. Also bitte, ich schalte die Kamera ein: „Was sagst du?“

„Also“, sagt der Lange mit dem dünnen blonden Bart, „ich bin Kommunist. Und ich steh' zu meinem Land. Nach wie vor. Und ich hoffe, dass ihr das nachher auch über eure Sender bringt. Ja?“

Der Mann scheint mich für eine Art Gegner zu halten. Streng blickt er in meine Kamera. „Und wir werden in diesem Land unsere Gesellschaft schaffen – die bei weitem eurer überlegen ist!“

„Ach“, entfährt es mir.

„Und bringt det bei euch!“

„Nu sag' doch nicht *ach*“, beklagt sich die kleine Frau hinter dem Gitter. Die drei sind kaum älter als ich.

„Bringt det bei euch“, wiederholt der zweite Mann.

„Und filmt nicht nur die, die weggehen!“ fordert der

Lange. „Wir sind hier! Und ich bin in der Partei und ich werde für meine Partei stehen. Auch weiterhin."

Um das Bild nicht zu verwackeln, bleibe ich regungslos stehen. Ich warte, dass der lange Mann seine Verlautbarung fortsetzt. Etwas beleidigt äußert er: „Ick hoffe, dass ihr mit eurem gleichgültigen Gesicht, mit dem ihr heute hier steht, auch später mal da steht und die Leute filmt, die zurückkommen."

„Eigentlich könnt' man einen Roboter fast da hinstellen", mault die Frau.

„Ja", bestätigt der Lange.

„Ne", sage ich und schalte die Kamera ab.

Im Westen sind die Straßen schwarz vor Menschen. Viele Geschäfte sind geöffnet. Am Checkpoint Charlie ist eine riesige Party. Ein kleiner verschlagener Zirkusmensch mit Hut und schiefen Zähnen führt einen Tanzbären durch das Gedränge. Es sind so viele Menschen da, dass ich, während ich drehe, zeitweise den Boden unter den Füßen verliere. Meine Füße berühren den Boden nicht mehr. Die schiebende, drückende Menschenmenge hebt mich um wenige Zentimeter an. Ich treibe im Gedränge und halte nur noch die Kamera fest – egal: es gibt sowieso nur noch Großaufnahmen von Gesichtern, weil es in dieser Nacht einfach unmöglich ist, Abstand von Menschen zu halten.

Bertrand hat sich die Kassette geben lassen, unmittelbar nachdem wir die ersten Aufnahmen von Grenzgängern gedreht hatten. Er ist ins Hotel gefahren, um einen Beitrag zu schneiden. Ein guter Fernsehjournalist überbringt Neuigkeiten nicht nur zuverlässig, er bringt sie als erster.

Als wir nach Mitternacht vor unseren Zimmertüren stehen, klebt dort erneut ein Zettel von Bertrand:

„Kommen Sie schnell vor dem Brandenburger Tor.
Die Leuten springen der Mauer!"

Auf dem Pariser Platz flanieren Passanten. Sie spazieren zwischen den Kolonnaden des Brandenburger Tores hindurch. Sie kommen von Westen und gehen nach Osten und umgekehrt. Auf der Mauerkrone wimmeln Menschen in Feierlaune.

***

Bis vier Uhr morgens haben wir gedreht. Ich habe knapp vier Stunden geschlafen. Um halb neun ist im riesigen Frühstückssaal des Palasthotels jeder Platz besetzt. Die üblicherweise gedämpfte Stimmung ist wie weggeblasen. Alle reden laut miteinander. Die Kellnerinnen schweben fröhlich mit Kaffeekannen und Tabletts zwischen den Tischen umher. Sie sprechen nicht mehr als sonst, aber ihre neutrale Funktionalität ist fort.

Unsere Lieblingskellnerin kommt wahrscheinlich aus Kuba. Das junge Mädchen hat eine Hautfarbe, die an eine Mischung aus süßem Kakao und duftendem Kaffee erinnert. Die deutsche Sprache hat sie ohne Zweifel in Berlin gelernt. Wir nennen sie Fräulein Mallbóro. Von ihr lässt sich Wilhelm in seiner unnachahmlichen Gutsherrenart jeden Morgen eine Schachtel Zigaretten besorgen. „Können Sie mir ein Päckchen Reval bringen?“ bestellt Wilhelm am Frühstückstisch.

„Reval ha'm wa nich. Darf's auch Mallbóro sein?“

„Marlboro geht auch”, lächelt Wilhelm und betont die Marke auf der ersten Silbe.

Auf einem Dessertteller serviert die Kellnerin die Zigaretten in einer frisch geöffneten Schachtel, zusammen mit einem Streichholzbriefchen.

„Einmal Mallbóro bitte“, sagt sie.

***

Um zehn Uhr verleiht Bertrand uns an zwei Redakteurinnen vom finnischen Fernsehen. Wir treffen sie am Grenzübergang Invalidenstraße. Die Verhältnisse sind geordneter als in der Nacht. Eine lange Kolonne von Trabis mit Dachgepäckträgern, auf denen sich Berge von Gepäck türmen, wartet tuckernd vor dem Schlagbaum. Ein älterer Grenzbeamter im langen Wintermantel fertigt die Reisenden ab:

„Wiedersehen.“

„Lassen Sie sich nicht aufhalten.“

„Leben Sie wohl.“

So verabschiedet er seine Landsleute – mit einer Spur Resignation in der Stimme.

Ein älterer Trabifahrer lässt den Motor seines Autos aufheulen, bewegt sich aber nicht vom Fleck. Er hat wohl vor Aufregung vergessen, den Gang einzulegen.

„Nun fahr schon, Opa!“ ruft der ältere Grenzbeamte.

Volker tönt: „Die könn' froh sein, wenn wir ihnen jetzt endlich den goldenen Westen bringen, die Marlboro, nach der sie so lange gelechzt haben!"

Biggi steckt neue Kerzen in den verschnörkelten Messingleuchter. Ohne aufzusehen fragt sie: „Haben wir hier irgendetwas riskiert, um den Bürgern der DDR Freiheit zu ermöglichen?"

Volker behauptet: „Die große Masse ist da bestimmt nicht für Demokratie auf die Straße gegangen. Die wollten auch nur ein schickes Auto aus dem Westen."

„Ein paar selbstlose Bürgerrechtler alleine hätten die DDR nicht kippen können", sagt Biggi.

Volker: „Die haben keine Ahnung von der Wirtschaft, die sind pleite, die müssen dankbar sein, wenn wir demnächst Geld in ihre Bruchbude pumpen."

„Die krempeln doch nicht ihren ganzen Laden um und schmeißen den alten Vermieter raus, damit der reiche Nachbar kommt und sagt ‚Finger weg' – die Renovierung machen wir."

„Doch, na klar! Und deshalb soll'n die auch nicht jammern, wenn denen 'was nicht passt."

„Ich höre noch dein Gejammere, als die Leitungen für die neue Heizung durch dein Zimmer verlegt wurden."

„Der Klempner war unmöglich! Dem ist das alte Ofenrohr auf den Teppichboden gekippt! Eine Riesenrußwolke!"

„Ein bisschen Verlust ist immer – dafür musst du nie mehr Briketts aus dem Keller hochschleppen."

„Aber hinterher soll ich Miete zahlen."

„Und die haben ihre Rechnung vorher bezahlt."

Ost-Berlin, Dezember 1989 – Eine Klinik

Der Chefarzt spricht leise und freundlich. Er wägt jede seiner Antworten genau ab. Seine Sätze sind knapp. Er formuliert konzentriert wie bei einer Prüfung, bei der es auf jede Kleinigkeit ankommt. Ich habe noch nie jemanden so freundlich über Schwierigkeiten sprechen hören.

Natürlich hat der Chefarzt einen weißen Kittel an. Sein volles Haar ist matt ergraut. Grau ist auch sein Gesicht. In seiner Stimme schwingt Müdigkeit mit. Aber er wirkt nicht erschöpft oder verhärtet. Es ist, als wäre ihm die mühselige Aufgabe zur Gewohnheit geworden. Er kennt sich aus und macht einfach immer weiter.

Der Chefarzt ist ein großer Mann. Die breite Lehne des schweren Bürosessels, in dem er sitzt, verschwindet vollständig hinter seinem Rücken. Neben dem kleinen Fenster in der Rückwand seines Büros hängen Kinderzeichnungen. Von der hohen Decke herab leuchten zwei Neonröhren. Die Farbe der Wände ist fahlgelb. Der schwere Schreibtisch, der wuchtige Chefsessel und die einfachen Besucherstühle füllen den Raum aus. Mannshohe Regale voller Aktenordner und Fachliteratur umgeben uns: den Chefarzt, Bertrand, Wilhelm, mich, die Kamera mit Stativ, Licht und Mikrofon.

Der Chefarzt schildert, was seine Patienten benötigen und was er und seine Mitarbeiter für sie tatsächlich tun können. Die mangelnde Unterstützung vom Staat bleibt als unausgesprochenes Missverhältnis im Raum.

Der Chefarzt findet, seine Darlegung sei nicht fernsehtauglich. Er hätte noch nie öffentlich über die Grenzen gesprochen, an die seine tägliche Arbeit stößt.

Die einzelnen Gebäude auf dem weitläufigen Gelände der Klinik stehen rechteckig angeordnet um einen großen

Platz. Jetzt im Winter sieht dieser Platz grau und traurig aus. Möglicherweise war er einmal parkartig angelegt. Mit der Kamera stehen Wilhelm und ich am Rande des schlecht asphaltierten Hauptweges. Der raue Putz an den Mauern der Gebäude ist grau, an vielen Stellen sogar schwarz. Die dunkelbraunen Dächer haben altmodische Giebel, das Torhaus ebenso wie der sich anschließende Verwaltungstrakt.

Auf der gegenüberliegenden Seite des Platzes steht ein großes Haus mit einer Reihe verglaster Flügeltüren im Erdgeschoss. Auf den ersten Blick ist klar, dass sich in diesem Gebäude der Speise- und Veranstaltungssaal befindet. Vor den Flügeltüren erstreckt sich eine weite Terrasse. Die quadratischen Platten, mit denen die Terrasse gepflastert ist, liegen schief und uneben. Die Scheiben der Flügeltüren wirken blind.

Über den Platz fährt ein Pferdewagen, der Kohlen geladen hat. Der Kutscher trägt einen verwaschenen blauen Arbeitsanzug. Das Pferd zieht den schweren Wagen an einem riesigen Loch vorbei. Das viereckige Loch ist an einer Seite des Platzes. Es liegt offen, ohne jegliche Absperrung. Das Loch ist groß und tief genug, um einen Kleinbus darin verschwinden zu lassen.

Rechts von uns steht eine eckige Säule mit einer Normaluhr. Wie auf einem Bahnhofsvorplatz. Der Uhr fehlen die Zeiger, das weiße Zifferblatt ist stumpf. Die Glasscheibe davor ist gesprungen. Moos schimmert grünlich an ihren Rändern. Einige Meter weiter, neben einem der grauen Stationsgebäude, stochert eine alte Frau mit ihrem Krückstock in einem verbeulten Müllcontainer.

Weiter hinten auf dem Gelände, in einem flachen, barackenartigen Bau wohnen geistig behinderte Kinder. Im Inneren dieses Baus schlucken dunkle, abgenutzte Linoleumböden und fleckige Wände das Licht der wenigen Neonröhren. In einem Zimmer am Ende des Ganges spielen drei Pflegerinnen liebevoll mit einigen Kindern. Die Gesichter der Kinder sind beängstigend blass, manche grau, manche schimmern fast bläulich. Ihr buntes Spielzeug ist alt und abgeliebt. Die Pflegerinnen erzählen, wie sie es da und dort gesammelt oder erbeten haben. Der Staat stellt die Unterkunft und bezahlt die Leiterin der Station sowie ihre Mitarbeiterinnen. Nur sie ermöglichen den Kindern ein halbwegs würdiges Dasein. Sie wissen das und sind stolz auf ihre Arbeit.

Die Klinik liegt in einem Stadtbezirk am nordöstlichen Rand der Hauptstadt der DDR. In unserem Stadtplan aus Westdeutschland ist sie nicht eingezeichnet.

Die übrigen Stationsgebäude der Klinik sind zweistöckig. Dort wohnen die Alten. Eine junge Pflegerin bringt das Abendessen in ein hell erleuchtetes, kahles Zweibettzimmer. Die Betten sind aus Stahlrohr, cremefarben lackiert. Der Lack ist an vielen Stellen abgestoßen. Ein zahnloser alter Mann sitzt wartend auf der Kante seines Bettes. Sein spindeldürrer Körper ist mit einer dunkelblauen Strickjacke und einer grauen Trainingshose bekleidet. Die Pflegerin stellt das Plastiktablett mit dem Essen auf einem kleinen Tisch an der Stirnwand ab. Ich stehe mit der Kamera in einer Ecke des Zimmers und beobachte die Szene. Mein Blick fällt auf das halbhohe Regal an der Wand neben mir. Auf einer weiß emaillierten Platte, unter einem hohen Glassturz liegt eine altertümliche Spritze, bereit zur Injektion. Der gläserne Kolben der Spritze ist aufgezogen. Silberne Edelstahlkappen schließen ihn am oberen und unteren Ende ab. An der oberen Kappe sitzen ringförmige Ösen wie an den Griffen einer Schere. Die Injektionsnadel ist so dick, dass ich, ohne näher hinzusehen, das Loch in der Nadelspitze erkennen kann.

Bertrand beeilt sich, einen Blick auf die Lebensbedingungen in der DDR werfen – bevor ihre Wirklichkeit verschwindet. Er hat unser Ost-Berliner Quartier ins Grand Hotel an der Ecke Friedrichstraße/Unter den Linden verlegt.

Morgens im Frühstückssaal säuselt aus unsichtbaren Lautsprechern eine verträumte Melodie, die mit Vogelgezwitscher unterlegt ist. Eine warme, weibliche Stimme haucht von Zeit zu Zeit „Guten Morgen“, abwechselnd auf Deutsch, Englisch, Französisch und Japanisch. Das sind die Sprachen der Länder mit konvertibler Währung. Am Buffet gibt es hart gekochte, halbierte Hühnereier mit einer Portion rotem oder schwarzem Kaviar dazu. Man kann davon nehmen, so viel man will. Durch das Panoramafenster sieht man die grauen, gammeligen Fassaden auf der gegenüberliegenden Straßenseite. Eine Hauswand trägt den geschwungenen Schriftzug einer erloschenen Leuchtreklame: *KOMISCHE OPER*.

Wir könnten uns mitten in der Nacht ein mehrgängiges Menü bestellen. Der Zimmerservice liefert prompt. Die Bäder unserer Hotelzimmer haben goldfarbene Armaturen.

Bertrand hat eine Suite gemietet und dort ein Redaktionsbüro mit Schneideraum eingerichtet. Eine Berliner Produktionsfirma, die Bertrand angeheuert hat, stellt Geräte und zusätzliches Personal. In der Suite gibt es eine Sitzgruppe mit Biedermeiersofa und -sesseln. Sie stehen um einen niedrigen Tisch. Einmal sitzt dort eine große Frau mit langen dunklen Haaren. Sie ist jung und schön. Sie trägt eine orangefarbene Steppjacke. Ich denke, das ist die Praktikantin von der Berliner Produktionsfirma. Wahrscheinlich soll sie irgendeine Kurierfahrt machen. Auf dem niedrigen Tisch vor ihr stehen Kaffeegedecke. Uwe und Oliver, der dauerbekiffte Kameramann der Berliner Produktionsfirma, flankieren die junge Frau. Betont lässig bemühen sie sich um ein Gespräch. Max und Clemens, die Chefs der Produktionsfirma, sind im Raum. Sie telefonieren viel und unterhalten sich zwischendurch. Die schöne Praktikantin aber sitzt nur da und hört zu. Sie hat große dunkle Augen. Ihre Schönheit ist von kühler Perfektion und fest verschlossen.

„Das war Katarina Witt“, klärt Uwe mich später auf, „die dreht mit der Firma von Max und Clemens einen Kinofilm.“

Katarina Witt. Die Eiskunstläuferin. Eine der wenigen positiven Berühmtheiten der DDR. In der westlichen Welt gilt sie als Urbild des schönen, perfekten, sozialistischen Menschen. Ihre Unnahbarkeit ist Legende. Unser Hotel blendet derartig, dass selbst Weltstars darin wirken wie Praktikanten.

„Wir fahren ’eute nach Leipzig. Dort gibt es Umweltverschmutzung. Wisst ihr, wo man von der Autobahn aus die Schornsteinen der Industrie sieht – dort sollen wir abfahren.“

Es ist ein diesiger Tag. Man kann nicht weit in die graue Landschaft schauen. Diesmal fahren wir mit unserem eigenen Teamwagen über die Transitautobahn in Richtung Leipzig. Aber wir trauen uns immer noch nicht, schneller als hundert Stundenkilometer zu fahren.

„Fahr’ aus! Fahr’ aus!“ kommandiert Bertrand von der Rückbank aus, „Dort ist es! Seht ihr die Schornsteinen!“

Wir verlassen die Autobahn.

„Seht ihr die Schornsteinen – dorthin!“ weist uns Bertrand aufgeregt an. Er traut dem Frieden nicht. Wir sind auf einer Expedition in unbekanntes Gebiet. Kein westliches Fernsehteam hat sich vor uns in dieser Gegend gezeigt.

Unser Weg endet vor einer kleinen Fabrik mit hohen grauen Gebäuden. Aus dem Schlot quillt dicker weißer Dampf. Neben der Fabrik gibt es eine kleine Siedlung aus mehreren Wohnblocks, die ebenso grau sind wie die Fabrik. Nicht nur mir ist der Geruch, der dem Werk entströmt, vertraut.

„Man riecht“, sagt Bertrand, „das es ein Zuckerei ist.“

Wir lassen die Zuckerfabrik hinter uns. Die Landstraße führt von Roitzsch, entlang an brach liegenden Äckern, auf die nächste Ortschaft zu. Dort sieht man mehrere Industrieschlote. Wir passieren ein schmutzig-gelbes Ortsschild:

Bitterfeld

Bezirk Halle

Rost frisst an dem Schild. Es sieht aus, als wäre schmutziges Wasser darüber geronnen. Gelblichgrauer Qualm wabert aus einem dünnen Schlot unweit der Straße.

Der Rat des Kreises tagt in einem stickigen Raum. Weiße Gardinen hängen vor den Fenstern, die zu klein sind für den großen Raum. Die Tapete ist gelblich geblümt. Es gibt eine schlichte dunkle Schrankwand wie in einem Wohnzimmer. Der Tagungsraum wird fast vollständig von einem großen, eckigen Tisch ausgefüllt. Dessen Platte sieht kariert aus, weil der große Tisch aus vielen kleinen Tischen besteht, die akkurat zusammen geschoben wurden. Die Platten der kleinen Tische sind mit einem sehr regelmäßigen Holzfurnierimitat bedruckt. Irgendjemand hat beim Zusammenschieben darauf geachtet, dass die Streifen des Furnierimitats immer abwechselnd längs und quer verlaufen.

Fünfzehn Männer und Frauen sitzen um den eckigen Tisch und bilden den Rat des Kreises. Sie haben Blöcke und Stifte vor sich liegen. Manche drehen ihren Stift zwischen den Fingern. Der eine oder andere spielt mit seiner zusammengeklappten Lesebrille. Wie immer sind die Männer deutlich in der Überzahl. Fast alle haben graues Haar und manche eine hohe Stirn. Sie tragen keine Anzüge, sondern Alltagskleidung mit kariertem Hemd und Pullover. Sie sehen aus wie kommunale Angestellte oder Beamte, ebenso die anwesenden Frauen. Sie diskutieren sachlich und entspannt. Die Umweltbelastung in Bitterfeld muss reduziert werden. Manche der Chemiebetriebe am Ort müssten dazu geschlossen werden. Die Anlagen sind so alt und marode, dass sie nicht mehr repariert werden können. Aber wie kann die Versorgung des Landes mit Waschmittel und Farben dann noch aufrechterhalten werden?

Die Mitglieder vom Rat des Kreises laden uns zum Essen ein. Unweit gibt es eine Gaststätte. Der Rat des Kreises hat noch etwas zu besprechen – ohne die Anwesenheit eines Fernsehteams. Bertrand, Wilhelm und ich gehen in Bitterfeld die Straße entlang. Feine Asche fliegt durch die Luft. Man sieht sie nicht, man spürt sie nur, wenn sie einem ins Auge fliegt.

Die Augen reibend, treffen wir vor der Gaststätte ein. Die Kellnerin trägt einen blau gemusterten Hausfrauenkittel mit einer großen weißen Schürze. Sie sieht so aus wie eine Mutter, die mit dem Mittagessen auf ihre Schulkinder wartet. Sie schüttelt ihren Kopf mit der aschblonden Dauerwellenfrisur: „Alles reserviert." Aber alle Tische in der einfachen Gaststube sind unbesetzt.

Nach und nach erscheinen die Mitglieder vom Rat des Kreises. Gemeinsam mit ihnen setzen wir uns an einen langen Tisch. Einer der älteren Herren erklärt mir: „Es gibt vieles, was in der DDR nicht funktioniert, aber gegessen haben wir immer gut."

Unsere Runde ist locker und fröhlich. Die Kellnerin bringt die Speisekarte, einen kleinen, hektografierten Zettel, der mit bläulicher Schreibmaschinenschrift bedruckt ist. Gutbürgerliche Küche, die Auswahl der Speisen finde ich unerwartet reichlich.

Ich bestelle ein Jägerschnitzel mit Kartoffeln.

„Ist aus", sächselt die Kellnerin.

„Dann nehme ich den Schweinebraten."

„Ha'm wir nich'."

Ratlos sehe ich die Ortsansässigen an. Sollen die erstmal bestellen. Ich schließe mich dann an. Die Kellnerin hält einen kleinen Notizblock in einer Hand, einen schreibbereiten Kugelschreiber in der anderen. Noch hat sie nichts notiert. Mit Essen sieht es heute schlecht aus, gibt sie zu verstehen.

„Och, Else...", bettelt einer vom Rat des Kreises.

Die Kellnerin verschwindet in der Küche. Kurz darauf kommt sie zurück und erklärt: „Es gibt Frikadelle mit Leipziger Allerlei. Wer will?" fragt sie. Alle heben die Hand.

„Welche Sättigungsbeilage?" fragt die Kellnerin.

„Was habt ihr denn?" fragt eines der Ratsmitglieder.

„'S gibt Bratkartoffeln."

Draußen im Ort stinkt die Luft, aber das Essen in der Gaststätte ist reichlich und schmeckt gut.

Milchiger Dunst hängt in der Luft. Die Straßen durch den Ort haben Löcher, die Häuser sind schwärzlich, ihre Mauern zerfressen. Hinter stumpfen Fenstern hängen graue Gardinen. Überall blättern Putz und Farbe ab. Alles ist von Staub überzogen. Die Gehwege sind holprig. Tiefe Pfützen stehen an den Straßenrändern. In einer schlammigen Durchfahrt neben einem dunkelgrauen Mietshaus quetscht ein Bewohner Abfall in eine bereits reichlich befüllte Mülltonne. Wir nehmen diese Szene mit der Kamera auf. Nachdem er sich des Mülls entledigt hat, kommt der Bewohner, ein etwa fünfzigjähriger Mann, auf uns zu. In seinem dünnen, braunen Pullover steckt ein muskulöser Oberkörper. Die Ärmel hat der Mann hochgeschoben bis zu den Ellenbogen, so dass man seine kräftigen Unterarme sieht. Er hat große Hände. Sein Gesicht ist scharf gezeichnet. Unter buschigen Augenbrauen lauern dunkle, genau beobachtende Augen.

Bertrand fragt: „Arbeiten Sie in Bitterfeld?"

Der Mann streicht sich eine Strähne seiner braunen Haare aus der zerfurchten Stirn: „Ich arbeite hier in der Waschmittelproduktion – Industriewaschmittel – Brauereien, Molkereien und so was."

„Was ist mit der Umweltverschmutzung?" erkundigt sich Bertrand.

Der Mann atmet schwer. „Die Anlagen sind dermaßen veraltet", keucht er. „Wenn zum Beispiel freitags die Anlagen gewaschen werden, dann geht das alles in' Kanal", der Mann zeigt mit weit ausholender Armbewegung in eine bestimmte Richtung hinter sich, „und hinaus durch den so genannten Landgraben, letztendlich in de Mulde, da von in d'e Saale, zum Schluss in d'e Elbe." Der Mann sieht Bertrand fest an. „Da steh'n solche Schaumkronen uff'm Wasser, wenn da..." er zeigt mit der Hand knapp auf Hüfthöhe. „Es ist schlimm. Nu' is' die Anlage auch noch so ungünstig gebaut, am Ortseingang dort in Greppin – die kriegen natürlich alles ab." Wieder weist er in die besagte Richtung. „Wenn Sie dort'n Auto parken woll'n, und es ist ungünstig, dann sin' die Straße und die Autos weiß." Er lächelt resigniert, während er abwechselnd in die Kamera guckt und Bertrand ansieht. „Waschmittelproduktion ist Ihnen ja bekannt: Salpetersäure, Natronlauge..."

Hinter einem großen, erstaunlich hellen Gebäude, das die Bezeichnung Kulturhaus trägt, ragt eine dampfende Konstruktion aus verschlungenen schwarzen Rohren auf. Aus hohen Schloten quillt gelblicher Qualm. Überall in den Leitungen sind undichte Stellen, aus denen Dämpfe zischen. Aus einem Kanaldeckel an der Straßenkreuzung neben dem Kulturhaus dringen graue Schwaden. Wir fahren an dem riesigen Werk aus rostigen Leitungen entlang. Es riecht schwefelig. Die Fahrbahn besteht aus großen Betonplatten. Links ist das Werk, rechts stehen mehrstöckige Wohnblocks. Deren Giebeldächer und Außenmauern sind fast schwarz. In den Fenstern sieht man Gardinen. Vereinzelt hängen Blumenkästen an Fenstersimsen. Neben einer Haustür lehnt ein Kinderroller. Zwischen den Blocks gibt es keine Wege und keine Wiesen. Es gibt nur fetten, schmierigen Schlamm. Ein Anblick wie in einem Angsttraum, wie die Kulisse in einem Horrorfilm. Menschen, Familien mit Kindern, wohnen in dieser trostlosen Wüste aus Gestank in der Luft und Modder vor der Haustür.

„Wohin fahren wir?" fragt Wilhelm am nächsten Morgen vor unserem Hotel in Berlin. Er lässt den Motor an, grinst und antwortet selbst: „Dorthin, wo der Dreck vom Himmel fällt – nach Bitterfeld."

Wir sind mit dem jungen evangelischen Pastor verabredet. Er wohnt außerhalb der Ortsmitte in einem einzeln stehenden, grauen Haus mit Garten. Die Trittsteine auf dem Weg vom Gartentor zur Haustür liegen schief im Rasen. Man geht, wie über die Steine in einem Bach. Die unterste Stufe der kleinen Betontreppe vor dem Hauseingang ist zerbrochen. Sie wackelt, wenn man sie betritt. Pastor Martin ist groß und dünn. Er verbirgt sein Gesicht hinter einem gepflegten, hellbraunen Vollbart. Auf seiner schmalen Nase, die wie ein Raubvogelschnabel hervorspringt, sitzt eine modisch runde, rötliche Hornbrille. Sie verleiht dem Pastor einen jugendlichen Ausdruck. Seine blauen Augen sind milde. In Jeans und Pullover lotst er uns durch einen engen Flur, vorbei an zahlreichen Kinderschuhen, Jacken, Mänteln und Regalen voller Bücher. Am Küchentisch sitzt seine schöne Frau mit dem jüngsten Kind auf dem Schoß und frühstückt. Beim Kaffee bekommen wir eine Einführung in die Umweltarbeit. Die Sorge um eine gesunde Umwelt gilt in der DDR als feindselige Opposition.

Die Gemeinde hat Pastor Martin einen Trabant Kombi als Dienstfahrzeug zur Verfügung gestellt. Wilhelm kann nicht mitfahren, weil der Wagen zu klein ist. Ich sitze mit der Kamera auf der Rückbank und muss aufpassen, dass ihr hinteres Ende nicht an das Rückfenster in der Heckklappe stößt. Pastor Martin fährt, Bertrand sitzt neben ihm. Wilhelm folgt in unserem Team-Mercedes.

Neben einem Sportplatz bricht der Weg ab. Ein Abgrund. Vor uns dehnt sich eine tiefe Grube aus. Tief unter uns liegt eine weite Landschaft aus Erde, Stein und Staub. Die gegenüberliegende Kante bildet schon den Horizont.

„Wenn der Wind ungünstig steht“, erklärt Pastor Martin, „dann staubt es hier so, dass die Autos am Tage mit Licht fahren müssen. Einmal musste ein Fußballspiel abgebrochen werden, weil die Sicht nicht mehr ausreichte.“

Die Sonne scheint, der Himmel über uns ist blau, es ist kalt und windstill. Aber der Anblick ist trübe.

Wir passieren die „Schwefelkreuzung“, die so heißt, weil aus dem Schlot nahe der Straße unablässig dicker, giftig gelber Rauch quillt.

„Das ist der Silbersee“, sagt Pastor Martin.

Es stinkt säuerlich.

„Die Bäume am Ufer tragen auch im Sommer kein Laub. Die sind alle tot. Ich bin ’mal die Zuflüsse des Sees entlang gewandert. Vermutlich werden hier Abwässer aus der Filmfabrik Wolfen eingeleitet. Im See laufen noch chemische Reaktionen ab. Wenn Sie wollen, können Sie das aufnehmen“, sagt der Pastor zu mir.

„Auf welche Stelle soll ich die Kamera denn richten?“

„Auf den Wasserspiegel, irgendwohin. Dann brauchen Sie nur noch abzuwarten.“

Ich stelle das Stativ im Gras der Uferböschung auf, um einen möglichst flachen Blickwinkel über die spiegelglatte Oberfläche des Sees zu haben. Ungläubig richte ich die Kamera auf eine beliebige Stelle, löse aus und lasse die Kamera laufen – wir drehen ja auf Video, man kann das belichtete Material zurückspulen und löschen, wenn nichts passiert. Aber schon steigen blubbernd Blasen auf – mitten im Bild. Als hätte einer unter Wasser einen Luftballon zerstochen.

Es gibt Grundstücke mit Häusern am See. Und es gibt Uferstreifen, die mit Hausmüll zugeschüttet sind.

„Die Müllabfuhr kommt zeitweise nicht regelmäßig, dann kippen die Leute das schließlich hier hin“, erklärt Pastor Martin.

Einige hundert Meter weiter ragt aus der Böschung ein dickes Rohr mit einer rostigen Öffnung. Ein breiter

Schwall von grünlichem Wasser ergießt sich daraus. Der Spiegel des Sees steht niedrig. Vorsichtig gehe ich über ein Stück matschigen Seegrunds. Schritt für Schritt taste ich mich vor. Der Schlamm ist zwar schmierig, aber so fest verdichtet, dass meine Schuhsohlen kaum einsinken. Ich stelle mich so, dass ich mit der Kamera seitlich in die Öffnung des dicken Rohres hineinschauen kann. Der Abstand reicht gerade, um nicht von den Spritzern des grünlich schäumenden Wassers getroffen zu werden. Vor meinen Füßen liegen Fetzen von Müll aller Art. Auch ein zerschlissener Teddybär.

Den graugrünen Schlamm, der an den hellen Kreppsohlen meiner Schuhe haftet, wische ich im feuchten Ufergras ab.

Eine buckelige Straße führt durch den Ort auf eine Bahnschranke zu. Am Straßenrand stapft eine gebeugte alte Frau entlang. Die rot-weiß gestreifte Schranke schließt sich. Sie senkt sich, bis ihr freies Ende das Straßenpflaster berührt, wie die Spitze eines abgeknickten Mastes. Alles ist kaputt.

Jenseits der Bahnlinie gibt es eine Siedlung mit niedrigen, alten Häusern. Überall in dieser Stadt verlaufen Rohre, vor und hinter Häusern oder in hohem Bogen quer über die Straßen hinweg.

Wir fahren in die alte Siedlung. Niedrige Häuschen aus gelben Ziegeln stehen an einer gebogenen Straße. An einer Ecke bessern einige Arbeiter das grobe Pflaster aus. Sie tragen blaue Arbeitsanzüge und dunkle Schiebermützen. Sie haben eine Schubkarre, als Werkzeuge benutzen sie eine Schaufel, einen Hammer und eine fünfzinkige Gabel, mit der sie grobe Steine aus dem Boden in die Schubkarre laden. Wie ein Bild aus den dreißiger Jahren.

Eine ältere Frau steht in einem der winzigen Vorgärten. Sie winkt uns heran. „Wenn die Feuerwehr kommt und nach dem Regen die Dächer abspritzt, dann ist wieder was passiert“, schimpft die Frau. „Die schicken unsere Kinder am Vormittag aus der Schule nach Hause. ‚Der Lehrer hat gesagt, wir sollen Duschen’, erzählen die Kinder. Einmal war hier nach dem Regen alles blau. Hier stirbt der Hund vor der Hütte! Hier stirbt der Hund vor der Hütte!“

In Berlin regnet es. Vor unserem Hotel steige ich aus dem Teamwagen. Die Straße ist nass. Wir müssen ein paar Mal hin und her gehen, bis die ganze Ausrüstung vor dem Aufzug in der Halle ist. Kühle Nässe zieht von unten her in die Socke an meinen rechten Fuß.

Im Zimmer ziehe ich die Schuhe aus. Unter meinem rechten Schuh klebt noch etwas grünlicher Schlamm. Er hat in die Kreppsohle ein Loch gefressen, dessen Ränder spröde sind wie ein alter Radiergummi.

4. Dezember 1989 – Das runde Eck in Leipzig

Wenn Manu geht, wiegt sich in ihren Hüften die ganze Welt. Manu ist etwas kleiner als ich. Sie wirkt zierlich und weich. Ihre Haut hat die Farbe von hellem Milchkaffee. Die krausen Löckchen ihres vollen, schwarzbraunen Haares fallen bis auf die Schultern – man könnte ein Kissen damit füllen. Manu kommt aus Wachtendonk am Niederrhein. Vielleicht stammt irgendeiner ihrer Vorfahren von den niederländischen Antillen. Sie ist meine Kollegin. Bei Electronic Crews macht sie eine Ausbildung zur Cutterin. Sie geht gerne mit mir aus. Mehr leider nicht.

Nach feinem Kokosöl duftend saß sie neben mir im Kino. Das war am Sonntag.

Heute ist Montag. Neben mit sitzt Pitt. Wie ein trotziger Junge zieht er immer wieder lautstark den Rotz in seiner Nase hoch. Er ist unrasiert, seine langen Haare sind nicht gewaschen. Pitt ist ein begnadeter Radio- und Fernsehtechniker, er ist Musiker und ein gewissenhafter Tonmann. Er riecht streng.

Wir sind unterwegs auf der Autobahn von Ost-Berlin nach Leipzig. Pitt und ich.

„Macht Bildern, wie die Stimmung ist“, hat Bertrand uns beauftragt, „fragt die Leuten, was sie denken über die Einheit und so.“

„Warum müssen *wir* dem seine Arbeit machen!? Und alles für's gleiche Geld! Das seh' ich nich' ein“, schimpft Pitt.

„Das ist unser Job“, antworte ich, „davon werden wir noch unseren Enkeln erzählen, zahnlos im Schaukelstuhl sitzend. Die Welt verändert sich, und wir haben sogar ein bisschen mitgeholfen. Wer hat schon so'nen Beruf?“

Pitt hat auch keine Freundin. Von Enkeln also keine Rede. „Das' doch egal – 's passiert doch sowieso nur, was die Politiker wollen. Glaubst du etwa, dass hier irgendwas passiert, was die nicht wollen? Irgendwas?" Pitt klingt immer, als wäre er verschnupft und hätte einen Halskatarrh.

„Zumindest is'es ihnen im Moment entglitten", sage ich und komme mir selbst fast naiv vor. Dabei habe ich es doch mit eigenen Augen gesehen – ach, *gesehen* haben es die Zuschauer auch – ich habe es erlebt! Ich habe erlebt, dass es eine Kraft gibt, die zum Greifen nahe ist. Sie besteht aus Unbeirrbarkeit, Ausdauer, kann Angst überwinden und jede Regierung zum Handeln zwingen. Das Wissen darüber kann uns über manche Verdrossenheit hinweg tragen – aber es ist auch die Erkenntnis der Verantwortung von uns „kleinen" Leuten.

***

Auf meiner rechten Schulter trage ich eine „alte" *BETACAM*. Sie ist größer und schwerer als das neue Modell. Der Akkugurt, den ich um die Hüften geschnallt habe, sieht aus wie ein Gürtel mit Bleigewichten für Taucher. Der Akkugurt liefert Strom für den Scheinwerfer, der auf der Kamera befestigt ist. Die Ausrüstung wiegt mehr als ein voller Kasten Mineralwasser.

Ich schalte den Scheinwerfer ein, um eine Aufnahme von den Demonstranten zu machen. Daraufhin winken sie. Das Fernsehen verändert die Wirklichkeit. Manche formen mit den Fingern das Victory-Zeichen. Es gibt viele lächelnde Gesichter. Kinder gehen mit. Das ist das Volk. Sie strömen zur Demonstration, wie andere sonntags vom Parkplatz zum Herbstbesuch im Zoo.

„Deutschland einig Vaterland!“ skandieren manche, „Däutschland ainich Va-dor-land!“ Sie sind stolz auf das, was sie nach Jahrzehnten innerhalb weniger Wochen erreicht haben. Viele von ihnen sicher zu Recht, die wenigen, die vor uns regelrecht defilieren, möglicherweise zu Unrecht. Irgendeiner ruft:

„Egon lass dich nicht verdrießen
– für dich bleibt ja auch noch Gießen!“

Gelächter.

Gestern ist Egon Krenz sowohl mit dem Politbüro als auch dem Zentralkomitee der SED zurückgetreten. Jetzt ist er nur noch Staatsratsvorsitzender.

Es ist schwierig gleichzeitig die Kamera zu führen, Bilder zu machen und Fragen zu stellen. Und es ist seltsam, den Menschen gewissermaßen einäugig gegenüber zu stehen. Für sie bin ich halb versteckt hinter meiner ausladenden Kamera.

„Sind sie zufrieden mit dem, was sie mit den Demonstrationen bisher erreicht haben?“ Eine schlauere Frage fällt mir nicht ein. Der Mann mit der Baskenmütze, der wie ein Baum vor meiner Kamera steht, antwortet betont langsam. Seine Stimme ist tief: „Also, es wurde ja Zeit, dass sich das gesamte ZK mal zurückzieht, und dass wir eine gesamte andere Ordnung ’reinbekommen. Das ist äußerst wichtig.“

„Und wie sollte sich das jetzt weiterentwickeln?“ frage ich ihn, „freie Wahlen? Wiedervereinigung?“

Der Mann spricht bedächtig: „Das ist eine positive Frage, die Sie stellen.“ Er nickt langsam mit seinem schweren Kopf. „Und zwar die Wiedervereinigung ist zu begrüßen, auf jeden Fall, wir müssen alle Kraft daran setzen, dass es auch zu diesem Ergebnis kommt.“

„Ist der Zehn-Punkte-Plan von Helmut Kohl keine Einmischung?“

„Man kann es nicht unbedingt als Einmischung betrachten, aber man muss sehen, dass man daraus das Beste doch macht.“

Ich schwenke die Kamera auf die kleine Dame mit den kurzen blonden Haaren. Sie steht neben dem bedächtig sprechenden Mann. „Wie seh'n Sie das?“

„Ungefähr genauso, aber ich würde sagen, für eine Wiedervereinigung ist es vielleicht noch zu früh. Wir haben jetzt erstmal sehr, sehr große Probleme und diese überhaupt erstmal zu lösen, und für 'ne Wiedervereinigung ist es einfach noch zu zeitig.“

Ob sie nicht findet, dass sich die BRD zu sehr einmischt, hake ich nach.

Die Dame wiegt ihren Kopf. „Was heißt einmischen, ich meine, wir sind alle Manns genug oder wir alle wissen selber, was wir zu tun oder zu lassen haben. Es ist jetzt erstmal gut, dass wir schon ganz schön viel unternommen haben, uns reicht's noch nicht, und deshalb sind wir auch montags immer noch auf der Straße, und das wird auch weiter so gehen.“

Wir stehen mit unserer Kamera und dem hellen Scheinwerfer inmitten der Demonstranten wie eine dümpelnde Leuchtboje im unruhigen Wasser eines großen Sees.

Ein junger Mann mit blondem Ziegenbart meldet sich zu Wort: „Wenn wir die 100 Milliarden D-Mark, die in der Schweiz liegen, bekommen würden, dann hätten wir's nicht nötig, in die BRD wie Bettler hinzugeh'n, für hundert Mark Begrüßungsgeld.“

„Nein!!“ johlen die Umstehenden.

„Wir sind keine Bettler der BRD!“ schaltet sich ein gut rasierter Mann in grauem Wintermantel ein. „Ich bin für die Wiedervereinigung, was anderes gibt's gar nicht“ – „Ich auch!“ ruft eine heisere Frau aus dem Hintergrund. Der Mann im grauen Wintermantel streckt sich, beschwörend wie ein Wahlkämpfer erhebt er die Stimme: „Das ist die einzige Zukunft für uns alle – einig Deutschland!“ – „Nein, niemals!!“ tönt es aus der Umgebung. – „Doch!“ kräht jemand. „Wir sollten die Chance nutzen!“ ruft der Mann im Wintermantel gegen den Tumult, „und die zehn Punkte von Kohl sind der richtige Weg schon!“ Er legt bescheiden die Hand auf die Brust und sagt trocken: „Das ist meine Meinung.“

„Wenn jetzt'n einiges Deutschland kommt“, meldet sich der Mann mit dem Ziegenbart, „dann werden wir das Armenhaus der Bundesrepublik Deutschland, dann sind wir das Armenhaus! Unsere Wirtschaft ist doch total am Boden!“

Gezänk kommt auf. „Deutschland einig Vaterland!“ hallt es wider von den Fassaden um den Platz, als hätten alle die Worte der Zweifler gehört. Unsere Kamera und unser Licht werden zum Mittelpunkt einer Diskussion unter den Demonstranten.

Ein Mann mit dunkelgrauem Vollbart, dunkelgrauen Haaren und ebensolcher Jacke baut sich vor meiner Kamera auf. So stellt man sich einen Bürgerrechtler vor. Vielleicht ist er Lehrer oder sogar Pfarrer. Während er spricht, erfasst sein Blick nacheinander alle, die vor ihm stehen. Er wirkt, als würde er häufig vor vielen Menschen sprechen. Es gelingt ihm, im Lärm der Demonstranten ein konzentriertes Forum entstehen zu lassen. „Ich bin der Meinung“, ruft er mit fester Stimme, „wir haben genug Reserven in der DDR. Und die sollten wir erkennen: Wozu brauchen wir eine Armee? Wozu? Wozu brauchen wir die Staatssicherheit? Die hat Funktionäre geschützt!"

„RICHTIG", knarrt ein lauter Bass. Kurze Irritation.

„Wozu brauchen wir Kampfgruppen? – Dort! In diesen Institutionen, in den alten Machtstrukturen, da stecken tausende, millionen Menschen, die wir in den Betrieben brauchen, da steckt die Technik, die wir brauchen, das wir 'rauskommen aus unserer Misere..."

„RICHTIG."

„...und..."

„JAWOHL!"

„...dort steckt alles, was uns hilft! – Was wir von der BRD brauchten, das wären: Umweltschutzanlagen in erster Linie. Vielleicht ab morgen bleifreies Benzin für unsere schmutzigen Trabants und ähnliche Dinge. Darum würde ich die BRD bitten, dass sie uns das zur Verfügung stellt. Die Konföderation, die ist meines Erachtens nach genauso verfrüht, wie die Wiedervereinigung. Die hilft uns nichts! Wenn man Wasser und Feuer zusammenbringt in der Politik, dann bedeutet das Anarchie! Und die möchte bestimmt niemand von uns!"

„NEIN KEINER. RICHTIG", brummt der Bass von der Seite. Im Hintergrund fordert die Menge im Chor: „Deutschland einig Vaterland!" Als hätten sie alle zuhören können. Der Bürgerrechtler ist irritiert.

Das gibt mir Gelegenheit für eine Frage: „Glauben Sie denn, dass es bald zu Neuwahlen kommen wird?"

„Ich habe Angst davor, dass es zu Neuwahlen kommt, ohne dass die demokratischen Gruppen sich formiert haben", antwortet der Bürgerrechtler, „davor hab' ich Angst."

„Das Schlimme ist ja, dass man die Leute auch noch nicht kennt", ergänzt eine junge Frau mit braunen Locken.

Der Bürgerrechtler setzt seine Rede fort: „Wir haben nicht die Machtstrukturen wie die SED, und die SED beruht noch auf den alten Machtstrukturen, und solange sie noch die NVA und die Staatssicherheit in der Hand hält – und auch Egon Krenz hat uns betrogen, wie wir feststellen mussten, der muss alles gekannt haben, was dort gelaufen ist..."

„Klar hat der das gekannt, klar", bestätigt die junge Frau mit den Locken und schiebt die Hände in die Taschen ihres blauen Anoraks.

„Und solange das noch ist, ist nicht ausgeschlossen, dass eine Militärdiktatur die Verhältnisse, die wir jetzt haben, umkippt!" fasst der Bürgerrechtler zusammen.

„Nie wieder SED!" skandieren die Umstehenden im Chor, „Nie wieder SED!"

„Und deswegen", schließt der Bürgerrechtler, „sofort auf die Finger schlagen, den Leuten, die die Machtmittel in der Hand halten!"

Plötzlich löst sich die Menge in kleine Grüppchen auf, manche diskutieren erregt, andere werfen sich gegenseitig kurze Statements an den Kopf. „Ja freilich, ja freilich", schimpft ein Herr mit Hut, „wir sind doch betrogen worden hier! Worum geht's denn sonst, wenn's nicht um's Geld geht?" ärgert er sich, wendet sich ab und geht. Pitt und ich drehen uns wie ein Wimpel, der immer auf denjenigen in der Menschenmenge zeigt, der gerade spricht. Pitts Mikrofonangel ist mit der Kamera auf meiner Schulter über ein Kabel verbunden. Wir müssen aufpassen, dass wir niemanden damit einwickeln. Auch nicht uns selber.

Noch haben wir nicht genug Originaltöne. Solange die Diskussion kocht, brauche ich eigentlich nur irgend jemanden zu fragen: „Und was sagen Sie?"

„Also wir sind für die jetzige, sofortige Wiedervereinigung *nicht*!“ erklärt eine elegant gekleidete Dame mit freundlichen braunen Augen.

„Doch!!“ kräht wieder die heisere Frau im Hintergrund.

„Nein! Sind wir nicht“, widerspricht die Dame. Heftige Zwischenrufe aus allen Richtungen im Gedränge der Bürger um uns.

„Warum sind Sie nicht dafür?“ will ich wissen.

„Weil wir nicht als Armenhaus dastehen wollen. Wir haben unser Leben lang gearbeitet. Jeder fleißig und rechtschaffen...“

Sie macht eine Pause. „Und jetzt, mit Unterstützung, wirtschaftlicher, finanzieller, auch von der Bundesrepublik, wäre es auch bei uns möglich, dass wir...“

„Das ist Bettelei!!“ pöbelt einer aus dem Hintergrund.

„Das ist keine Bettelei!“ quittiert die elegante Dame und setzt erneut an: „...dass wir aus eigener Kraft wieder...“

„Aber wissen Sie, wie viel die bei uns ’reinstecken müssen?“ unterbricht die junge Frau mit den braunen Locken, „Das sind – da komm’ wir gar nich’ wieder ’raus. Da komm’ wir nich’ wieder ’raus.“

Ein kleiner alter Mann mit Prinz-Heinrich-Mütze erklärt: „Wir stecken doch bis zum Hals drin! Keine Maschine’!“

„Das wissen wir doch, dass wir nichts haben“, antwortet ihm die Dame. In ihren freundlichen Augen spiegelt sich auch Traurigkeit.

„Keine richtige’ Maschine’!“ wiederholt der Alte, „Und die wolle’ uns die Maschine’ gebe’!“

„Na und“, trotzt die Dame, „da lassen wir uns doch nicht aufkaufen von der Bundesrepublik!“

„Das hat doch mit Aufkaufen nichts zu tun", empört sich der kleine alte Mann, „...oder sind Sie so rot?!" wirft er der Dame vor. Die rümpft die Nase: „Ich bin überhaupt nicht..."

„Doch, so hört sich's aber an", raunzt der kleine alte Mann.

„Wir machen einen Volksentscheid!" wirft die junge Frau mit den Locken ein.

„Ich bin parteilos, das sag' ich dazu", bemerkt die elegante Dame mit den freundlichen, aber traurigen Augen. Sie entfernt sich von dem schimpfenden Alten, „und nur die Billigarbeitskräfte der Bundesrepublik woll'n wir auch nicht sein", sagt sie nachdenklich.

„Finden Sie den Zehn-Punkte-Plan von Bundeskanzler Kohl in diesem Falle nicht so passend?" frage ich.

Die Dame schaut mir gerade ins Gesicht. „Nein. Nicht unbedingt. Ich empfinde das als Einmischung. Aber das ist eben meine persönliche Meinung, und Sie merken das auch heute hier schon, dass die Meinungen sehr auseinander gehen..."

„Ja, aber das ist doch gut und lebendig", halte ich entgegen.

„Ja, das ist lebendig. Aber das hilft uns im Moment nicht weiter. Wir müssen zusammenhalten und nur zusammen sind wir stark und zusammen erreichen wir was!"

„Ich bin für die Wiedervereinigung!" Eine kleine blonde Frau drängt sich vor. Sie hat eine hohe, durchdringende Stimme. „Ich bin nicht für die Wiedervereinigung im Moment, aber dass es im Ganzen 'rauskommt. Dass die Grenzen von Polen anerkannt werden, dafür bin ich, und ich bin dafür, dass wir ein europäisches Haus haben. Und da bleibt vielleicht dann auch die Frage unterm Tisch – dann sind wir ja: ein Land."

Irgendeiner brummelt etwas, was ich nicht verstehen kann.

„Warum nicht?“ reagiert die kleine blonde Frau, „Von was wollen wir aufbauen?“ fragt sie.

„Mit Unterstützung woll’n wir aufbauen!“ schaltet sich die Dame mit den freundlichen Augen wieder ein.

„Du, entweder sind wir das Armenhaus, oder du, wir sind die Bettler... eins von beidem“, entgegnet ihr die kleine blonde Frau.

„Das woll’n wir aber nicht sein!“ schmollt die Dame.

„Arbeiten und Geld verdienen woll’n wir, mehr nich’!“ meldet sich eine helle Männerstimme hinter mir.

„Ich hab’ gearbeitet – mein ganzes Leben!“ argumentiert die blonde Frau. „Ich auch“, ergänzt die Dame mit den freundlichen Augen. Ihr Blick wird hart und richtet sich an mir vorbei auf den Mann hinter mir. „Wir beide sind Kollegen“, erklärt die blonde Frau, „wir sind Krankenschwestern!“ – „...im Medizinischen Bereich, wir haben genügend gearbeitet!“ – „Wir haben schwer gearbeitet!“ – „Für wenig Geld! – „Unter unzumutbaren... Zuständen!“

„Will man Geld haben, muss man auch arbeiten!“ ruft die helle Männerstimme.

„Wo soll denn das europäische Haus anfangen, wenn nicht in Deutschland?!“ ruft ein junger Mann, der seitlich von uns in der Menge steht.

Die blonde Frau ergänzt: „Ich würde auch sagen: Wieso ’ne Einigung in ganz Europa, wenn nicht ’mal zwei – ein Volk sich einigen kann?“

„Wir müssen zusammenhalten und zusammen was Neues aufbauen“, sagt die Dame mit den freundlichen Augen resolut, „Das ist das Entscheidende! Und die Wiedervereinigung kann später immer noch kommen!“ Sie will endlich gehen.

„Was soll denn ’rumdoktern“, lispelt die helle Männerstimme, „am Sozialismus noch ’rumdoktern...“ Ich drehe mich vorsichtig mit der Kamera um. Die helle Stimme gehört einem großen Mann in knallroter Skijakke. Er hat auch eine knallrote Schirmmütze auf dem Kopf, was ihn etwas grotesk erscheinen lässt. „Wir woll’n hier Geld verdienen, wir woll’n arbeiten und woll’n das Geld ausgeben, und wer uns das meiste Geld gibt, für den arbeiten wir, da gibt’s gar keine Alternative!“ lispelt er. Die rote Schirmmütze ist mindestens noch mal so hoch, wie der Kopf des Mannes mit der hellen Stimme. „Wir steh’n vorm Bankrott“, stellt er fest. Neben ihm steht eine kleine Frau. Ihr Schal ist ebenso rot wie die Jacke des großen Mannes. „Woher soll denn das kommen, wir können doch nicht aus nichts wieder was aufbauen. Alles ist kaputt...“ wirft die Frau mit dem roten Schal ein.

„Jeder will hier was sagen“, mault der Mann in der roten Jacke.

„...jede Maschine ist kaputt“, sagt die Frau mit dem roten Schal, „alles rotte. Und die Leute ha’m gearbeitet und gearbeitet, und nu’ plötzlich soll’n sie arbeiten und noch mal arbeiten...“

„Wieder umsonst!“ kräht die heisere Frau im Hintergrund.

„Irgendwann ist doch mal der Optimismus zu Ende“, meint die Frau mit dem roten Schal, „und ich seh’ das so, dass die Leute nicht erst wieder zehn Jahre was probieren woll’n, und vielleicht klappt’s dann wieder nicht, sondern...“

„Nicht mehr ’rumdoktern“, fordert der große Mann in der roten Jacke, „jetzt geht’s ’ran, der Arsch kracht und dann...“

Die kleine Frau mit dem roten Schal lächelt verschämt. Wahrscheinlich gehört der große Mann mit der roten Jacke zu ihr. „Es muss eine Entscheidung getroffen werden“, setzt sie fort.

Wieder unterbricht sie der Mann in der roten Jacke: „Werden wir sehen, was draus wird. Und Geld wer’n wir verdien’ und das Geld wer’n wir ausgeben. So. Und wenn wir hier – Wir ha’m ja überhaupt keine Alternative – wenn nich’, dann muss das verkauft werden, das bisschen, was noch da ist, ne? – Mir ist doch egal, für wen ich arbeite!“ spricht er mir in die Kamera. Ich hole schon Luft, um ihn zu fragen, ob er auch für die Stasi arbeiten würde. Doch dann verkneife ich mir die Frage. Was weiß ich als Westdeutscher davon?

„Ehe ’ne Wiedervereinigung kommt, müssen wir erstmal...“ versucht ein Mann mit dunkler Brille durchzudringen. Da taucht ein weißer Pappkarton, an einer Schnur baumelnd, von oben in mein Bild. Darauf hat jemand mit einem dicken schwarzen Pinsel geschrieben:

Pappkartons
voll leerer
Worte

„Lass’ mal endlich weitergeh’n“, bremst Pitt meinen Reportageeifer, „soviel kann der Bertrand sowieso nicht brauchen. Das schmeißt der alles weg.“

Die Zahl der Demonstranten ist beeindruckend. Die ganze Stadt muss auf den Beinen sein. Wir lassen uns mit der

Menge treiben. So gelangen wir vor dieses Gebäude mit der runden Ecke. Ich erkenne es sofort wieder: Vor drei Jahren sind Tobi und ich im Volvo („Das letzte Modell“) hier vorbeikutschiert worden. Diesmal ist mir klar: In diesem Gebäude ist die Zentrale der Staatssicherheit in Leipzig. Die meisten Fenster sind dunkel.

Auf dem Gehweg um die Außenmauern des Gebäudes ist im Abstand von einigen Metern eine weiße Kordel gespannt, etwa hüfthoch. Entlang der Kordel – mit den Rücken zum Gebäude – stehen Demonstranten. Manche haben einander untergehakt. Es gibt nur wenige Lücken in ihrer Kette. Da kommandiert einer: „Los! Rein!!“ Die Demonstranten tauchen unter der Kordel durch. Sie stellen sich mit dem Rücken an die Wand des Stasigebäudes. Um den Mut nicht zu verlieren, rufen sie: „Schließt euch an! Schließt euch an! Schließt euch an!“ Andere Demonstranten rücken nach. Viele haben Kerzen. Sie lassen flüssiges Wachs auf das Pflaster des Gehweges tropfen und kleben damit die Kerzen auf dem Boden fest. Es wird gesungen wie im Fußballstadion:

„Staaasi/ deine Zeit ist um/
Staaaaasi/ deine Zeit ist um/
Stasi, deine Zeit ist um!“

Eine Stimme aus einem Megafon hallt über den Platz: „Heute hat, siebzehnuhrdreißig, eine Abordnung von Bürgerinitiativen der Stadt das Gebäude der Staatssicherheit unter Kontrolle genommen!“

Applaus. „Stasi, deine Zeit ist um!“

Die Stasi durchzieht die ganze Gesellschaft wie ein Nervensystem, sichtbar und unsichtbar. Sie ist eine weit verzweigte Organisation aus Menschen, die sich schuldig gemacht haben, indem sie Zwang auf ihre Mitbürger ausübten. Das Nervensystem kann auch ohne den Kopf der Regierung im Organismus Reaktionen auslösen. Ein Wurzelwerk, das tief in die Erde reicht, kann wieder austreiben.

„Staaasi, deine Zeit ist um!"

Zehntausende singen wie einer. Man kann sogar den sächsischen Zungenschlag hören:

„Stööööäsi, deine Zeit is' üm!"

Und man hört den Triumph:

„*Wir* sind das Volk! *Wir* sind das Volk!"

Ich nehme ein Bild auf, das nur Köpfe zeigt. Alle Augen sind auf ein geöffnetes und erleuchtetes Fenster in einem der oberen Stockwerke gerichtet. Die Münder bewegen sich im Takt. Sie rufen: „Fernseh'n 'rein! Fernseh'n 'rein!"

Auf der Freitreppe vor dem Gebäude, genau dort, wo sich die „runde Ecke" befindet, stehen der Mann mit dem Megafon und noch einige andere. Ein frierender Mann in Jeans erklärt uns die Lage: „Ja, das ist das Gebäude der Staatssicherheit des Bezirkes von Leipzig, und warum wir hier stehen, ist folgendes: Wir waren in der Michaeliskirche in Leipzig-Gohlis, und zwar zum normalen Friedensgebet, und das wurde dann unterbrochen, und es wurde dann mitgeteilt, dass praktisch dies' Gebäude eventuell heute Abend gewaltsam gestürmt werden sollte. Da wurde gebeten eben, dass viele hergeh'n, um das zu verhindern, und deswegen sind wir hergekomm', und dreißig Mann sind jetz' drinne vom neuen Forum, *SDP* und die ganzen Gruppen und auch normale Bürger, mit Staatsanwaltschaft und Rechtsanwalt Dr. Schnur. Ja, und jetzt steh'n wir hier und woll'n versuchen, dass eben aufgemacht wird und das Ganze gewaltfrei abläuft. Mehr is' nich'... nu."

Zwei Fenster über dem Eingang in der runden Ecke sind erleuchtet. Das Gebäude schwimmt im Meer der Demonstranten wie ein antriebsloses Schiff.

„Stellt euch an! Stellt euch an!“ rufen die Demonstranten.

„Nie wieder SED! Nie wieder SED!“ Die Demonstranten bilden eine Gasse. Ein Häuflein von zwei Dutzend Mitgliedern der SED zieht zwischen den Demonstranten durch. Man erkennt sie daran, dass sie als einzige Deutschlandfahnen schwenken, aus denen das DDR-Emblem mit Ährenkranz, Hammer und Zirkel *nicht* herausgeschnitten wurde.

„Ihr Letzten! Ihr Letzten!“ ruft ein hagerer Mann ihnen verbittert hinterher.

Die Menge schwappt uns in eine enge Gasse, zum Hintereingang des Stasigebäudes. Von der Straße bis zu dem übermannshohen, grauen Stahltor tummeln sich Demonstranten. Zwei von ihnen halten Leitern, die hoch genug wären, um das Tor oder die angrenzende Mauer zu überklettern.

„Macht daraus ein Krankenhaus!
Macht daraus ein Krankenhaus!“

Erst jetzt erfahre ich, dass die Staatsicherheit einen neuen Namen bekommen hat. Über unseren Köpfen dreht sich eine Art selbst gebastelter Lampion mit der Aufschrift:

Von STASI
Zu NASI
Ist das
die Wende?

„Nu’ geht doch ’rein, die lassen euch!“ fordert mich einer auf. Ich will da gar nicht ’rein. Das ist mir zu gefährlich. Jemand schiebt mich auf das graue Tor zu. Wer im

Weg steht, tritt beiseite. „Presse 'rein! Presse 'rein!" fordert die Menge. Schon stehen wir unmittelbar vor dem grauen Tor.

„Aufmachen für die Presse!" ruft ein Demonstrant. Ich linse mit der Kamera durch die fingerbreiten Spalte zwischen den kalten Stahlplatten des Tores. Ich sehe Soldaten mit Pelzmützen. Sie stehen im gelblichen Licht des Innenhofes. Sie wirken gelassen.

„Ich fürchte, die schubsen uns gleich da 'rein", raune ich Pitt zu. „Ich lasse laufen, mache eine Totale. Wenn die uns verhaften wollen, Kassette aus der Kamera und über die Mauer schmeißen!"

„Klar", nölt Pitt. Selbst er ist jetzt ganz bei der Sache.

Das Tor wird geöffnet, gerade weit genug, um uns durchzulassen. Ich schalte die Akkulampe ein und lasse die Kamera laufen. Ich sehe alles, ich dokumentiere alles aber die drei Soldaten, die im geöffneten Tor stehen, sind von meiner grellen Lampe geblendet. Ein Offizier ist dabei. Mit den Torflügeln im Rücken bilden die Soldaten einen schmalen Trichter.

Die Menge johlt triumphierend.

„Ausweis! Los! Sonst kommt ihr nicht 'rein", sagt einer von der Wache. Ob wir wollen oder nicht: Ab jetzt sind wir Teil der Bürgerbewegung in der DDR. Das Volk hat uns in seinen Dienst gestellt.

Die Soldaten schließen das Tor hinter uns. Wir sind in der Höhle des Löwen. Bin ich froh, dass mich militärischer Umgang nicht schreckt. Trotzdem vergesse ich meinen Vorsatz und schalte die Kamera ab, während ich meinen Pass aus der Jackentasche ziehe.

Nach der Kontrolle lassen die Soldaten uns auf dem kleinen Innenhof einfach stehen. Sie ignorieren uns.

Wir gehen eine Treppe hinauf und durch eine Tür in das Gebäude hinein. Innen ist es hell erleuchtet. Dann stehen wir vor einer Wand mit sozialistischem Mosaik. Das Mosaik stellt ein naives Wappen dar. Das Wappen zeigt einen Arm. Der Arm hält in der Faust ein Gewehr mit Bajonett hoch. An dem Gewehr weht eine rote Fahne, die auch die Farben der DDR enthält und ihr Emblem. Das Wappen trägt die Inschrift:

MINISTERIUM FÜR STAATSSICHERHEIT.

Wir biegen nach links ab, gehen einen kurzen Gang entlang, dann nach rechts, in einen fensterlosen Vorraum. Ein eiliger Soldat begegnet uns. „Da ums Eck 'rum", murmelt er und zeigt im Vorbeigehen hinter sich. An einer kahlen, weißen Wand hängt eine graue Tafel mit rotem Aufdruck:

RADIKALE ERNEUERUNG JETZT!

Unter dem Aufdruck kleben akkurat nebeneinander vier Bogen Papier. Sie sind mit Schreibmaschinenschrift bedruckt. Ein kleiner Zivilist kommt uns entgegengeschlurft: „Den müsst ihr euch selber fotografieren, den Film." Er bleibt stehen.

„Was ist denn hier los?" frage ich.

„Nix", behauptet der Zivilist, „das'n reines Verwaltungsgebäude."

Eine schmale Treppe führt uns hinab zu einer offen stehenden Stahltür. Quer dahinter verläuft ein Kellergang. Einige Männer mit Fotoapparaten oder Notizblöcken in den Händen kommen den Gang entlang. Pitt und ich schließen uns an.

„Da hinten is' die Telefonzentrale mit allem drum und dran", erklärt ein Mann in blauer Steppjacke. Ein anderer fragt in breitem Schweizerdeutsch: „Könnte man da telefonieren?"

Der Kellergang ist weiß getüncht und hat mehrere graue Türen.

„Da is' de Plombe uff, die könnt ihr mal mit uffnehmen", sagt der in der blauen Steppjacke. Der Schweizer zündet sich eine Zigarette an.

„Wo geht's denn hier hin?" fragt jemand.

Da sagt einer wie ein Lehrer, der einen Schüler beim Schummeln erwischt hat: „Aha." Der das gesagt hat, sieht auch aus wie ein Lehrer. Er trägt eine Brille, sein langer heller Mantel gleicht in Stoff und Farbe seinem Hut. Der „Lehrer" steht vor einer spaltbreit geöffneten Tür am schmalen Ende des Kellerganges. Er spricht zu einem erschrockenen Gesicht, das hinter dem Türspalt hervor schaut. Das Gesicht versucht, sich zu verstecken. „Wir würden gern mal hier 'reinschau'n", sagt der Lehrer. Die Tür, hinter der das erschrockene Gesicht hervorlugt, ist aus Stahl. Sie hat in Augenhöhe einen kleinen Spion. An der Wand neben der Tür ist ein Tastenfeld angebracht, darüber ein Schild:

„E 031".

„Können Sie sich erstmal ausweisen?" piepst das erschrockene Gesicht.

„Ja, das kann ich", antwortet der Lehrer schnell. Er hält dem erschrockenen Gesicht ein eingeschweißtes Pappkärtchen hin, „Deutsches Rotes Kreuz."

Das erschrockene Gesicht streckt sich ein wenig weiter durch den Türspalt heraus wie ein neugieriges, aber ängstliches Vögelchen, das aus einem Loch im Nistkasten schaut. Vermutlich hat der junge Mann, dem das Gesicht gehört, von Neugier überwältigt die Tür geöffnet, um nachzuschauen, was sich davor abspielt. Warum hat er nicht den Spion benutzt? Mit aufgesperrtem Mund registriert er das Dutzend Fremder vor seiner Tür. Sein Gesicht ist grau vor Schreck. „Moment." Er hält die Tür fest und wendet sich kurz in den Raum dahinter. Die Gruppe aus Bürgerrechtlern und Presseleuten schiebt sich dichter an die Tür heran, damit sie bloß nicht zugezogen wird. Es gibt Gerangel.

„Wer hat Sie denn hierher geschickt?" – „Ja, bloß..." – „Ne, erstmal Ausweis..." – „Ich werd' sie nich..."

Ruhig aber bestimmt sagt der Lehrer: „Die Bürger draußen vor der Straße verlangen das doch, also gebt's doch auf. Ihr habt doch nischt mehr zu verbergen hier." Dabei versucht er schon, einen Blick hinter die Tür zu werfen. Unwillkürlich öffnet der junge Mann mit dem erschrockenen Gesicht die Tür etwas weiter. Mit einer Hand stützt er sich auf die Klinke, mit der anderen hält sich der schmächtige junge Mann im Türrahmen fest. So stellt er sich auf die Zehenspitzen, reckt sich, um über die Köpfe der Gruppe hinweg zu sehen. „Genosse Otto?" ruft er den Mann in der blauen Steppjacke, „dürfen wir se'reinlassen?"

„Ja, in Ordnung", antwortet der Genosse Otto kleinlaut. Schon schiebt sich die Gruppe durch die nunmehr freie Tür. Wir gehen einige Schritte entlang an beigefarbenen Schränken, auf denen neben einem grauen Kasten mit Schaltern, Buchsen und Anzeigen, einige Telefonapparate stehen sowie eine Bastelei aus drei Flaschen, die mit spiralförmigen Drähten umwickelt sind.

„Guten Abend", wünscht einer der Bürgerrechtler.

„Ab'nd", erwidert kleinlaut eine heisere Stimme.

Rechts, hinter einer schmalen Türöffnung befindet sich ein Nebenraum. An der Längswand steht ein Pult, auf dem graue Apparate mit schwarzen Reglern aufgestellt sind. Der junge Mann mit dem erschrockenen Gesicht sieht jetzt aus wie ein bockiger Schuljunge. Mit dem Rücken zu uns und verschränkten Armen lehnt er im Rahmen der schmalen Tür. An dem langen Pult im kleinen Nebenraum sitzt ein Mann. Er telefoniert. Sein Telefon ist rot. Ärgerlich dreht er uns seinen Rücken zu, als wären wir Klatschreporter, die ihn bei einem Gespräch mit seiner Geliebten belauschen wollen.

Sehnsüchtig sagt jemand: „Oh, die Telefone..." Monate, manchmal jahrelang muss ein normaler Bürger in der DDR auf ein Telefon warten. Hier liegen die Apparate achtlos gestapelt in einem großen Waschkorb.

Wenige Schritte weiter ist ein größerer, hell erleuchteter Raum. Ein hochfrequenter Summton singt beständig. Ein nacktes Mädchen räkelt sich in einem alten Sessel. Verträumt stützt sie ihren süßen, dunkelblond gelockten Kopf in die rechte Hand, als würde sie in Gedanken einer vergangenen Liebesnacht nachhängen.

PRAKTICA CAMERAS

GERMAN DEMOCRATIC REPUBLIC

wirbt ein Schriftzug auf dem Plakat mit dem Aktfoto. Das Plakat ist mit Magneten an die Schmalseite eines grauen Stahlrahmengestells geheftet. Das Stahlrahmengestell ist fast so hoch wie der Raum. Graue Schalttafeln mit Buchsen, Steckverbindungen und Messanzeigen füllen das Gestell. An eine Buchse ist ein Stecker angeschlossen, von dem aus ein Spiralkabel zu einem schwarzen Telefonhörer führt. Mehrere dieser Rahmengestelle sind in dem Raum parallel zueinander angeordnet. Dazwischen ist genug Platz, um hindurchzugehen. Einfache, hölzerne Werkstattstühle auf Rollen stehen bereit.

Wir betreten einen noch größeren, spärlich beleuchteten Raum. Auch hier stehen Rahmengestelle hintereinander angeordnet, wie Regale in einem Archiv. Es sind Dutzende. Sie sind noch höher und größer als die im Raum davor. In ihnen stecken von oben bis unten schwarze, elektromechanische Bauteile. Es klickt und rattert mechanisch. So eine Anlage habe ich schon einmal gefilmt: Das sind Telefonrelais. Sie stellen alle Telefonverbindungen her. Hier sind genug für eine ganze Stadt. Man findet sie üblicherweise in Räumen der Post.

Die Gruppe teilt sich. Alleine laufen Pitt und ich durch lange Gänge. Links und rechts befinden sich verschlossene Bürotüren. Wir durchqueren einen Neubau. Hier sind die Wände weiß. Die Absätze von Pitts alten Cowboystiefeln knallen auf den grauen Bodenfliesen. In den Gängen des Altbaus liegt rötlicher Linoleumboden. Die hölzernen Büroüren haben Sprossenfenster. Die kahlen Wände sind gelblich. Irgendwo hängt einsam ein kleines Porträt von Friedrich Engels. Der Gang knickt ab. Eine Bürotür steht offen. Man hört den Jubel von der Straße. Einige Bürger, zwei Fotografen und der Schweizer von vorhin schieben sich durch den Raum. Das Büro ist klein. Ein Tisch steht längs mit sechs Stühlen davor. Ein Tisch steht quer, darauf eine wuchtige Schreibmaschine, ein Telefon, eine benutzte Kaffeetasse und ein gläserner Aschenbecher. Es gibt einen Stahlschrank und ein Holzregal. An dem Holzregal klebt ein Kalenderblatt mit dem Farbfoto einer nackten Frau in Südseebrandung. An der Längswand hängt ein gerahmtes, in Öl gemaltes Portrait von Lenin. Es ist zu groß für diesen kleinen Raum. Lenin blickt zum offen stehenden Bürofenster. Kühle Abendluft zieht herein. Wir sind vielleicht im dritten Stock. Unten stehen die Demonstranten, einer grölt schief: „Einigkeit und Recht und Frei-hei-heit!"

Der Schweizer wählt eine lange Telefonnummer. Aber es kommt keine Verbindung zustande.

Von der Straße her hallt der Ruf: „Wo ist der Staatsanwalt?! Wo ist der Staatsanwalt?!“

Auf dem Tisch neben der Schreibmaschine liegen eine Urkunde, die in rotes Kunstleder gebunden ist, und darauf eine durchsichtige Plastikschachtel, in der ein silberner Orden auf rotem Filz liegt.

Zwei halbwüchsige Jungs stehen im Fenster. Die Straße kocht: „Wir sind das Volk! Wir sind das Volk!“

Auf dem Gang fangen wir die beiden Jungs ab: „Was macht ihr denn hier?“ frage ich.

„Also, wir sind mit euch durch die Tür gekommen“, antwortet der Größere. Er ist im Stimmbruch und hat Aknepickel im Gesicht. „Also's war ziemlich voll alles, das habt ihr ja selbst gemerkt...“

„Großes Gedränge“, ergänzt der Kleinere. Er hat noch keinen Stimmbruch.

„...also, wir wollten eigentlich gar nich' hier' rein“, setzt der Größere fort, „das ist mehr zufällig geworden, und wir sind auch nich' zurückgekommen, das war unmöglich.“

„Da ha'm wir die Gelegenheit halt beim Schopfe gefasst“, sagt der Kleinere.

„Ich war schon einmal in diesem Haus“, erklärt der Größere, „damals mit der Schülerakademie Leipzig – das ist eine Vereinigung für Schüler, die bestimmte Themen in der, äh, also außerhalb der Schule sich mit bestimmten Themen befassen. Und mit dieser Schülerakademie waren wir hier mal zu einem kriminalistischen Vortrag, aber ich kenn' auch nur Teile dieses Hauses – deshalb interessiert es mich, was sonst sich noch hinter diesen Mauern verbirgt.“

„Was vermutest du denn, was sich hier verbirgt?“

„Naja, also erstmal: bestimmte Akten über die ganze Leipziger Bevölkerung, auf jeden Fall... Das ist, finde ich, traurig, dass so was überhaupt gemacht werden muss... und vielleicht auch...hm... bestimmte Zellen für Gefangene... Das ist ein Gerücht in Leipzig – das weiß ich nicht genau, das müsst' ich geseh'n haben – und sonst... na ja... ich weiß nicht, was sonst alles hier drin ist..."

„Wie alt bist du jetzt?"

„Ich bin jetz' – ich werde siebzehn."

„Gehst du noch zur Schule, oder bist du im Beruf?"

„Ich mache Berufsausbildung mit Abitur."

„Und wie ist es bei dir?" frage ich den Kleineren.

„Ja, ich bin siebzehn und ich lern 'nen ganz normalen Beruf und mich interessiert's eben ooch, dass ich mal eben hier 'rein konnte – sonst – man kam eben hier unten vorbei, standen zwei Männer da, bis an die Zähne bewaffnet, MPi, Pistole, und da hat man 'n großen Bogen d'rum gemacht, und wirklich, da ha'm wir die Gelegenheit beim Schopfe gefasst und sind eben 'rein hier... in das Haus... Wirklich reines Int'resse, denn so 'ne Möglichkeit, die gibt's wahrscheinlich nicht so schnell... also, und eben ooch die Kollegen uff Arbeit 'n bisschen zu informieren dann, was das denn halt gebracht hat hier, der Besuch in diesem Haus – das war's denn auch schon..." erklärt der Kleinere und zuckt mit seinen schmalen Schultern.

Pitt und ich irren weiter durch das Stasigebäude. Viele verschlossene Türen sind versiegelt. Dazu ist an der jeweiligen Tür ein kleines flaches Blechnäpfchen angebracht und eine handbreit daneben, am Türrahmen, ein zweites. Die zwei Näpfchen sind verbunden durch eine dünne Kordel. Die Enden der Kordel wurden mit einer weichen, grauen Masse in die Näpfchen gedrückt. In die Oberfläche der weichen Masse hat jemand ein Siegel geprägt. Will man die

Tür öffnen, muss man entweder das Stück Kordel in der Mitte durchschneiden oder die Kordel aus der weichen Masse im Näpfchen lösen. Dadurch wird der Abdruck des Siegels in der Knetmasse beschädigt. So kann man am nächsten Morgen feststellen, ob über Nacht jemand in einem der Büros war.

Durch ein offenes Fenster im Treppenhaus hört man die Leipziger singen:
„Oh, wie ist das schön,
oh, wie ist das schön,
so was hat man lange nicht geseh'n,
so schön! So schön!!"

Eine Etage tiefer gibt es einen breiten Treppenabsatz. Dort warten, vor einer verschlossenen dunklen Holztür, zwei Dutzend Bürgerrechtler, Journalisten, Fotografen und Kameraleute. Sie erinnern mich an die Pressemeute vor den Türen eines Fraktionssaales im Bundeshaus. Ein großer Herr tritt hinzu. Er hat weiße Haare und trägt einen graumelierten Anzug: „...darum möchte ich Sie einladen zu einem Gespräch für alle diejenigen, die hier sind und nicht drinnen am Gespräch teilnehmen. Sind Sie einverstanden?" fragt er freundlich, „Ich würde Sie führen, ja?" Schon dreht er sich um und geht los. Die Meute hinter ihm her.

Wieder gehen wir durch lange Gänge, biegen ab, gelangen durch einen schmalen Wanddurchbruch in einen neuen Gang. Vor uns geht ein Mann, der ein Megafon trägt. Am Ende des Ganges warnt ein gelbes Schild: „Stufe!" Die Stufe ist bündig mit einem schmalen Türrahmen, gleich dahinter wird es kurz gemütlich. Der Mann mit dem Megafon biegt scharf nach links ab und gibt den

Blick frei. Die Beleuchtung des kleinen Raumes ist gedämpft. Der Boden ist mit einem beige und braun gemusterten Teppichboden belegt, die Wände sind sanft ockerfarben. Links steht ein hölzerner Blumenkasten, aus dem grüne Blätter wuchern, rechterhand steht ein aufrechter Holzsockel, der eine kleine dunkle Skulptur trägt. An der Wand steht ein Spruch geschrieben. Ich laufe mit der Kamera direkt darauf zu:

Eine Revolution
ist nur dann etwas wert,
wenn sie sich
zu verteidigen versteht.
Lenin

Der sich anschließende, sehr große Raum ist weit weniger gemütlich: Bodenfliesen aus grauem Granit, kalkweiße Wände, grelle Neonbeleuchtung, zweckmäßige Tische mit hellen, abwischbaren Kunststoffplatten, darauf Plastikbehälter für Salz, Pfeffer und Maggiwürze – eine Großkantine. An drei oder vier Tischen sitzen zwölf Soldaten des Wachregiments. Sie haben wachfrei. Ihre Gesichter sind müde und ratlos. Sie schauen ins Leere. Sie schweigen. Einige stützen sich mit den Ellenbogen auf die Tischplatte und haben den Kopf in die Hand gelegt. Zwei haben noch ihre Pelzmütze auf dem Kopf. Jeder von ihnen sitzt fast reglos in der Position, die er innehatte, als wir den Saal betreten haben. Als hätte einer „Stopp!!“ gerufen. Sie sind ein lebendes Bild. Soldaten, denen soeben der Grund für ihren Dienst abhanden gekommen ist.

Neben der Tür zur Küche hängt in einem Rahmen aus hellem Holz ein metallisch glänzender Orden mit fünfzackigem Stern am Bande samt dazugehöriger Urkunde:

„...bei der Gewährleistung des sicheren militärischen
Schutzes der Deutschen Demokratischen Republik
wird
dem Referat Verpflegung
der Abteilung Rückwärtige Dienste
Bezirksleitung Leipzig
der Kampforden
für Verdienste um Volk und Vaterland
in Bronze verliehen.
Berlin, den 7. Oktober 1987
Mielke
Minister für Staatssicherheit
der Deutschen Demokratischen Republik."

Der alte Mann im dunkelblauen Anzug lächelt mit leicht geöffnetem Mund. Er lächelt wie einer, der Angst hat und versucht, sein Gegenüber so zu besänftigen. Eine riesige, braune Hornbrille umrahmt den Gesichtsbereich mit den kleinen, müden Augen. Über seiner hohen Stirn wächst schütteres, graublondes Haar. Der alte Mann schließt seinen Mund, der jetzt nur noch eine gebogene Linie in seinem Gesicht bildet. Er hat ein vorspringendes, großes Kinn und einen breiten Kiefer, wie einer, der sich im Leben durchgebissen hat. Sein Lächeln verändert sich. Jetzt wirkt es wie eine Mischung aus Herablassung und Ergebenheit.

Neben dem alten Mann steht der weißhaarige Herr, der uns hierher geführt hat: „Wie hätten Sie's gerne", fragt er.

Eine Frau antwortet knapp: „Wie eine halbwegs organisierte Pressekonferenz."

Damit hat man hier keinerlei Erfahrung.

„Ja, so ein bisschen freier Stil – oder sollen wir uns auf

einen Tisch stellen?“ versucht der weißhaarige Herr leutselig lächelnd.

„Wir ham’s nich’ so gern’, wenn Personen über uns erhoben sind“, bemerkt einer der Bürgerrechtler zum Vergnügen der anwesenden Journalisten.

„Dann stell’n *Sie* sich alle auf die Tische. Aber das ist hygienisch nicht gut“, kontert der weißhaarige Herr schlagfertig und lacht albern. Neben ihm steht immer noch der alte Mann im dunkelblauen Anzug. Eben noch hat er mit dieser Mischung aus Herablassung und Ergebenheit gelächelt. Jetzt fasst er sich: „Woll’n wir uns hinsetzen, oder, oder...?“ übertönt er die Gesellschaft und erntet Zustimmung.

So nehmen drei Herren in Anzügen an einem Kantinentisch Platz. Mikrofone werden neben Salz- und Pfefferstreuern platziert. Kabel werden hektisch verlegt.

Der weißhaarige Herr in dem graumelierten Anzug steht auf und spricht: „Ich möchte dann noch ’mal vorstellen: Der Leiter unseres Bezirksamtes“, – der alte Mann im dunkelblauen Anzug steht auf, blitzschnell wie Gymnasiasten einst vor ihrem Lateinlehrer, „...Genosse Generalleutnant Manfred Hummitzsch. Mein Name ist“, der Weißhaarige tut, als würde er mit den Händen abwägen, „wenn ich den Dienstgrad mit nennen soll – Oberst – Brüning, Klaus. Ich bin sein Stellvertreter... für Fragen der Aufklärung.“ Der Weißhaarige zeigt zu seiner Linken, „das ist der Genosse Bachmann, ein leitender Mitarbeiter unseres Hauses.“ Der Genosse Bachmann steht ebenfalls auf. Ihm ist nicht wohl in seiner Haut. Das ist ihm ebenso anzusehen wie auch den beiden anderen. Sie sind verunsichert, weil sich nicht nur vor und neben ihnen, sondern auch hinter ihnen ungebetene Gäste drängen.

„Und ich bitte Sie“, schließt der Weißhaarige seine Einleitung, „dass, wenn Sie Fragen haben, dass wir es ooch so halten, dass wir erfahren, wer die Fragen stellt.“ Einen Moment lang stehen die drei da wie schuldbewusste Abiturienten vor einer Prüfungskommission, die erwägt, diese drei nach einer riesigen Schummelei durchs Abitur fallen zu lassen. Dann setzt sich der weißhaarige Oberst. Es gelingt ihm, so zu tun, als hätte er die Lage im Griff.

„Sie stellen sich bitte vor“, verdeutlicht der Genosse Bachmann noch einmal, „und dann werden die Fragen entsprechend beantwortet werden.“ Er tut, als wäre das hier ein ganz gewöhnlicher Vorgang, den nur die Besucher noch nicht kennen. Genosse Bachmann setzt sich ebenfalls. Nur der alte Genosse Generalleutnant im dunkelblauen Anzug bleibt stehen, mit hängenden Schultern, verkniffenem Mund und großer Brille. Er wartet auf die donnernde Frage des Lateinlehrers. Schließlich kommt er zu sich und nimmt ebenfalls wieder Platz.

Der Redakteur eines westdeutschen Kamerateams bittet den alten Generalleutnant um eine Drehgenehmigung. Ich sehe das Gesicht des Generals in Großaufnahme. Seine trockenen Lippen bilden einen verbissenen Strich, seine müden, kleinen Augen sind hinter den spiegelnden Gläsern der großen Brille kaum zu erkennen. Er antwortet langsam, mit stark sächsisch gefärbtem Ausdruck: „Dazu muss ich Ihnen sagen, dass ich von Ihrem, äh, Besuch überrascht wurde. Es gab Ihrerseits keine Voranmeldung für Ihr Vorhaben, hier in unserem Haus Aufnahmen zu machen. Die Umstände haben das mit sich gebracht, bitteschön, es ist gescheh'n, ich gestatte Ihnen das.“

„Dankeschön“, sagt der Redakteur nicht ohne Ironie.

„Bittesehr“, erwidert der Generalleutnant ebenso. Sein

weißhaariger Stellvertreter wischt sich mit einem Taschentuch die Schweißperlen von der Stirn.

Ein Amerikaner, der links vom Tisch steht, meldet sich zu Wort: „Greene, U.S. News, Washington, Sie sind also der Zuständige für die Staatssicherheit?"

Der Generalleutnant wendet sich dem Amerikaner zu und antwortet, als hätte sich der Fragende in der Adresse geirrt: „Nein, für das Amt für Nationale Sicherheit des Bezirkes Leipzig."

„Bitte noch einmal, bitte!" ruft ein Engländer von der entgegen gesetzten Seite des Raumes, die Köpfe von General und Stellvertreter fliegen herum. Der Engländer wiederholt seine Frage: „Was ist, was sind Sie bitte?"

Der weißhaarige Oberst wiederholt, scheinbar entspannt zurückgelehnt: „Amt für Nationale Sicherheit des Bezirkes Leipzig. Oder Bezirksamt für Nationale Sicherheit." Auch der Oberst tut, als läge eine Verwechslung vor.

„Sie sind der Leiter dieser Einrichtung, das ist richtig so, ja?" fragt jemand.

„Jawoll, mein Herr", antwortet der Generalleutnant mit Bestimmtheit, „ich bin berufen, das Amt hier zu leiten – zur Zeit noch." Langsam und deutlich wie zum Diktat erklärt er: „Ich war vorher: Leiter der Bezirksverwaltung Leipzig im Ministerium für Staatssicherheit und bin jetzt", er schneidet mit der flachen Hand durch die Luft, „Leiter des Bezirksamtes für Nationale Sicherheit."

„So, was macht man hier dann?" fragt der Engländer höflich. Inzwischen steht er schräg hinter den drei Männern von der Stasi.

„Bitte?" fragt der General. Er will Zeit gewinnen.

„Was macht man hier in diese Gebäude?" fragt der Engländer. „Was für Akten haben Sie hier?"

Der General und der Oberst schauen den Engländer an, als wüssten sie nicht einmal, was Akten sind. Der Engländer erläutert lächelnd: „Es besteht ein Verdacht, dass Sie Akten vernichten werden. Was...?“

„Wer verdächtigt uns?“ fragt der General scharf nach.

„Die Leute auf der Straße“, antwortet der Engländer entspannt, „die Leute haben die Gebäude übernommen, weil sie befürchten, dass Sie die Akten hier vernichten werden.“

Ein Reporter vom *Stern* erläutert: „Also, offensichtlich war es ja in Erfurt so, dass Akten vernichtet worden sind, wie heute festgestellt worden ist.“

„Ist das wahr? Oder?“ fragt der Engländer, „ich bin von Bonn. Ich weiß nicht.“

Der Stellvertreter muss unwillkürlich schmunzeln. Er sieht den General an. Der General lacht kurz und spöttisch – ein Journalist aus Bonn in seinem Haus.

„Welches Publikationsorgan vertreten Sie“, fragt der Genosse Bachmann.

„Reuters Presseagentur, englische Dienst“, antwortet der Engländer lächelnd.

„Seh'n Sie mal bitte“, erklärt der General, „in jeder Einrichtung, wo Papier beschrieben wird, auch in einem solchen Organ, wie das unsere...“

Es knallt! Erschrocken sieht der General sich um. Ein Stuhl ist umgefallen. Der General fängt sich wieder:

„...muss von Zeit zu Zeit, altes, was nicht mehr notwendig, erforderlich ist, an Papier, vernichtet werden. Ein ganz normaler Vorgang.“

„Haben Sie jetzt besonders viel vernichtet, in den letzten Tagen?“ fragt jemand.

„Darf ich bitte mal aussprechen“, fragt der General milde. „Wenn“, setzt er seine deutlich gesetzte Erklärung fort, „eine solche radikale Veränderung in unserer Arbeit vollzogen wird, das ehemalige Ministerium für Staatssicherheit mit seinen Dienststellen nicht mehr existiert, das Amt heute eine rigorose Veränderung der Aufgabenstellung hat, ist natürlich logisch, dass das, was zu dem Alten gehört, vernichtet wird.“ Der General macht eine Geste, als würde er mit der Hand ein paar Krümel vom Tisch fegen.

„Und was war das?“ fragt ein Bürger mit schwarzer Baskenmütze, „was war das? Könn' Sie uns konkret mal Antwort steh'n?“ Der Bürger steht seitlich hinter dem General. Der General muss zu ihm aufschauen.

„Wie, wie...?“ druckst der General.

„Was vernichtet worden ist – konkret!“ insistiert der Bürger mit bebender Schärfe in der Stimme. Ein anderer ergänzt in ebenso scharfem Ton: „Aktien über Leipziger Bürger! Ganz konkret gefragt, bitteschön: Ich bin Leipziger Bürger und möchte das wissen!“

„Über so genannte Staatsfeinde oder...“, schiebt der erste Bürger nach.

Der General macht eine beschwichtigende Geste: „Ich weiß, auf was Sie anspielen. Wir haben aufgrund einer – heute muss man das so sagen – falschen Sicherheitskonzeption, Personen, Bürger unseres Landes, die in Ausübung ihrer verfassungsmäßigen Rechte eine andere Auffassung vertreten hatten, wie das hierzulande, ähm, sag'mer'mal... bestimmend gewesen ist... Wir bedauern das sehr. Das sag' ich Ihnen aus ehrlichem Herzen“, treuherzig blickt der General den Frager von unten an, „ich kenn' ihren Namen nicht, 'spielt ja auch keine Rolle.“

„Klingenberg mein Name“, stellt sich der Bürger vor, „ich bin Mitglied der NDPD.“

„Ja, 'tschulligung, ähm", windet sich der General. Sich räuspernd, findet er den Faden wieder: „Wir bedauern das sehr. Es gibt keinerlei Veranlassung, gegenwärtig, zu diesem alten Zustand zurückzukehren. Das ist ein für alle Mal beendet. Und *wenn* über diese Zeit Unterlagen vorhanden waren – und sie *waren* vorhanden – ich sag' Ihnen das, ehrlich, ob Sie mir glauben oder nicht – gibt es keine Veranlassung mehr, diese aufzubewahren. *Die* sind zu vernichten, da haben wir die entsprechenden Befehle!"

Die Bürgerrechtler und Journalisten versuchen weitere Antworten zu bekommen. Sie fragen nach Fernmelde- und Abhöranlagen.

„Wir haben hier erforderliche Nachrichtentechnik, über die ich keine Auskünfte erteile", stellt der General klar, „ich bin an'n Fahneneid, an Schweigeverpflichtungen gebunden. Das kann ich hier vor der Presse nicht sagen, ich würde mich selbst, meine Damen und Herren, strafbar machen."

Ein Journalist fragt nach der Zahl der Mitarbeiter.

Der General antwortet sehr ernst: „Das unterliegt der Geheimhaltung..."

Weiter kann er nicht sprechen, weil alle Umstehenden beginnen, durcheinander zu reden. „Wir hatten von vierhundert gehört", ruft ein Bürgerrechtler.

„Ich werde Ihnen eine andere Zahl anbieten. Wir werden in den nächsten Tagen und Wochen den Mitarbeiterbestand dieses Hauses radikal um mindestens die Hälfte reduzieren."

„Und wieviel wär' das?" fragt der Bürger mit der schwarzen Baskenmütze, „konkret, bitte, konkret!" fordert er, immerhin lächelnd. Die Stimmung lockert sich.

„Wieviel werden denn dann noch übrig bleiben?" fragt

der Reporter vom *Stern*, „damit verraten Sie ja dann kein Dienstgeheimnis", bemerkt er noch.

„Nu, übrig bleibt die Hälfte", sagt der General und grinst. Alle lachen. Mit einem Zug hat er den Knoten der Anspannung gelöst. Er hat die Lage im Griff. Wie auf ein Stichwort erscheint der Rechtsanwalt Dr. Schnur, ein heiserer kleiner Mann, der überm Jackett mit Schlips und blauem Hemd eine lange Lederjacke trägt. Mit eintönigen Juristenworten schildert er die soeben beendeten Gespräche zwischen Stasi und Bürgerrechtsgruppen. Er ist der Anwalt der Bürgerrechtler. Er steht hinter den drei Stasi-Oberen und redet in endlos langen Sätzen. Es fällt schwer, ihm zuzuhören. Die Luft in der Kantine ist stickig, mir ist warm, weil ich für Außenaufnahmen gekleidet bin. Meine rechte Schulter schmerzt vom drückenden Gewicht der Kamera, die ich seit Stunden ununterbrochen trage. Meine Gedanken lösen sich vom gesprochenen Wort, sie vermischen sich mit dem schwarz-weißen Bild im Sucher. Sie gehen wie im Traum eigene Wege. Ich sehe den kleinen Mann in der Lederjacke, er öffnet beim Sprechen nur eine Hälfte seines Mundes, als hätte er eine halbseitige Gesichtslähmung. Etwas mit ihm stimmt nicht. Er steht im Rücken des überrumpelten Generals, dessen Stellvertreters und des leitenden Mitarbeiters. Der Anwalt redet unablässig, alle hören zu, die Journalisten schreiben mit. Die drei Angehörigen der überwältigten Organisation sitzen ruhig und sichtlich gelangweilt vor ihm am Tisch. Generalleutnant Hummitzsch schaut durch den Pulk um ihn herum ins Leere. Es ist unmöglich zu sagen, ob er sich auf die Ausführungen des Anwalts Schnur oder auf seine eigenen Gedanken konzentriert. Er sitzt da, scheinbar fromm, wie ein Kirchgänger während der Sonntagspredigt des Pastors.

Der weißhaarige Stellvertreter, Oberst Brüning, schaut auf seine Hände, die gefaltet auf der Tischplatte ruhen. Der Genosse Bachmann verstaut Kugelschreiber und Papier in den Innentaschen seines Jacketts. Er trägt eine große Hornbrille mit gelblichen Gläsern. Das Neonlicht spiegelt sich in seiner glänzenden Stirn. Locker verschränkt Bachmann seine Arme vor der Brust und stützt damit den Oberkörper auf die Tischplatte. Perfekt beherrscht er den Blick des aufmerksamen Schülers, der konzentriert schaut, aber gedanklich ganz woanders ist.

***

Hinter uns schließt sich das graue Stahltor. Feuchtkalte Nachtluft kühlt meine glühenden Ohren. Es riecht nach verbrannter Braunkohle. Mir ist, als wäre die Kamera auf meiner Schulter angewachsen. Schweigend irren Pitt und ich durch die Leipziger Innenstadt zu unserem Parkplatz.

Vieles von dem, was wir heute gedreht haben, wird morgen gelöscht werden, weil es für die Franzosen keinen Nachrichtenwert hat, und man die Kassetten nochmal für andere Geschichten benutzen kann. So sind wir, dank der modernen Videotechnik und des desolaten Archivs neben Bertrands Büro wieder bei der mündlichen Überlieferung angelangt.

In den Straßen Leipzigs herrscht eine Stimmung wie nach einem gelungenem Stadtfest. Die Restaurants sind voll. Viele Menschen sind unterwegs.

Nebeliger Dunst sammelt sich im gelben Licht der Straßenbeleuchtung. Auf dem Parkplatz nehme ich endlich die Kamera von der Schulter. Der Tragegriff ist feucht. Die Windschutzscheibe unseres Autos ist mit feinen Wassertröpfchen besprüht. Pitt verstaut Tonausrüstung, Lampe und Akkugurt im Kofferraum. Ich gurte die Kamera auf der Rückbank fest. Leise Wehmut beschleicht mich. Wir steigen ein. Pitt lässt den Motor an. Die Fenster sind von innen beschlagen. Wir müssen einen Moment warten, bevor wir losfahren können. Mir dämmert, dass dies der Gipfel meiner Karriere als Nach-richtenkameramann war. Ein bedeutenderes Ereignis werde ich nicht mehr erleben.

„Eigentlich geht der letzte Krieg erst jetzt zu Ende..."

„Krieg is' doch immer irgendwo – und 's stecken immer dieselben dahinter", knurrt Pitt. Er stellt den Ganghebel auf „R" und parkt vorsichtig aus. Die enge Parktasche ist für einen Trabi oder einen Wartburg gemacht, aber nicht für einen Mercedes.

„Wo lang?" krächzt Pitt.

„Rechts und gleich links."

Die Ampel zeigt rot.

„Letztens hat einer meinen Vater gefragt, ob noch mal ein Dritter Weltkrieg kommt, so ganz konventionell, mit Panzern und Soldaten."

Die Ampel springt auf grün, Pitt fährt los, biegt links ab, fragt: „Un' jetz'?"

„Mein Alter hat gesagt, dass Kriege in Zukunft eher auf wirtschaftlicher Ebene geführt werden."

„Nee, ich mein', wo's jetz' lang geht", gluckst Pitt.

Meine Herren! Es ist nach Mitternacht, wir haben zwei Stunden Fahrt vor uns, wir sind müde – vielleicht sollten wir uns über irgendetwas unterhalten, damit wir nicht einschlafen.

„Geradeaus."

Pitt betätigt den Scheibenwischer. Es bewirkt nichts.

„Mann, dieser Nebel."

Je weiter wir uns vom Stadtkern entfernen, desto dichter wird der Nebel. Der Verlauf der Straßen verschwimmt in einem gelben Schleier. Die Lichter schweben wie hinter einem dünnen Vorhang.

Rot.

Pitt grantelt: „Du kennst meine Meinung."

Wir arbeiten lange genug im Nachrichtengeschäft, um zu wissen, dass bald wieder Politiker ihre Hoheit über die Ereignisse zurückgewinnen werden. Sie werden sich zur richtigen Zeit am richtigen Ort zeigen, Grenzübergänge oder Brücken einweihen und Grundsteine legen. Wir werden davon langweilige Bilder machen, die nach und nach unsere eigenen Erlebnisse durch Symbole ersetzen. Mir fehlt die Lust, nach Hause zu fahren. Da ist alles wie immer. Ich habe Lust auf etwas Neues – bloß was?

„Aber irgendwas wird sich verändern, weiß der Deibel, und das wird auch uns betreffen – und wenn's bloß ist, weil wir darüber berichten müssen. Wir ha'm doch jetzt schon bis zum Anschlag zu tun, durch diese Geschichten hier", argumentiere ich.

„Ja, jede Menge Überstunden", knurrt Pitt.

Gelb.

Grün.

Ausgerechnet in diesem Betonstaat DDR haben die Leute mehr demokratischen Schwung als meine westdeutschen Mitbürger und ich jemals im Leben gehabt haben. Ich spüre große Lust auf Veränderung. Ich sehne mich nach Manu und möchte eigentlich Märchenfilme fürs Kino drehen. Dafür bin ich Kameramann geworden. Stattdessen sitze ich ohne feste Freundin da und drehe nüchterne Nachrichtenfilme.

„Sin' wir noch richtig?"

Pitt und ich beugen uns nach vorne, um besser sehen zu können. Das nützt natürlich nichts. Unser eigenes Scheinwerferlicht zerstiebt im dichten Nebel und blendet uns.

„Lass uns umkehren und hier übernachten. Wenn das so bis Berlin weitergeht, sind wir morgen noch nicht da“, schlägt Pitt vor. An manchen Straßenkreuzungen kann man noch nicht einmal die dunklen Häuserecken erkennen. Sie verschwinden einfach hinter dem dichten, grellgelben Widerschein der Straßenlaternen. Pitt schaltet das Fahrlicht aus. Das Standlicht blendet zwar nicht, aber wir sehen trotzdem nicht mehr.

„Ich will nicht fürs Fernseh'n sterben“, jammert Pitt heiser, „das ist die Geschichte nicht wert!“

„Quatsch! Fahr'. Wenn wir aus der Stadt 'raus sind, lässt der Nebel nach.“ Ich habe keine Ahnung, wie ich auf diese Idee komme. „Fahr' weiter! Es geht nur noch geradeaus. Wir sind richtig. Das ist'n Stück, das dauert.“ Wir fahren wie durch dichte, kalte, gelbe Vorhänge.

Ich fahre durch dieses nebelige Land, erlebe, wie der Mut Einzelner eine ganze Gesellschaft ansteckt, dass gewaltlose Menschen sogar Bewaffnete wehrlos machen können. Und neben mir sitzt Pitt. Und nörgelt. Wie immer.

Ich lasse meine Seitenscheibe herunter und stecke den Kopf zum Fenster hinaus, um zu schauen, ob ich so etwas mehr sehen kann. Der kalte Nebel riecht nach bitterem Rauch.

Ich sehe gelb und schwarz, weich ineinander laufend.

Mensch, dieser Nebel.

Man sieht überhaupt nicht, wo es hingeht.

In der Reihe ZEITGUT erschienen zum Beispiel auch

Band 1 Gebrannte Kinder, Kindheit 1939-1945
Band 2 Nachkriegs-Kinder, Kindheit 1945-1950
Band 3 Stöckchen-Hiebe, Kindheit 1914-1933
Band 4 Pimpfe, Mädels & andere Kinder, Kindheit 1933-1939
Band 5 Wir wollten leben, Jugend 1939-1945
Band 6 Schlüssel-Kinder, Kindheit 1950-1960
Band 7 Gebrannte Kinder. Zweiter Teil, Kindheit 1939-1945
Band 8 Und weiter geht es doch, 1945-1950
Band 9 Täglich Krieg, Deutschland 1939-1945
Band 10 Hungern und hoffen, Jugend 1945-1950
Band 11 Von hier nach drüben, Grenzgänge, Fluchten 1945-'61
Band 12 Wir sollten Helden sein, Jugend 1939-1945
Band 13 Heil Hitler, Herr Lehrer! Kindheit 1933-1939
Band 14 Lebertran und Chewing Gum, Kindheit 1945-1950
Band 15 Zwischen Kaiser und Hitler, Kindheit 1914-1933
Band 16 Getäuscht und verraten, Jugend 1933-1939
Band 17 Halbstark und tüchtig, Jugend 1950-1960
Band 18 Deutschland – Wunderland, 1950-1960
Band 19 Mauer-Passagen, Grenzgänge, Fluchten 1961-1989
Band 20 Der Traum ist aus, Jugend 1944-1945
Band 21 Also packten wir es an, Deutschland 1945-1947
Band 22 Morgen wird alles besser, Deutschland 1947-1952

Sonderbände, gebunden

Nichts führt zurück. Flucht, Vertreibung, Integration
Als wir Frauen stark sein mußten. Erinnerungen 1939-1945
Endlich wieder tanzen gehen. Frauen-Erinnerungen 1945-1952
Wo morgens der Hahn kräht. Unvergessene Dorfgeschichten
Barfuß übers Stoppelfeld. Unvergessene Dorfgeschichten

Kleine Taschenbücher

Kinder des Jahrhunderts (Taschenbuch zum Kennenlernen)
Unvergessene Weihnachten, 1918-1959. Bd.1
Unvergessene Weihnachten, 1922-1988. Bd. 2 (Originalausgabe)
Unvergessene Weihnachten, 1914-1994. Bd. 3
Unvergessene Weihnachten, 1923-1994. Bd. 4 (Originalausgabe)
Unvergessene Schulzeit, 1921-1945. Bd.1
Unvergessene Schulzeit, 1945-1962. Bd. 2
Unvergessene Schulzeit, 1914-1945. Bd. 3
Unvergessene Ferienzeit, 1923-1962. Bd.1
Wo morgens der Hahn kräht, 1912-1945. Bd. 1, 1945-1968 Bd.2

Weitere Bücher und aktuelle Informationen unter **www.zeitgut.de**